NCS
대구도시
철도공사

필기시험

초판 발행   2020년 5월 15일
2쇄 발행   2021년 3월 31일

편 저 자 | 취업적성연구소
발 행 처 | ㈜서원각
등록번호 | 1999-1A-107호
주   소 | 경기도 고양시 일산서구 덕산로 88-45(가좌동)
교재주문 | 031-923-2051
팩   스 | 031-923-3815
교재문의 | 카카오톡 플러스 친구[서원각]
영상문의 | 070-4233-2505
홈페이지 | www.goseowon.com
책임편집 | 최주연
디 자 인 | 이규희

PREFACE

우리나라 기업들은 1960년대 이후 현재까지 비약적인 발전을 이루었다. 이렇게 급속한 성장을 이룰 수 있었던 배경에는 우리나라 국민들의 근면성 및 도전정신이 있었다. 그러나 빠르게 변화하는 세계 경제의 환경에 적응하기 위해서는 근면성과 도전정신 이외에 또 다른 성장 요인이 필요하다.

최근 많은 공사·공단에서는 기존의 직무 관련성에 대한 고려 없이 인·적성, 지식 중심으로 치러지던 필기전형을 탈피하고, 산업현장에서 직무를 수행하기 위해 요구되는 능력을 산업부문별·수준별로 체계화 및 표준화한 NCS를 기반으로 하여 채용공고 단계에서 제시되는 '직무 설명자료'에서 제시되는 직업기초능력과 직무수행능력을 측정하기 위한 직업기초능력평가, 직무수행능력평가 등을 도입하고 있다.

대구도시철도공사에서도 업무에 필요한 역량 및 책임감과 적응력 등을 구비한 인재를 선발하기 위하여 고유의 직업기초능력평가를 치르고 있다. 본서는 대구도시철도공사 채용대비를 위한 필독서로 대구도시철도공사 직업기초능력평가의 출제경향을 철저히 분석하여 응시자들이 보다 쉽게 시험유형을 파악하고 효율적으로 대비할 수 있도록 구성하였다.

신념을 가지고 도전하는 사람은 반드시 그 꿈을 이룰 수 있습니다. 처음에 품은 신념과 열정이 취업 성공의 그 날까지 빛바래지 않도록 서원각이 수험생 여러분을 응원합니다.

01 의사소통능력

1 의사소통과 의사소통능력

(1) 의사소통

① 개념 … 사람들 간에 생각이나 감정, 정보, 의견 등을 교환하는 총체적인 행위로, 직장생활에서의 의사소통은 조직과 팀의 효율성과 효과성을 성취할 목적으로 이루어지는 구성원 간의 정보와 지식 전달 과정이라고 할 수 있다.

② 기능 … 공동의 목표를 추구해 나가는 집단 내의 기본적 존재 기반이며 성과를 결정하는 핵심 기능이다.

③ 의사소통의 종류
  ㉠ 언어적인 것 : 대화, 전화통화, 보고 등
  ㉡ 문서적인 것 : 메모, 편지, 기획안 등
  ㉢ 비언어적인 것 : 몸짓, 표정 등

④ 의사소통을 저해하는 요인 … 정보의 과다, 메시지의 복잡성 및 메시지 간의 경쟁, 상이한 직위와 ○○, 잘못된 경향, 신뢰의 부족, 의사소통을 위한 구조상의 권한, 잘못된 매체의 선택, 폐쇄적인 ○○ 등

(2) 의사소통능력

① 개념 … 의사소통능력은 직장생활에서 문서나 상대방이 하는 말의 의미를 파악하는 능력, 자신의 의사를 정확하게 표현하는 능력을 포함한다.

② 의사소통능력 개발을 위한 방법
  ㉠ 사후검토와 피드백을 활용한다.
  ㉡ 명확한 의미를 가진 이해하기 쉬운 단어를 선택하여 이해도를 높인다.
  ㉢ 적극적으로 경청한다.
  ㉣ 메시지를 감정적으로 곡해하지 않는다.

01 인성검사의 개요

1 인성(성격)검사의 개념과 목적

인성(성격)이란 개인을 특징짓는 평범하고 일상적인 사회적 이미지, 즉 지속적이고 일관된 공적 성격(Public - personality)이며, 환경에 대응함으로써 선천적·후천적 요소의 상호작용으로 결정화된 심리적·사회적 특성 및 경향을 의미한다.

인성검사는 직무적성검사를 실시하는 대부분의 기업체에서 병행하여 실시하고 있으며, 인성검사만 독자적으로 실시하는 기업도 있다.

기업체에서는 인성검사를 통하여 각 개인이 어떠한 성격 특성이 발달되어 있고, 어떤 특성이 얼마나 부족한지, 그것이 해당 직무의 특성 및 조직문화와 얼마나 맞는지를 알아보고 이에 적합한 인재를 선발하고자 한다. 또한 개인에게 적합한 직무 배분과 부족한 부분을 교육을 통해 보완하도록 할 수 있다.

인성검사의 측정요소는 검사방법에 따라 차이가 있다. 또한 각 기업체들이 사용하고 있는 인성검사는 기존에 개발된 인성검사방법에 각 기업체의 인재상을 적용하여 자신들에게 맞게 재개발하여 사용하는 경우가 많다. 그러므로 기업에서 요구하는 인재상을 파악하여 그에 따른 대비책을 준비하는 것이 바람직하다. 본서에서 제시된 인성검사는 ○○ 측면에서 측정하게 된다.

2 성격의 특성

(1) 정서적 측면

정서적 측면은 평소 마음의 당연시하는 자세나 정신상태가 얼마나 안정되어 있는지 또는 불안정한지를 측정한다.

정서의 상태는 직무수행이나 대인관계와 관련하여 태도나 행동으로 드러난다. 그러므로 정서적 측면을 측정하는 것에 의해, 장래 조직 내의 인간관계에 어느 정도 잘 적응할 수 있을까(또는 적응하지 못할까)를 예측하는 것이 가능하다.

그렇기 때문에, 정서적 측면의 결과는 채용 시에 상당히 중시된다. 아무리 능력이 좋아도 ○○○○ ○○○ ○○○○○○○, 직무의 특성 및 조직문화와 맞지 않으면 채용하기 어렵다.

핵심이론정리	출제예상문제	인성검사 및 면접
NCS 기반 직업기초능력평가에 대해 핵심적으로 알아야 할 이론을 체계적으로 정리하여 단기간에 학습할 수 있도록 하였습니다.	적중률 높은 영역별 출제예상문제를 상세하고 꼼꼼한 해설과 함께 수록하여 학습효율을 확실하게 높였습니다.	인성검사의 개요와 함께 실제 인성검사 유형과 유사한 실전 인성검사를 수록하였습니다. 성공취업을 위한 면접의 기본 및 면접기출을 수록하여 취업의 마무리까지 깔끔하게 책임집니다.

CONTENTS

PART

I

대구도시철도공사 소개

01 공사소개 및 채용안내

1 대구도시철도공사 소개

(1) 소개

대구도시철도공사(DTRO)는 대구광역시의 도시철도를 운영하는 공기업이다. 1989년 9월 1일 대구 지하철 건설본부로 설립되었으며 1995년 11월 대구광역시 지하철공사로 창립되어 2008년 10월 1일 지금의 대구도시철도공사로 사명을 변경하였다. 1997년 1호선 개통을 시작으로 2005년 2호선, 2015년 3호선을 개통하여 하루 50여만 명이 이용하는 명실상부한 대구시민의 발로 자리매김하였다.

(2) 개요

① 설립목적 … 대구도시철도공사는 신속하고 안전한 대중교통 수단을 제공함으로써 시민의 편익도모와 복리증진에 기여함을 목적으로 하고 있다.

② 설립근거 … 지방공기업법 제49조 및 대구도시철도공사 설치조례

③ 설립일 … 1995년 11월 20일

④ 주역할
　㉠ 도시철도 건설·운영
　㉡ 도시철도 운영에 따른 주변지역 개발, 기타 도시계획 사업의 수행
　㉢ 도시철도 운영효과를 증진시키기 위한 생활 편익시설 및 복리시설의 건설·운영

⑤ 경영전략

미션	안전하고 편리한 대중교통 서비스 제공으로 「시민의 삶의 질」 향상			
비전	안전 공감 「리뉴얼 20」, 입체적 교통으로 새로운 DTRO			

▲

핵심가치 (RENEW)	**RE**sponsibility 책임지는 안전문화	**N**eighborhood 공감하는 서비스	**E**nhancement 앞서가는 성장동력	**W**atch 소통하는 윤리경영
리뉴얼 20	안전 개선	업무 개선	경영 개선	사회 공헌
경영목표	통합적 안전시스템 구축	열린혁신 고객서비스 선도	다각적 수익동력 확보	융합형 조직성장 실현

▲

4대 전략목표

전략목표	운행장애 최소화	고객소통 활성화	미래성장 동력 확보	사회적 가치실현

2 채용안내

(1) 공사 인재상

① 인재상

열정과 혁신으로 미래를 여는 스마트 DTRO人

㉠ **신뢰(Trust)_행복을 창출하는 신뢰형 인재**
- 새로운 환경 및 기술 변화에 대한 대응 역량 신장을 쉼없이 추구하는 학습인
- 고객의 안전을 위한 선제적 문제해결능력을 갖춘 인재
- 고객 맞춤형 서비스 혁신을 통한 고객 행복 창출인

㉡ **공감(Open)_모두와 소통하는 공감형 인재**
- 고객과 동료의 소리에 귀 기울이고 소통하는 공감형 인재
- 책임과 헌신으로 사회적 가치를 실천하는 사람
- 솔선수범과 협력으로 열린 조직문화를 선도하는 인재

㉢ **스마트(Smart)_미래를 여는 스마트 인재**
- 도전과 열정으로 미래를 여는 스마트 인재
- 분야별 직무역량 및 융합역량을 갖춘 시너지 창출형 인재

- 성과창출 및 재정 건전성 확보를 위한 신사업 개발 및 사업 다각화 제안 역량을 갖춘 인재
- 국내를 넘어 세계로의 진출 가속화를 위한 글로벌역량을 갖춘 인재

② 역량

　㉠ 기반(공통)역량군 : 안전, 공정과 청렴, 사회적 가치, 창의와 혁신

　㉡ 직무수행역량군 : 전략/기획, 경영지원, 안전관리, 영업관리, 차량운영, 차량관리, 사업관리(사업·기술 개발), 시설관리, 기술관리

　㉢ 계층(리더십)역량군
- 리더십, 의사소통, 관리능력, 도덕성
- 의사소통, 리더십, 관리능력, 전략적 사고
- 업무 전문성, 의사소통, 대인관계 원활, 문제인식/이해

(2) 채용개요(2020년 신입사원 모집 기준)

① 채용인원 및 모집분야

　㉠ 채용인원 : 78명

분야	채용직급	직종										
		합계	사무	차량검수	차량운영	전기	기계	신호	통신	전자	토목	건축
합계		78	17	21	9	6	3	7	2	2	7	4
공개경쟁	9급	42	14			5	3	6	2	2	6	4
자격제한경쟁		36	3	21	9	1		1			1	
제2종전기차량 운전면허소지자	9급	30		21	9							
장애인	9급	5	3			1		1				
기능인재	9급	1									1	

※ 일반직·무기업무직 분야, 직종 간 중복지원 불가
※ 응시미달 및 최종합격자가 채용인원에 미달하는 경우 장애인, 기능인재는 공개경쟁 분야에서 추가 채용

　㉡ 분야별 주요 담담업무

분야	직종	주요담당업무
일반직	사무	일반사무 및 고객서비스(역 근무) 관련 업무
	차량검수	전동차 정비 및 3호선 경전철 열차운행 관련 업무
	차량운영	열차운전 관련 업무

전기	전기설비 유지관리 업무
기계	기계설비 유지관리 업무
신호	신호설비 유지관리 업무
통신	통신설비 유지관리 업무
전자	역무자동화설비 및 승강장안전문 유지관리 업무
토목	토목구조물 및 선로유지·보수 관리 업무
건축	역사 및 건축물 유지·보수 관리 업무

② 응시자격

㉠ 공통사항

구분	자격내용
연령	•18세 이상 60세 미만
병역	•병역필 또는 면제자 ※ 현역복무중인 자는 단계별 시험응시가 가능하고, 최종합격자 발표전일까지 전역예정자 ※ 기능인재는 병역제한 없음.
지역	•다음의 요건 중 하나를 충족하는 자 - 2020. 1. 1. 이전부터 최종 합격자 발표일까지 계속하여 대구·경북에 주민 등록이 되어 있는 자 - 2020. 1. 1. 이전까지 대구·경북에 3년 이상 주민등록이 되어 있었던 자
근무조건	•주·야간 교대(교번) 근무가 가능한 자 ※ '야간 및 휴일근로 동의서' 제출 후 임용 가능
응시제한	•공사 인사규정 제12조(결격사유)에 해당하는 자

㉡ 공개경쟁분야

구분	자격내용						
공인 영어 능력 시험	•기준점수 이상 취득 시 응시자격 부여						
	구분	TOEIC	TOEIC-S	TEPS	NEW-TEPS	TEPS-S	TOEFL	OPlc
	기준점수	600점	110점	482점	258점	42점	68점	IM1
	※ 시험성적은 '서울대학교 TEPS관리위원회'의 환산기준표를 적용하여 TOEIC점수 기준으로 환산한 점수로, 2018. 4. 29. ~ 2020. 5. 29.에 취득한 성적에 한함. ※ 공인영어능력시험 기준점수 이상 제한은 해외사업 진출, 신기술개발 및 외국인 고객응대 등 직무상 필요함.						

※ 자격제한경쟁분야(무기업무직 포함)는 공인영어능력시험 성적제한 없음.

ⓒ 자격제한경쟁분야

분야	자격내용
차량검수 차량운영	• 제2종 전기차량 운전면허 소지자
장애인	• 「장애인고용촉진 및 직업재활법 시행령」 제3조 해당자 － 「장애인복지법 시행령」 제2조에 따른 장애인 기준에 해당하는 자 － 「국가유공자 등 예우 및 지원에 관한 법률 시행령」 제14조 제3항에 따른 상이등급 기준에 해당하는 자 ※ 원서접수 마감일 기준 장애인 및 상이등급기준에 해당하는 자로 유효하게 등록·결정된 자 ※ 모집직종 관련 직무수행이 가능한 자
기능인재	• 대구경북 소재 기술고교장의 추천을 받은 자 － 추천학교 : 공고일 현재 대구경북 소재의 채용예정 직종과 관련된 기술·기능학과가 설치된 초·중등교육법 제2조 제3호의 고등학교 － 추천학과 : 채용예정 직종 관련학과(고용노동부 고시 기준) － 추천인원 : 학과별 최대 2명, 학교당 3명 이내(추천 당시 학과별 정원이 100명 이하인 경우 1명, 101명 이상인 경우 2명) － 추천대상 규정표 아래 참조

기능인재 추천대상:

구분	요건
졸업생	• 졸업일로부터 최종시험 예정일까지 기간이 1년 이내인 자 • 2년제 이상 대학의 재학·휴학 등 대학에 진학한 사실이 있는 자는 추천불가(단, 공고일 이전 대학 중퇴자는 추천 가능) • 졸업석차 비율이 이수학과의 상위 30% 이내인 자
전학생	• 전학생은 편입전후의 학교 성적을 편입전후 소속학과 학생수로 비례·통산(가중평균) • 전학석차 산출방법

구분	편입 전 학교	편입 후 학교	통산성적
학생수	200	600	800
석차	상위 12%	상위 8%	상위 9%

※ 통산성적 상위 9% = (12% × 1/4[인원비율]) + (8% × 3/4[인원비율])

③ 채용절차

원서접수 ▶ 필기시험 ▶ 서류접수
서류심사 ▶ 인성검사 ▶ 면접시험 ▶ 최종합격

④ 필기시험 안내

㉠ 시험과목

분야	시험과목	
	필수과목	선택과목(전공과목) : 200점, 40문항
사무	NCS기반 직업기초능력평가 (200점, 40문항)	행정학개론, 경영학개론, 회계학개론, 법학개론, 전산학개론, 교통공학 중 택1
차량검수		기계일반, 전기일반, 전자일반 중 택1
차량운영		기계일반, 전기일반, 전자일반, 교통공학, 도시철도시스템일반 중 택1
전기		전기일반
기계		기계일반, 전기일반, 전자일반 중 택1
신호		철도신호일반, 전기일반, 전자일반 중 택1
통신		통신일반
전자		전자일반
토목		토목일반(궤도일반 포함), 교통공학 중 택1
건축		건축일반

※ 기능인재, 무기업무직은 직업기초능력평가만 실시
※ 합격자는 매과목별 40% 이상 득점자 중에서 가산대상점수를 합산한 세 과목 총점의 고득점자 순으로 결정하며, 모든 직종의 선택과목(전공과목)은 조정점수제를 적용

㉡ 필기시험 시 가산특전

• 가산대상

−국가(기술)자격증 소지자

분야	자격증 구분	가산비율
공통	기술사, 기능장, 기사	각 과목별 만점의 5%
	산업기사, 기능사	각 과목별 만점의 3%
사무	공인회계사, 세무사, 공인노무사, 법무사	각 과목별 만점의 5%
	공공기록물관리전문요원, 간호사, 정신보건간호사	각 과목별 만점의 5%
	컴퓨터활용능력1급	각 과목별 만점의 3%

-취업지원 대상자

가산대상자	가산비율
• 국가유공자등 예우 및 지원에 관한 법률과 이를 준용하는 법률에 의한 취업지원 대상자 ※ 국가보훈처장이 발급한 취업지원대상자 증명서를 제출한 경우에 한함.	각 과목별 만점의 5~10%

• 가산방법
- 가산대상자 중 각 과목별 만점의 40% 이상 득점자에게만 적용하며, 원서접수 마감일까지 등록·유효한 자격증 소지자 및 취업지원대상자에게만 적용
- 국가(기술)자격 가산점과 취업지원 가산점이 중복될 경우에는 합산하여 적용하며, 자격증이 둘 이상일 경우에는 유리한 것 하나만 적용
• 유의사항
- 가산특전을 받고자 하는 경우 반드시 응시원서 가산특전란에 표기하여야 함
- 취업지원 대상자의 가점은 국가보증제도에서 발급한 '취업지원 대상과 증명서'에 표기된 가점을 적용하며, 가점 대상자의 합격률은 30% 이내로 제한

02 공사 관련기사

대구도시철도, 2021년 「FOR SAFETY(안전문화정착) 운동」 전개
철도사고 ZERO 및 무재해 사업장 구현을 위해 올해부터 전 사업장에서 시행

대구도시철도공사는 안전문화 정착을 통한 철도사고 ZERO 및 무재해 사업장 구현을 위해 '예방안전 우선하고, 대응안전 신속하게'를 핵심 슬로건으로 올해부터 「FOR safety(안전문화정착) 운동」을 전 사업장에서 시행한다고 밝혔다.

「FOR safety 운동」이란 First safety, Only safety, Remind safety로써 모든 정책과 방침 수립 시 안전을 최우선으로 하고, 각종 점검과 작업 시에는 오직 안전으로 사고 예방에 최선을 다하며, 안전교육과 캠페인 등을 통해 안전의식을 재무장하자는 것을 말한다.

FOR Safety는 사고 및 장애 발생을 억지할 예방안전에 철저를 기하고, 만약 긴급상황이 발생하더라고 신속한 대응으로 장애시간을 최소화 하도록 숙달훈련을 반복하는 등 최상의 안전한 도시철도 서비스를 제공한다는 고객과의 안전약속이다.

대구도시철도공사 사장 홍승활은 "FOR safety운동이 모든 사업장에 조기에 정착될 수 있도록 전사적인 역량을 결집해 한 건의 안전사고도 발생되지 않는 안전한 도시철도가 되도록 노력하겠다"라고 말했다

2021. 2. 8.

면접질문	• 우리 공사에서 시행하는 FOR safety운동에 대해 말해보시오 • FOR safety운동의 핵심 슬로건을 말해보시오.

대구도시철도 기관사 감성안내방송에 시민들 칭찬 이어져

코로나19로 지친 일상에 긍정 에너지와 행복 바이러스 전파

"코로나19로 힘들고 지친 마음은 열차에 모두 두고 내리세요."

대구도시철도공사 기관사들의 열차 내 감성안내방송이 작년에 이어 올해도 승객들로부터 연일 칭찬 세례를 받고 있다.

지난달 27일(토) 2호선을 탄 한 승객은 기관사(이의준, 27세)의 안내방송을 듣고 "코로나19 예방을 위해 마스크를 잘 쓰자는 내용이 짙은 여운을 남겼다"며 감사 후기를 전달했다. 또 다른 승객도 "마음에서 우러나는 따뜻한 기운의 목소리와 위로 덕분에 이른 아침 긍정적인 에너지로 하루를 시작할 수 있었다"며 감사의 마음을 전했다.

이보다 앞서 지난 2월 8일(월)에도 1호선을 이용하던 승객이 "기관사(최재원, 46세)의 안내방송 덕분에 출입문에 끼일 뻔한 사고를 예방할 수 있었다며, 안전사고 예방을 위한 기관사의 세심한 배려에 감동을 받았다"는 칭찬글을 남겼다.

이러한 칭찬은 공사의 끊임없는 노력이 밑바탕에 깔려 있다. 안내방송의 수준을 높이기 위해 매년 방송 우수 기관사를 선발하고, 안내방송 문안도 공모전을 통해 우수작을 선정하는 등 부단한 노력을 해 오고 있다.

대구도시철도공사 사장 홍승활은 "기관사 안내방송이 어렵고 힘든 시기에 시민들께 따뜻한 위로와 격려가 되었으면 한다"며 "앞으로도 시민들에게 행복과 감동을 전달하는 방송을 충실히 해 나가겠다"고 말했다.

2021. 3. 5.

면접질문	• 우리 공사를 이용하면서 인상깊었던 순간이 있다면 말해보시오. • '사회적 거리 두기', '마스크 착용하기'와 같은 생활방역에 시민의 적극적 참여를 유도할 수 있는 방안에 대해 말해보시오.

전국 도시철도 6개 운영기관 노사대표자 공동협의회 개최

코로나19로 인한 승객감소와 무임수송손실 증가에 공동 대응키로

서울, 부산, 대구, 인천, 광주, 대전 등 전국 도시철도 6개 운영기관 노사대표자들이 「도시철도 무임수송 손실액 국비보전 법제화 추진」을 위해 2월 18일(목) 대구에서 만났다.

이날은 대구에서 코로나19 확진자가 발생한 지 1년이 되는 날로서, K-방역의 모태가 된 대구에서 도시철도 운영기관간 방역상황을 공유하고 코로나19로 인한 승객감소 및 무임손실 증가 등 다급한 경영위기에 공동으로 대응하고자 모였다.

전국 도시철도 6개 기관은 작년 6월 「노사대표자 공동협의회」를 구성해 무임수송손실 국비지원 대정부 공동건의를 시작으로, 각 지역 국회의원 및 여·야대표 등을 방문해 국비지원의 당위성에 대해 설명하고 법안통과에 적극 협조해 줄 것을 요청했다. 또한 2020년 11월 4일에는 여·야 국회의원들과 공동으로 국회도서관 대강당에서 시민토론회를 여는 등 다양한 활동을 추진한 바 있다.

이러한 노력으로 2021년 정부예산에 도시철도 안전운행을 위한 노후차량 교체예산 1,132억 원이 최초로 반영되었으나, 무임수송 손실비용은 기재부의 반대로 무산됐다. 그러나 국회에서 무임수송 손실 보전에 대해 "국토교통부와 해당 지자체의 도시철도 무임수송의 손실 문제 해소를 위한 사회적 공론화 과정을 거친 후 관련 법령 정비 등 제도개선을 추진한다"고 부대의견으로 명시하여 지원을 약속한 바 있다.

노사대표자들은 작년에 이어 올해도 코로나19로 인한 사회적 거리두기 동참, 무임수송 및 코로나19로 발생한 재정손실에 대해 국비 보전을 보다 강력히 정부에 요청하기로 뜻을 모았다.

우선 지자체와 함께 국회의원·정부 담당자 등과의 면담을 이어가는 한편, 국토위 소속 국회의원을 중심으로 도시철도 운영기관 노사대표자와 관련 지자체장이 참여하는 '지역균형발전 Green 도시철도를 위한 국회의원 포럼(가칭)'도 구성해 국비확보를 위한 다각적 방안을 추진할 예정이다.

대구도시철도공사 사장 홍승활은 "현재 도시철도 운영기관은 코로나19로 인한 수송감소 및 무임손실 확대 등으로 재정손실이 확대되고, 이로 인해 시설 노후화에 따른 안전관련 예산확보가 어려워 국비지원이 절실한 상황으로, 특히 대구는 열악한 지방재정을 개선하기 위해 2008년부터 무임손실 국비지원과 관련해 국회 및 정부에 11회 건의하는 등 주도적인 역할을 해 오고 있다"고 말했다.

2021. 3. 5.

면접질문	• 무임수송손실 국비보전 법제화 추진의 필요성에 대해 말해보시오. • 코로나19로 인한 승객감소 및 무임손실 증가에 대한 대책을 제안해보시오.

PART

II

직업기초능력평가

01 의사소통능력

1 의사소통과 의사소통능력

(1) 의사소통

① 개념 … 사람들 간에 생각이나 감정, 정보, 의견 등을 교환하는 총체적인 행위로, 직장생활에서의 의사소통은 조직과 팀의 효율성과 효과성을 성취할 목적으로 이루어지는 구성원 간의 정보와 지식 전달 과정이라고 할 수 있다.

② 기능 … 공동의 목표를 추구해 나가는 집단 내의 기본적 존재 기반이며 성과를 결정하는 핵심 기능이다.

③ 의사소통의 종류

　⊙ 언어적인 것 : 대화, 전화통화, 토론 등

　⊙ 문서적인 것 : 메모, 편지, 기획안 등

　⊙ 비언어적인 것 : 몸짓, 표정 등

④ 의사소통을 저해하는 요인 … 정보의 과다, 메시지의 복잡성 및 메시지 간의 경쟁, 상이한 직위와 과업지향형, 신뢰의 부족, 의사소통을 위한 구조상의 권한, 잘못된 매체의 선택, 폐쇄적인 의사소통 분위기 등

(2) 의사소통능력

① 개념 … 의사소통능력은 직장생활에서 문서나 상대방이 하는 말의 의미를 파악하는 능력, 자신의 의사를 정확하게 표현하는 능력, 간단한 외국어 자료를 읽거나 외국인의 의사표시를 이해하는 능력을 포함한다.

② 의사소통능력 개발을 위한 방법

　⊙ 사후검토와 피드백을 활용한다.

　⊙ 명확한 의미를 가진 이해하기 쉬운 단어를 선택하여 이해도를 높인다.

　⊙ 적극적으로 경청한다.

　⊙ 메시지를 감정적으로 곡해하지 않는다.

2 의사소통능력을 구성하는 하위능력

(1) 문서이해능력

① 문서와 문서이해능력

　㉠ 문서 : 제안서, 보고서, 기획서, 이메일, 팩스 등 문자로 구성된 것으로 상대방에게 의사를 전달하여 설득하는 것을 목적으로 한다.

　㉡ 문서이해능력 : 직업현장에서 자신의 업무와 관련된 문서를 읽고, 내용을 이해하고 요점을 파악할 수 있는 능력을 말한다.

■ 예제 1

다음은 신용카드 약관의 주요내용이다. 규정 약관을 제대로 이해하지 못한 사람은?

> [부가서비스]
> 카드사는 법령에서 정한 경우를 제외하고 상품을 새로 출시한 후 1년 이내에 부가서비스를 줄이거나 없앨 수가 없다. 또한 부가서비스를 줄이거나 없앨 경우에는 그 세부내용을 변경일 6개월 이전에 회원에게 알려주어야 한다.
>
> [중도 해지 시 연회비 반환]
> 연회비 부과기간이 끝나기 이전에 카드를 중도해지하는 경우 남은 기간에 해당하는 연회비를 계산하여 10 영업일 이내에 돌려줘야 한다. 다만, 카드 발급 및 부가서비스 제공에 이미 지출된 비용은 제외된다.
>
> [카드 이용한도]
> 카드 이용한도는 카드 발급을 신청할 때에 회원이 신청한 금액과 카드사의 심사 기준을 종합적으로 반영하여 회원이 신청한 금액 범위 이내에서 책정되며 회원의 신용도가 변동되었을 때에는 카드사는 회원의 이용한도를 조정할 수 있다.
>
> [부정사용 책임]
> 카드 위조 및 변조로 인하여 발생된 부정사용 금액에 대해서는 카드사가 책임을 진다. 다만, 회원이 비밀번호를 다른 사람에게 알려주거나 카드를 다른 사람에게 빌려주는 등의 중대한 과실로 인해 부정사용이 발생하는 경우에는 회원이 그 책임의 전부 또는 일부를 부담할 수 있다.

① 혜수 : 카드사는 법령에서 정한 경우를 제외하고는 1년 이내에 부가서비스를 줄일 수 없어.

② 진성 : 카드 위조 및 변조로 인하여 발생된 부정사용 금액은 일괄 카드사가 책임을 지게 돼.

③ 영훈 : 회원의 신용도가 변경되었을 때 카드사가 이용한도를 조정할 수 있어.

④ 영호 : 연회비 부과기간이 끝나기 이전에 카드를 중도 해지하는 경우에는 남은 기간에 해당하는 연회비를 카드사는 돌려줘야 해.

답 ②

② 문서의 종류

    ⑦ **공문서** : 정부기관에서 공무를 집행하기 위해 작성하는 문서로, 단체 또는 일반회사에서 정부기관을 상대로 사업을 진행할 때 작성하는 문서도 포함된다. 엄격한 규격과 양식이 특징이다.

    ⓒ **기획서** : 아이디어를 바탕으로 기획한 프로젝트에 대해 상대방에게 전달하여 시행하도록 설득하는 문서이다.

    ⓒ **기안서** : 업무에 대한 협조를 구하거나 의견을 전달할 때 작성하는 사내 공문서이다.

    ⓔ **보고서** : 특정한 업무에 관한 현황이나 진행 상황, 연구·검토 결과 등을 보고하고자 할 때 작성하는 문서이다.

    ⓜ **설명서** : 상품의 특성이나 작동 방법 등을 소비자에게 설명하기 위해 작성하는 문서이다.

    ⓗ **보도자료** : 정부기관이나 기업체 등이 언론을 상대로 자신들의 정보를 기사화 되도록 하기 위해 보내는 자료이다.

    ⓢ **자기소개서** : 개인이 자신의 성장과정이나, 입사 동기, 포부 등에 대해 구체적으로 기술하여 자신을 소개하는 문서이다.

    ⓞ **비즈니스 레터(E-mail)** : 사업상의 이유로 고객에게 보내는 편지다.

    ⓩ **비즈니스 메모** : 업무상 확인해야 할 일을 메모형식으로 작성하여 전달하는 글이다.

③ **문서이해의 절차** … 문서의 목적 이해→문서 작성 배경·주제 파악→정보 확인 및 현안문제 파악→문서 작성자의 의도 파악 및 자신에게 요구되는 행동 분석→목적 달성을 위해 취해야 할 행동 고려→문서 작성자의 의도를 도표나 그림 등으로 요약·정리

(2) 문서작성능력

① 작성되는 문서에는 대상과 목적, 시기, 기대효과 등이 포함되어야 한다.

② 문서작성의 구성요소

    ⑦ 짜임새 있는 골격, 이해하기 쉬운 구조

    ⓒ 객관적이고 논리적인 내용

    ⓒ 명료하고 설득력 있는 문장

    ⓔ 세련되고 인상적인 레이아웃

다음은 들은 내용을 구조적으로 정리하는 방법이다. 순서에 맞게 배열하면?

㉠ 관련 있는 내용끼리 묶는다.
㉡ 묶은 내용에 적절한 이름을 붙인다.
㉢ 전체 내용을 이해하기 쉽게 구조화한다.
㉣ 중복된 내용이나 덜 중요한 내용을 삭제한다.

---

① ㉠㉡㉢㉣　　　　　　　② ㉠㉡㉣㉢
③ ㉡㉠㉢㉣　　　　　　　④ ㉡㉠㉣㉢

③ 문서의 종류에 따른 작성방법

　㉠ 공문서

　　• 육하원칙이 드러나도록 써야 한다.

　　• 날짜는 반드시 연도와 월, 일을 함께 언급하며, 날짜 다음에 괄호를 사용할 때는 마침표를 찍지 않는다.

　　• 대외문서이며, 장기간 보관되기 때문에 정확하게 기술해야 한다.

　　• 내용이 복잡할 경우 '-다음-', '-아래-'와 같은 항목을 만들어 구분한다.

　　• 한 장에 담아내는 것을 원칙으로 하며, 마지막엔 반드시 '끝'자로 마무리 한다.

　㉡ 설명서

　　• 정확하고 간결하게 작성한다.

　　• 이해하기 어려운 전문용어의 사용은 삼가고, 복잡한 내용은 도표화 한다.

　　• 명령문보다는 평서문을 사용하고, 동어 반복보다는 다양한 표현을 구사하는 것이 바람직하다.

　㉢ 기획서

　　• 상대를 설득하여 기획서가 채택되는 것이 목적이므로 상대가 요구하는 것이 무엇인지 고려하여 작성하며, 기획의 핵심을 잘 전달하였는지 확인한다.

　　• 분량이 많을 경우 전체 내용을 한눈에 파악할 수 있도록 목차구성을 신중히 한다.

　　• 효과적인 내용 전달을 위한 표나 그래프를 적절히 활용하고 산뜻한 느낌을 줄 수 있도록 한다.

　　• 인용한 자료의 출처 및 내용이 정확해야 하며 제출 전 충분히 검토한다.

ⓔ 보고서

- 도출하고자 한 핵심내용을 구체적이고 간결하게 작성한다.
- 내용이 복잡할 경우 도표나 그림을 활용하고, 참고자료는 정확하게 제시한다.
- 제출하기 전에 최종점검을 하며 질의를 받을 것에 대비한다.

예제 3

다음 중 공문서 작성에 대한 설명으로 가장 적절하지 못한 것은?

① 공문서나 유가증권 등에 금액을 표시할 때에는 한글로 기재하고 그 옆에 괄호를 넣어 숫자로 표기한다.
② 날짜는 숫자로 표기하되 년, 월, 일의 글자는 생략하고 그 자리에 온점(.)을 찍어 표시한다.
③ 첨부물이 있는 경우에는 붙임 표시문 끝에 1자 띄우고 "끝."이라고 표시한다.
④ 공문서의 본문이 끝났을 경우에는 1자를 띄우고 "끝."이라고 표시한다.

[출제의도]
업무를 할 때 필요한 공문서 작성법을 잘 알고 있는지를 측정하는 문항이다.
[해설]
공문서 금액 표시
아라비아 숫자로 쓰고, 숫자 다음에 괄호를 하여 한글로 기재한다.
예) 금 123,456원(금 일십이만삼천사백오십육원)

답 ①

---

④ 문서작성의 원칙

ⓐ 문장은 짧고 간결하게 작성한다(간결체 사용).
ⓑ 상대방이 이해하기 쉽게 쓴다.
ⓒ 불필요한 한자의 사용을 자제한다.
ⓓ 문장은 긍정문의 형식을 사용한다.
ⓔ 간단한 표제를 붙인다.
ⓕ 문서의 핵심내용을 먼저 쓰도록 한다(두괄식 구성).

⑤ 문서작성 시 주의사항

ⓐ 육하원칙에 의해 작성한다.
ⓑ 문서 작성시기가 중요하다.
ⓒ 한 사안은 한 장의 용지에 작성한다.
ⓓ 반드시 필요한 자료만 첨부한다.
ⓔ 금액, 수량, 일자 등은 기재에 정확성을 기한다.
ⓕ 경어나 단어사용 등 표현에 신경 쓴다.
ⓖ 문서작성 후 반드시 최종적으로 검토한다.

⑥ 효과적인 문서작성 요령

　　㉠ 내용이해 : 전달하고자 하는 내용과 핵심을 정확하게 이해해야 한다.

　　㉡ 목표설정 : 전달하고자 하는 목표를 분명하게 설정한다.

　　㉢ 구성 : 내용 전달 및 설득에 효과적인 구성과 형식을 고려한다.

　　㉣ 자료수집 : 목표를 뒷받침할 자료를 수집한다.

　　㉤ 핵심전달 : 단락별 핵심을 하위목차로 요약한다.

　　㉥ 대상파악 : 대상에 대한 이해와 분석을 통해 철저히 파악한다.

　　㉦ 보충설명 : 예상되는 질문을 정리하여 구체적인 답변을 준비한다.

　　㉧ 문서표현의 시각화 : 그래프, 그림, 사진 등을 적절히 사용하여 이해를 돕는다.

(3) 경청능력

① 경청의 중요성 … 경청은 다른 사람의 말을 주의 깊게 들으며 공감하는 능력으로 경청을 통해 상대방을 한 개인으로 존중하고 성실한 마음으로 대하게 되며, 상대방의 입장에 공감하고 이해하게 된다.

② 경청을 방해하는 습관 … 짐작하기, 대답할 말 준비하기, 걸러내기, 판단하기, 다른 생각하기, 조언하기, 언쟁하기, 옳아야만 하기, 슬쩍 넘어가기, 비위 맞추기 등

③ 효과적인 경청방법

　　㉠ 준비하기 : 강연이나 프레젠테이션 이전에 나누어주는 자료를 읽어 미리 주제를 파악하고 등장하는 용어를 익혀둔다.

　　㉡ 주의 집중 : 말하는 사람의 모든 것에 집중해서 적극적으로 듣는다.

　　㉢ 예측하기 : 다음에 무엇을 말할 것인가를 추측하려고 노력한다.

　　㉣ 나와 관련짓기 : 상대방이 전달하고자 하는 메시지를 나의 경험과 관련지어 생각해 본다.

　　㉤ 질문하기 : 질문은 듣는 행위를 적극적으로 하게 만들고 집중력을 높인다.

　　㉥ 요약하기 : 주기적으로 상대방이 전달하려는 내용을 요약한다.

　　㉦ 반응하기 : 피드백을 통해 의사소통을 점검한다.

예제 4

다음은 면접스터디 중 일어난 대화이다. 민아의 고민을 해소하기 위한 조언으로 가장 적절한 것은?

> 지섭 : 민아씨, 어디 아파요? 표정이 안 좋아 보여요.
> 민아 : 제가 원서 넣은 공단이 내일 면접이어서요. 그동안 스터디를 통해서 면접 연습을 많이 했는데도 벌써부터 긴장이 되네요.
> 지섭 : 민아씨는 자기 의견도 명확히 피력할 줄 알고 조리 있게 설명을 잘 하시니 걱정 안하셔도 될 것 같아요. 아, 손에 꽉 쥐고 계신 건 뭔가요?
> 민아 : 아, 제가 예상 답변을 정리해서 모아둔거에요. 내용은 거의 외웠는데 이렇게 쥐고 있지 않으면 불안해서
> 지섭 : 그 정도로 준비를 철저히 하셨으면 걱정할 이유 없을 것 같아요.
> 민아 : 그래도 압박면접이거나 예상치 못한 질문이 들어오면 어떻게 하죠?
> 지섭 : _____

① 시선을 적절히 처리하면서 부드러운 어투로 말하는 연습을 해보는 건 어때요?
② 공식적인 자리인 만큼 옷차림을 신경 쓰는 게 좋을 것 같아요.
③ 당황하지 말고 질문자의 의도를 잘 파악해서 침착하게 대답하면 되지 않을까요?
④ 예상 질문에 대한 답변을 좀 더 정확하게 외워보는 건 어떨까요?

[출제의도]
상대방이 하는 말을 듣고 질문 의도에 따라 올바르게 답하는 능력을 측정하는 문항이다.

[해설]
민아는 압박질문이나 예상치 못한 질문에 대해 걱정을 하고 있으므로 침착하게 대응하라고 조언을 해주는 것이 좋다.

답 ③

---

(4) 의사표현능력

① **의사표현의 개념과 종류**

㉠ **개념** : 화자가 자신의 생각과 감정을 청자에게 음성언어나 신체언어로 표현하는 행위이다.

㉡ **종류**

- 공식적 말하기 : 사전에 준비된 내용을 대중을 대상으로 말하는 것으로 연설, 토의, 토론 등이 있다.
- 의례적 말하기 : 사회·문화적 행사에서와 같이 절차에 따라 하는 말하기로 식사, 주례, 회의 등이 있다.
- 친교적 말하기 : 친근한 사람들 사이에서 자연스럽게 주고받는 대화 등을 말한다.

② **의사표현의 방해요인**

㉠ **연단공포증** : 연단에 섰을 때 가슴이 두근거리거나 땀이 나고 얼굴이 달아오르는 등의 현상으로 충분한 분석과 준비, 더 많은 말하기 기회 등을 통해 극복할 수 있다.

ⓛ 말 : 말의 장단, 고저, 발음, 속도, 쉼 등을 포함한다.

ⓒ 음성 : 목소리와 관련된 것으로 음색, 고저, 명료도, 완급 등을 의미한다.

ⓔ 몸짓 : 비언어적 요소로 화자의 외모, 표정, 동작 등이다.

ⓜ 유머 : 말하기 상황에 따른 적절한 유머를 구사할 수 있어야 한다.

③ 상황과 대상에 따른 의사표현법

ⓐ 잘못을 지적할 때 : 모호한 표현을 삼가고 확실하게 지적하며, 당장 꾸짖고 있는 내용에만 한정한다.

ⓛ 칭찬할 때 : 자칫 아부로 여겨질 수 있으므로 센스 있는 칭찬이 필요하다.

ⓒ 부탁할 때 : 먼저 상대방의 사정을 듣고 응하기 쉽게 구체적으로 부탁하며 거절을 당해도 싫은 내색을 하지 않는다.

ⓔ 요구를 거절할 때 : 먼저 사과하고 응해줄 수 없는 이유를 설명한다.

ⓜ 명령할 때 : 강압적인 말투보다는 '○○을 이렇게 해주는 것이 어떻겠습니까?'와 같은 식으로 부드럽게 표현하는 것이 효과적이다.

ⓗ 설득할 때 : 일방적으로 강요하기보다는 먼저 양보해서 이익을 공유하겠다는 의지를 보여주는 것이 좋다.

ⓢ 충고할 때 : 충고는 가장 최후의 방법이다. 반드시 충고가 필요한 상황이라면 예화를 들어 비유적으로 깨우쳐주는 것이 바람직하다.

ⓞ 질책할 때 : 샌드위치 화법(칭찬의 말 + 질책의 말 + 격려의 말)을 사용하여 청자의 반발을 최소화 한다.

예제 5

당신은 팀장님께 업무 지시내용을 수행하고 결과물을 보고 드렸다. 하지만 팀장님께서는 "최대리 업무를 이렇게 처리하면 어떡하나? 누락된 부분이 있지 않은가."라고 말하였다. 이에 대해 당신이 행할 수 있는 가장 부적절한 대처 자세는?

① "죄송합니다. 제가 잘 모르는 부분이라 이수혁 과장님께 부탁을 했는데 과장님께서 실수를 하신 것 같습니다."

② "주의를 기울이지 못해 죄송합니다. 어느 부분을 수정보완하면 될까요?"

③ "지시하신 내용을 제가 충분히 이해하지 못하였습니다. 내용을 다시 한 번 여쭤보아도 되겠습니까?"

④ "부족한 내용을 보완하는 자료를 취합하기 위해서 하루정도가 더 소요될 것 같습니다. 언제까지 재작성하여 드리면 될까요?"

[출제의도]
상사가 잘못을 지적하는 상황에서 어떻게 대처해야 하는지를 묻는 문항이다.
[해설]
상사가 부탁한 지시사항을 다른 사람에게 부탁하는 것은 옳지 못하며 설사 그렇다고 해도 그 일의 과오에 대해 책임을 전가하는 것은 지양해야 할 자세이다.

답 ①

④ 원활한 의사표현을 위한 지침

   ㉠ 올바른 화법을 위해 독서를 하라.

   ㉡ 좋은 청중이 되라.

   ㉢ 칭찬을 아끼지 마라.

   ㉣ 공감하고, 긍정적으로 보이게 하라.

   ㉤ 겸손은 최고의 미덕임을 잊지 마라.

   ㉥ 과감하게 공개하라.

   ㉦ 뒷말을 숨기지 마라.

   ㉧ 첫마디 말을 준비하라.

   ㉨ 이성과 감성의 조화를 꾀하라.

   ㉩ 대화의 룰을 지켜라.

   ㉪ 문장을 완전하게 말하라.

⑤ 설득력 있는 의사표현을 위한 지침

   ㉠ 'Yes'를 유도하여 미리 설득 분위기를 조성하라.

   ㉡ 대비 효과로 분발심을 불러 일으켜라.

   ㉢ 침묵을 지키는 사람의 참여도를 높여라.

   ㉣ 여운을 남기는 말로 상대방의 감정을 누그러뜨려라.

   ㉤ 하던 말을 갑자기 멈춤으로써 상대방의 주의를 끌어라.

   ㉥ 호칭을 바꿔서 심리적 간격을 좁혀라.

   ㉦ 끄집어 말하여 자존심을 건드려라.

   ㉧ 정보전달 공식을 이용하여 설득하라.

   ㉨ 상대방의 불평이 가져올 결과를 강조하라.

   ㉩ 권위 있는 사람의 말이나 작품을 인용하라.

   ㉪ 약점을 보여 주어 심리적 거리를 좁혀라.

   ㉫ 이상과 현실의 구체적 차이를 확인시켜라.

   ㉬ 자신의 잘못도 솔직하게 인정하라.

   ㉭ 집단의 요구를 거절하려면 개개인의 의견을 물어라.

   ⓐ 동조 심리를 이용하여 설득하라.

   ⓑ 지금까지의 노고를 치하한 뒤 새로운 요구를 하라.

   ⓒ 담당자가 대변자 역할을 하도록 하여 윗사람을 설득하게 하라.

   ⓓ 겉치레 양보로 기선을 제압하라.

   ⓔ 변명의 여지를 만들어 주고 설득하라.

   ⓕ 혼자 말하는 척하면서 상대의 잘못을 지적하라.

(5) 기초외국어능력

① 기초외국어능력의 개념과 필요성

　㉠ 개념 : 기초외국어능력은 외국어로 된 간단한 자료를 이해하거나, 외국인과의 전화응대와 간단한 대화 등 외국인의 의사표현을 이해하고, 자신의 의사를 기초외국어로 표현할 수 있는 능력이다.

　㉡ 필요성 : 국제화·세계화 시대에 다른 나라와의 무역을 위해 우리의 언어가 아닌 국제적인 통용어를 사용하거나 그들의 언어로 의사소통을 해야 하는 경우가 생길 수 있다.

② 외국인과의 의사소통에서 피해야 할 행동

　㉠ 상대를 볼 때 흘겨보거나, 노려보거나, 아예 보지 않는 행동

　㉡ 팔이나 다리를 꼬는 행동

　㉢ 표정이 없는 것

　㉣ 다리를 흔들거나 펜을 돌리는 행동

　㉤ 맞장구를 치지 않거나 고개를 끄덕이지 않는 행동

　㉥ 생각 없이 메모하는 행동

　㉦ 자료만 들여다보는 행동

　㉧ 바르지 못한 자세로 앉는 행동

　㉨ 한숨, 하품, 신음소리를 내는 행동

　㉩ 다른 일을 하며 듣는 행동

　㉪ 상대방에게 이름이나 호칭을 어떻게 부를지 묻지 않고 마음대로 부르는 행동

③ 기초외국어능력 향상을 위한 공부법

　㉠ 외국어공부의 목적부터 정하라.

　㉡ 매일 30분씩 눈과 손과 입에 밸 정도로 반복하라.

　㉢ 실수를 두려워하지 말고 기회가 있을 때마다 외국어로 말하라.

　㉣ 외국어 잡지나 원서와 친해져라.

　㉤ 소홀해지지 않도록 라이벌을 정하고 공부하라.

　㉥ 업무와 관련된 주요 용어의 외국어는 꼭 알아두자.

　㉦ 출퇴근 시간에 외국어 방송을 보거나, 듣는 것만으로도 귀가 트인다.

　㉧ 어린이가 단어를 배우듯 외국어 단어를 암기할 때 그림카드를 사용해 보라.

　㉨ 가능하면 외국인 친구를 사귀고 대화를 자주 나눠 보라.

01 출제예상문제

1 다음 밑줄 친 문구를 어법에 맞게 수정한 내용으로 적절하지 않은 것은?

> A : 지속가능보고서를 2007년 창간 이래 <u>매년 발간에 의해</u> 이해 관계자와의 소통이 좋아졌다.
> B : 2012년부터 시행되는 신재생에너지 공급의무제는 회사의 <u>주요 리스크로</u> 이를 기회로 승화시키기 위한 노력을 하고 있다.
> C : 전력은 필수적인 에너지원이므로 과도한 사용을 <u>삼가야 한다.</u>
> D : <u>녹색 기술 연구 개발 투자 확대</u> 및 녹색 생활 실천 프로그램을 시행하여 온실가스 감축에 전 직원의 역량을 결집하고 있다.
> E : 녹색경영위원회를 설치하여 전문가들과 함께하는 토론을 주기적으로 하고 있으며, 내 · 외부 <u>전문가의 의견 자문을 구하고 있다.</u>

① A : '매년 발간에 의해'가 어색하므로 문맥에 맞게 '매년 발간함으로써'로 고친다.
② B : '주요 리스크로'는 조사의 쓰임이 어울리지 않으므로, '주요 리스크이지만'으로 고친다.
③ C : '삼가야 한다'는 어법상 맞지 않으므로 '삼가해야 한다'로 고친다.
④ D : '및'의 앞은 명사구로 되어 있고 뒤는 절로 되어 있어 구조가 대등하지 않으므로, 앞 부분을 '녹색 기술 연구 개발에 대한 투자를 확대하고'로 고친다.
⑤ E : '전문가의 의견 자문을 구하고 있다'는 어법에 맞지 않으므로, '전문가들에게 의견을 자문하고 있다'로 고친다.

③ '몸가짐이나 언행을 조심하다.'는 의미를 가진 표준어는 '삼가다'로, '삼가야 한다'는 어법에 맞는 표현이다. 자주 틀리는 표현 중 하나로 '삼가해 주십시오' 등으로 사용하지 않도록 주의해야 한다.
① 어떤 일의 수단이나 도구를 나타내는 격조사 '-로써'로 고치는 것이 적절하다.
② 어떤 사실이나 내용을 시인하면서 그에 반대되는 내용을 말하거나 조건을 붙여 말할 때에 쓰는 연결 어미인 '-지마는(-지만)'이 오는 것이 적절하다.
④ '및'은 '그리고', '그 밖에', '또'의 뜻으로, 문장에서 같은 종류의 성분을 연결할 때 쓰는 말이다. 따라서 앞뒤로 이어지는 표현의 구조가 대등해야 한다.
⑤ '자문하다'는 '어떤 일을 좀 더 효율적이고 바르게 처리하려고 그 방면의 전문가나, 전문가들로 이루어진 기구에 의견을 묻다.'라는 뜻으로 '~에/에게 ~을 자문하다' 형식으로 쓴다.

2 유기농 식품 매장에서 근무하는 K씨에게 계란 알레르기가 있는 고객이 제품에 대해 문의를 해왔다. K씨가 제품에 부착된 다음 설명서를 참조하여 고객에게 반드시 안내해야 할 말로 가장 적절한 것은?

> - 제품명 : 든든한 현미국수
> - 식품의 유형 : 면 – 국수류, 스프 – 복합조미식품
> - 내용량 : 95g(면 85g, 스프 10g)
> - 원재료 및 함량
>   • 면 : 무농약 현미 98%(국내산), 정제염
>   • 스프 : 멸치 20%(국내산), 다시마 10%(국내산), 고춧가루, 정제소금, 마늘분말, 생강분말, 표고분말, 간장분말, 된장분말, 양파분말, 새우분말, 건미역, 건당근, 건파, 김, 대두유
> - 보관장소 : 직사광선을 피하고 서늘한 곳에 보관
> - 이 제품은 계란, 메밀, 땅콩, 밀가루, 돼지고기를 이용한 제품과 같은 제조시설에서 제조하였습니다.
> - 본 제품은 공정거래위원회 고시 소비분쟁해결 기준에 의거 교환 또는 보상받을 수 있습니다.
> - 부정불량식품신고는 국번 없이 1399

① 조리하실 때 계란만 넣지 않으시면 문제가 없을 것입니다.
② 제품을 조리하실 때 집에서 따로 육수를 우려서 사용하시는 것이 좋겠습니다.
③ 이 제품은 무농약 현미로 만들어져 있기 때문에 알레르기 체질 개선에 효과가 있습니다.
④ 이 제품은 계란이 들어가는 식품을 제조하는 시설에서 생산되었다는 점을 참고하시기 바랍니다.
⑤ 알레르기 반응이 나타나실 경우 구매하신 곳에서 교환 또는 환불 받으실 수 있습니다.

 ④ 계란 알레르기가 있는 고객이므로 제품에 계란이 사용되었거나, 제조과정에서 조금이라도 계란이 들어갔을 우려가 있다면 안내해 주는 것이 바람직하다. 이 제품은 원재료에 계란이 들어가지는 않지만, 계란 등을 이용한 제품과 같은 제조시설에서 제조하였으므로 제조과정에서 계란 성분이 들어갔을 우려가 있다. 따라서 이 점에 대해 안내해야 한다.

Answer▸ 1.③ 2.④

3 다음은 N사의 단독주택용지 수의계약 공고문 중 일부이다. 공고문의 내용을 바르게 이해한 것은?

[○○ 블록형 단독주택용지(1필지) 수의계약 공고]

1. 공급대상토지

면적 (㎡)	세대수 (호)	평균규모 (㎡)	용적률 (%)	공급가격 (천원)	계약보증금 (원)	사용가능 시기
25,479	63	400	100% 이하	36,944,550	3,694,455,000	즉시

2. 공급일정 및 장소

일정	2019년 1월 11일 오전 10시부터 선착순 수의계약 (토·일요일 및 공휴일, 업무시간 외는 제외)
장소	N사 ○○지역본부 1층

3. 신청자격

아래 두 조건을 모두 충족한 자
– 실수요자 : 공고일 현재 주택법에 의한 주택건설사업자로 등록한 자
– 3년 분할납부(무이자) 조건의 토지매입 신청자
　※ 납부 조건 : 계약체결 시 계약금 10%, 중도금 및 잔금 90%(6개월 단위 6회 납부)

4. 계약체결 시 구비서류
– 법인등기부등본 및 사업자등록증 사본 각 1부
– 법인인감증명서 1부 및 법인인감도장(사용인감계 및 사용인감)
– 대표자 신분증 사본 1부(위임 시 위임장 1부 및 대리인 신분증 제출)
– 주택건설사업자등록증 1부
– 계약금 납입영수증

---

① 계약이 체결되면 즉시 해당 토지에 단독주택을 건설할 수 있다.

② 계약체결 후 첫 번째 내야 할 중도금은 5,250,095,000원이다.

③ 규모 400㎡의 단독주택용지를 일반 수요자에게 분양하는 공고이다.

④ 계약에 대한 보증금이 공급가격보다 더 높아 실수요자에게 부담을 줄 우려가 있다.

⑤ 토지에 대한 계약은 계약체결 시 구비서류를 갖춰 신청한 사람 중 최고가 입찰액을 작성한 사람에게 이루어진다.

부지 용도가 단독주택용지이고 토지사용 가능시기가 '즉시'라는 공고를 통해 계약만 이루어지면 즉시 이용이 가능한 토지임을 알 수 있다.

② 계약체결 후 남은 금액은 공급가격에서 계약금을 제외한 33,250,095,000원이다. 이를 무이자로 3년간 6회에 걸쳐 납부해야 하므로 첫 번째 내야 할 중도금은 5,541,682,500원이다.

③ 규모 400㎡의 단독주택용지를 주택건설업자에게 분양하는 공고이다.

④ 계약금은 공급가격의 10%로 보증금이 더 적다.

⑤ 본 계약은 선착순 수의계약이다.

4 다음은 ○○공사의 고객서비스헌장의 내용이다. 밑줄 친 단어를 한자로 바꾸어 쓴 것으로 옳지 않은 것은?

〈고객서비스<u>헌장</u>〉

1. 우리는 모든 업무를 고객의 입장에서 생각하고, 신속·정확하게 처리하겠습니다.
2. 우리는 친절한 <u>자세</u>와 상냥한 언어로 고객을 맞이하겠습니다.
3. 우리는 고객에게 잘못된 서비스로 불편을 <u>초래</u>한 경우, 신속히 시정하고 적정한 보상을 하겠습니다.
4. 우리는 다양한 고객서비스를 <u>발굴</u>하고 개선하여 고객만족도 향상에 최선을 다하겠습니다.
5. 우리는 모든 시민이 고객임을 명심하여 최고의 서비스를 제공하는 데 정성을 다하겠습니다.

　이와 같이 선언한 목표를 <u>달성</u>하기 위하여 구체적인 서비스 이행기준을 설정하여 임·직원 모두가 성실히 실천할 것을 약속드립니다.

---

① 헌장 – 憲章　　　　② 자세 – 姿勢

③ 초래 – 招來　　　　④ 발굴 – 拔掘

⑤ 달성 – 達成

 ④ '발굴'은 세상에 널리 알려지지 않거나 뛰어난 것을 찾아 밝혀낸다는 의미로, 發(필 발)掘(팔 굴)로 쓴다.

Answer↱ 3.① 4.④

5 다음은 「개인정보 보호법」과 관련한 사법 행위의 내용을 설명하는 글이다. 다음 글을 참고할 때, '공표' 조치에 대한 올바른 설명이 아닌 것은?

「개인정보 보호법」 위반과 관련한 행정처분의 종류에는 처분 강도에 따라 과태료, 과징금, 시정조치, 개선권고, 징계권고, 공표 등이 있다. 이 중, 공표는 행정질서 위반이 심하여 공공에 경종을 울릴 필요가 있는 경우 명단을 공표하여 사회적 낙인을 찍히게 함으로써 경각심을 주는 제재 수단이다.

「개인정보 보호법」 위반행위가 은폐·조작, 과태료 1천만 원 이상, 유출 등 다음 7가지 공표기준에 해당하는 경우, 위반행위자, 위반행위 내용, 행정처분 내용 및 결과를 포함하여 개인정보 보호위원회의 심의·의결을 거쳐 공표한다.

※ 공표기준
1. 1회 과태료 부과 총 금액이 1천만 원 이상이거나 과징금 부과를 받은 경우
2. 유출·침해사고의 피해자 수가 10만 명 이상인 경우
3. 다른 위반행위를 은폐·조작하기 위하여 위반한 경우
4. 유출·침해로 재산상 손실 등 2차 피해가 발생하였거나 불법적인 매매 또는 건강정보 등 민감 정보의 침해로 사회적 비난이 높은 경우
5. 위반행위 시점을 기준으로 위반 상태가 6개월 이상 지속된 경우
6. 행정처분 시점을 기준으로 최근 3년 내 과징금, 과태료 부과 또는 시정조치 명령을 2회 이상 받은 경우
7. 위반행위 관련 검사 및 자료제출 요구 등을 거부·방해하거나 시정조치 명령을 이행하지 않음으로써 이에 대하여 과태료 부과를 받은 경우

공표절차는 과태료 및 과징금을 최종 처분할 때 ① 대상자에게 공표 사실을 사전 통보, ② 소명자료 또는 의견 수렴 후 개인정보보호위원회 송부, ③ 개인정보보호위원회 심의·결, ④ 홈페이지 공표 순으로 진행된다.

공표는 행정안전부장관의 처분 권한이지만 개인정보보호위원회의 심의·의결을 거치게 함으로써 「개인정보 보호법」 위반자에 대한 행정청의 제재가 자의적이지 않고 공정하게 행사되도록 조절해 주는 장치를 마련하였다.

① 공표는 「개인정보 보호법」 위반에 대한 가장 무거운 행정 조치이다.
② 행정안전부장관이 공표를 결정한다고 해서 반드시 최종 공표 조치가 취해져야 하는 것은 아니다.
③ 공표 조치가 내려진 대상자는 공표와 더불어 반드시 1천만 원 이상의 과태료를 납부하여야 한다.
④ 공표 조치를 받는 대상자는 사전에 이를 통보받게 된다.
⑤ 반복적이거나 지속적인 위반 행위에 대한 제재는 공표 조치의 취지에 포함된다.

 1천만 원 이상의 과태료가 내려지게 되면 공표 조치의 대상이 되나, 모든 공표 조치 대상자들이 과태료를 1천만 원 이상 납부해야 하는 것은 아니다. 과태료 금액에 의한 공표 대상자 이외에도 공표 대상에 포함될 경우가 있으므로 반드시 1천만 원 이상의 과태료가 공표 대상자에게 부과된다고 볼 수는 없다.

① 행정처분의 종류를 처분 강도에 따라 구분하였으며, 이에 따라 가장 무거운 조치가 공표인 것으로 판단할 수 있다.

6 다음은 C공사의 신입사원 채용에 관한 안내문 중 일부이다. 다음 내용을 근거로 할 때, C 공사가 안내문의 내용에 부합되게 취한 행동으로 가장 적절하지 않은 것은?

- 모든 응시자는 1인 1개 분야에 지원 가능합니다.(중복 지원 시 모든 분야 불합격)
- 응시희망자는 지역제한 등 응시자격을 미리 확인하고 응시원서를 접수해야 하며, 응시원 서의 기재사항 착오·누락, 공인어학능력시험 점수·자격증·장애인·취업지원 대상자 가산점수·가산비율 기재 착오, 연락불능 등으로 발생되는 불이익은 일체 응시자의 책임 으로 합니다.
- 입사지원서 작성내용은 추후 증빙서류 제출 및 관계기관에 조회할 예정이며 내용을 허위 로 입력한 경우 합격이 취소됩니다.
- 원서접수결과 지원자가 채용인원 수와 동일하거나 미달이더라도 적격자가 없는 경우 선 발하지 않을 수 있습니다.
- 시험일정은 공사 사정에 의해 변경될 수 있으며 변경내용은 7일 전까지 공사 채용홈페 이지를 통해 공고할 계획이니 상시 확인바랍니다.
- 제출 서류는 본 채용목적 이외 사용하지 않으며, 채용절차의 공정화에 관한 법령에 따라 최종합격자 발표일 이후 180일 이내 반환청구를 할 수 있습니다.
- 최종합격자 중 신규임용후보자 등록을 하지 않거나 관계법령에 의한 신체검사 불합격자 또는 공사 인사규정 제21조에 의한 응시자격 미달자는 신규임용후보자 자격을 상실하고 차순위자를 추가합격자로 선발할 수 있습니다.
- 임용은 교육성적을 포함한 채용시험 성적순으로 순차적 임용하되, 장애인·경력자의 경 우 성적순위에도 불구하고 우선 임용될 수 있습니다.

---

① 최종합격자 중 신규임용후보자 자격을 상실한 자가 있어 불합격자 중 임의의 인원 을 추가 선발하였다.
② 예정 선발인원이 30명인 공고에 30명이 지원을 하였으나 27명만 선발하였다.
③ 채용시험 성적이 상위권 A씨가 아닌 경력자 B씨를 채용하였다.
④ 대학 졸업예정자로 채용된 C씨는 졸업 학점이 부족하여 졸업이 미뤄지는 바람에 채용이 취소되었다.
⑤ 동일한 응시자가 사무직과 일반직에 동시 응시 한 사실이 뒤늦게 발견되어 지원 분야 전체에서 불합격처리를 하였다.

(Tip) 안내문의 4번째와 7번째 사항에 의해 차순위자를 추가합격자로 선발하거나 적격자가 없는 경우 선발하지 않을 수 있다.

Answer ➔ 5.③ 6.①

7 다음은 사내홍보물에 사용하기 위한 인터뷰 내용이다. ㉠~㉣에 대한 설명으로 적절하지 않은 것을 고르면?

甲 : 안녕하세요. 저번에 인사드렸던 홍보팀 대리 甲입니다. 바쁘신 데도 이렇게 인터뷰에 응해주셔서 감사합니다. ㉠이번 호 사내 홍보물 기사에 참고하려고 하는데 혹시 녹음을 해도 괜찮을까요?

乙 : 네, 그렇게 하세요.

甲 : 그럼 ㉡우선 사랑의 도시락 배달이란 무엇이고 어떤 목적을 갖고 있는지 간단히 말씀해 주시겠어요?

乙 : 사랑의 도시락 배달은 끼니를 챙겨 드시기 어려운 독거노인분들을 찾아가 사랑의 도시락을 전달하는 일이에요. 이 활동은 회사 이미지를 홍보하는 데 기여할 뿐만 아니라 개인적으로는 마음 따뜻해지는 보람을 느끼게 된답니다.

甲 : 그렇군요. ㉢한 번 봉사를 할 때에는 하루에 몇 십 가구를 방문하신다고 들었는데요, 어떻게 그렇게 많은 가구들을 다 방문할 수가 있나요?

乙 : 아, 비결이 있다면 역할을 분담한다는 거예요.

甲 : 어떻게 역할을 나누나요?

乙 : 도시락을 포장하는 일, 배달하는 일, 말동무 해드리는 일 등을 팀별로 분담해서 맡으니 효율적으로 운영할 수 있어요.

甲 : ㉣(고개를 끄덕이며) 그런 방법이 있었군요. 마지막으로 이런 봉사활동에 관심 있는 사원들에게 한 마디 해주세요.

乙 : ㉤주중 내내 일을 하고 주말에 또 봉사활동을 가려고 하면 몸은 꽹장히 피곤합니다. 하지만 거기에서 오는 보람은 잠깐의 휴식과 비교할 수 없으니 꼭 한번 참석해 보시라고 말씀드리고 싶네요.

甲 : 네, 그렇군요. 오늘 귀중한 시간을 내어 주셔서 감사합니다.

---

① ㉠ : 기록을 위한 보조기구를 사용하기 위해서 사전에 허락을 구하고 있다.
② ㉡ : 면담의 목적을 분명히 밝히면서 동의를 구하고 있다.
③ ㉢ : 미리 알고 있던 정보를 바탕으로 질문을 하고 있다.
④ ㉣ : 적절한 비언어적 표현을 사용하며 상대방의 말에 반응하고 있다.
⑤ ㉤ : 자신의 경험을 바탕으로 봉사활동에 참석하기를 권유하고 있다.

> (Tip) 甲은 사랑의 도시락 배달에 대한 정보를 얻기 위해 乙과 면담을 하고 있다. 그러므로 ㉡은 면담의 목적에 대한 동의를 구하는 질문이 아니라 알고 싶은 정보를 얻기 위한 질문에 해당한다고 할 수 있다.

8 다음 글은 합리적 의사결정을 위해 필요한 절차적 조건 중의 하나에 관한 설명이다. 다음 보기 중 이 조건을 위배한 것끼리 묶은 것은?

> 합리적 의사결정을 위해서는 정해진 절차를 충실히 따르는 것이 필요하다. 고도로 복잡하고 불확실하나 문제상황 속에서 결정의 절차가 합리적이기 위해서는 다음과 같은 조건이 충족되어야 한다.
>
> 〈조건〉
>
> 정책결정 절차에서 논의되었던 모든 내용이 결정절차에 참여하지 않은 다른 사람들에게 투명하게 공개되어야 한다. 그렇지 않으면 이성적 토론이 무력해지고 객관적 증거나 논리 대신 강압이나 회유 등의 방법으로 결론이 도출되기 쉽기 때문이다.

> 〈보기〉
> ㉠ 심의에 참여한 분들의 프라이버시 보호를 위해 오늘 회의의 결론만 간략히 알려드리겠습니다.
> ㉡ 시간이 촉박하니 회의 참석자 중에서 부장급 이상만 발언하도록 합시다.
> ㉢ 오늘 논의하는 안건은 매우 민감한 사안이니만큼 비참석자에게는 그 내용을 알리지 않을 것입니다. 그러니 회의자료 및 메모한 내용도 두고 가시기 바랍니다.
> ㉣ 우리가 외부에 자문을 구한 박사님은 이 분야의 최고 전문가이기 때문에 참석자 간의 별도 토론 없이 박사님의 의견을 그대로 채택하도록 합시다.
> ㉤ 오늘 안건은 매우 첨예한 이해관계가 걸려 있으니 상대방에 대한 반론은 자제해주시고 자신의 주장만 말씀해주시기 바랍니다.

① ㉠, ㉡
② ㉠, ㉢
③ ㉢, ㉣
④ ㉢, ㉤
⑤ ㉣, ㉤

 합리적 의사결정의 조건으로 회의에서 논의된 내용이 투명하게 공개되어야 한다는 조건을 명시하고 있으나, ㉠과 ㉢에서는 비공개주의를 원칙으로 하고 있기 때문에 조건에 위배된다.

| 9~10 | 다음 내용을 읽고 물음에 답하시오.

> 공급업체 : 과장님, 이번 달 인쇄용지 주문량이 급격히 ㉠감소하여 이렇게 방문하였습니다. 혹시 저희 물품에 어떠한 문제가 있는 건가요?
>
> 총무과장 : 지난 10년간 ㉡납품해 주고 계신 것에 저희는 정말 만족하고 있습니다. 하지만 요즘 경기 가 안 좋아서 비용절감차원에서 주문량을 줄이게 되었습니다.
>
> 공급업체 : 아, 그렇군요. 얼마 전 다른 업체에서도 ㉢견적 받으신 것을 우연히 알게 되어서요. 괜찮 으시다면 어떠한 점 때문에 견적을 받아보신지 알 수 있을까요? 저희도 참고하려 하니 말 씀해주시면 감사하겠습니다.
>
> 총무과장 : 아, 그러셨군요. 사실 내부 회의 결과, 인쇄용지의 ㉣지출이 너무 높다는 지적이 나왔습니 다. 품질은 우수하지만 가격적인 면 때문에 그러한 ㉤결정을 하게 되었습니다.

9 다음 대화 중 밑줄 친 단어가 한자로 바르게 표기된 것을 고르면?

① ㉠ – 減小(감소)　　　　　　② ㉡ – 納稟(납품)

③ ㉢ – 見積(견적)　　　　　　④ ㉣ – 持出(지출)

⑤ ㉤ – 結晶(결정)

> (Tip)
> ① 減少(감소) : 양이나 수치가 줆
> ② 納品(납품) : 계약한 곳에 주문받은 물품을 가져다 줌
> ④ 支出(지출) : 어떤 목적을 위하여 돈을 지급하는 일
> ⑤ 決定(결정) : 행동이나 태도를 분명하게 정함

10 다음 중 거래처 관리를 위한 총무과장의 업무방식으로 가장 바람직한 것은?

① 같은 시장에 신규 유입 기업은 많으므로 가격 및 서비스 비교를 통해 적절한 업체 로 자주 변경하는 것이 바람직하다.

② 사내 임원이나 지인의 추천으로 거래처를 소개받았을 경우에는 기존의 거래처에서 변경하는 것이 바람직하다.

③ 믿음과 신뢰를 바탕으로 한 번 선정된 업체는 변경하지 않고 동일조건 하에 계속 거래를 유지하는 것이 바람직하다.

④ 오랫동안 거래했던 업체라 하더라도 가끔 상호관계와 서비스에 대해 교차점검을 하는 것이 바람직하다.

⑤ 다른 업체의 견적 결과를 가지고 현재 거래하는 업체에게 가격 인하를 무리하게 요구하여 지출을 줄이는 것이 바람직하다.

① 잦은 업체 변경은 오히려 신뢰관계를 무너뜨릴 수 있으니 장기거래와 신규거래의 이점을 비교 분석해서 유리하게 활용하는 것이 필요하다.
② 단순한 주위의 추천보다는 서비스와 가격, 품질을 적절히 비교해서 업체를 선정해야 한다.
③ 한 번 선정된 업체라 하더라도 지속적으로 교차점검을 하여 거래의 유리한 조건으로 활용해야 한다.
⑤ 무리한 가격 인하를 요구하는 것은 바람직하지 않다.

11 다음은 2017년 연말 우수사원 시상식에서 최우수 사원을 받은 장그래씨의 감사 인사말이다. 밑줄 친 단어 중 잘못 고쳐 쓴 것을 고르면?

> 사실 입사 후 저는 실수투성이로 아무 것도 모르는 <u>풋나기</u>였습니다. 그런 제가 최우수 사원에 선정되어 상을 받을 수 있게 된 것은 오차장님을 비롯한 영업3팀의 여러 선배님들 <u>탓</u>이라고 생각합니다. 어색하게 있던 제게 친근히 말을 <u>부쳐</u>주시던 김대리님, <u>묵묵이</u> 지켜봐주셨던 천과장님, 그리고 그밖에 도움을 주셨던 영업팀 팀원들에게 이 자리를 <u>빌려서</u> 감사의 말씀 드리고 싶습니다.

① 풋나기 → 풋내기
② 탓 → 덕분
③ 부쳐 → 붙여
④ 묵묵이 → 묵묵히
⑤ 빌려서 → 빌어서

어떤 기회를 이용해서 감사나 사과의 의미를 전달할 때는 '이 자리를 빌려서 감사드린다.'라는 표현을 쓰는 것이 적절하다.
※ 빌다 vs. 빌리다
　㉠ 빌다
　　• 바라는 바를 이루게 하여 달라고 신이나 사람, 사물 따위에 간청하다.
　　• 잘못을 용서하여 달라고 호소하다.
　　• 생각한 대로 이루어지길 바라다.
　㉡ 빌리다
　　• 남의 물건이나 돈 따위를 나중에 도로 돌려주거나 대가를 갚기로 하고 얼마 동안 쓰다.
　　• 남의 도움을 받거나 사람이나 물건 따위를 믿고 기대다.
　　• 일정한 형식이나 이론, 또는 남의 말이나 글 따위를 취하여 따르다.

Answer⟶ 9.③　10.④　11.⑤

12 다음 공고를 보고 잘못 이해한 것을 고르면?

⟨신입사원 정규채용 공고⟩

분야	인원	응시자격	연령	비고
콘텐츠 기획	5	• 해당분야 유경험자(3년 이상) • 외국어 사이트 운영 경력자 우대 • 외국어(영어/일어) 전공자	제한 없음	정규직
제휴 마케팅	3	• 해당분야 유경험자(5년 이상) • 웹 프로모션 경력자 우대 • 콘텐츠산업(온라인) 지식 보유자	제한 없음	정규직
웹디자인	2	• 응시제한 없음 • 웹디자인 유경험자 우대	제한 없음	정규직

■ 입사지원서 및 기타 구비서류

(1) 접수방법
- 인터넷(www.seowon.co.kr)을 통해서만 접수(우편 이용 또는 방문접수 불가)
- 채용분야별 복수지원 불가

(2) 입사지원서 접수 시 유의사항
- 입사지원서는 인터넷 접수만 가능함
- 접수 마감일에는 지원자 폭주 및 서버의 네트워크 사정에 따라 접속이 불안정해 질 수 있으니 가급적 마감일 1~2일 전까지 입사지원서 작성바람
- 입사지원서를 작성하여 접수하고 수험번호가 부여된 후 재입력이나 수정은 채용 공고 종료일 18:00까지만 가능하오니, 기재내용 입력에 신중을 기하여 정확하게 입력하기 바람

(3) 구비서류 접수
- 접수방법 : 최종면접 전형 당일 시험장에서만 접수하며, 미제출자는 불합격 처리
  - 최종학력졸업증명서 1부
  - 자격증 사본 1부(해당자에 한함)

■ 기타 사항
- 상기 모집분야에 대해 최종 전형결과 적격자가 없는 것으로 판단될 경우, 선발하지 아니 할 수 있으며, 추후 입사지원서의 기재사항이나 제출서류가 허위로 판명될 경우 합격 또는 임용을 취소함
- 최종합격자라도 신체검사에서 불합격 판정을 받거나 공사 인사규정상 채용 결격사유가 발견될 경우 임용을 취소함
- 3개월 인턴 후 평가(70점 이상)에 따라 정식 고용 여부를 결정함

■ 문의 및 접수처
- 기타 문의사항은 ㈜서원 홈페이지(www.seowon.co.kr) 참고

① 우편 및 방문접수는 불가하며 입사지원은 인터넷 접수만 가능하다.

② 지원서 수정은 마감일 이후 불가능하다.

③ 최종합격자라도 신체검사에서 불합격 판정을 받으면 임용이 취소된다.

④ 자격증 사본은 해당자에 한해 제출하면 된다.

⑤ 3개월 인턴과정을 거치고 나면 별도의 제약 없이 정식 고용된다.

 ⑤ 기타사항에 3개월 인턴 후 평가(70점 이상)에 따라 정식 고용 여부를 결정한다고 명시되어 있다.

13 다음 사례를 통해 알 수 있는 소셜미디어의 특징으로 가장 적절한 것은?

> ○○일보
>
> 2018년 1월 15일
>
> 소셜미디어의 활약, 너무 반짝반짝 눈이 부셔!
>
> 　자연재해 시마다 소셜미디어의 활약이 눈부시다. 지난 14일 100년만의 폭설로 인해 지하철 운행이 중단되고 곳곳의 도로가 정체되는 등 교통대란이 벌어졌지만 많은 사람들이 스마트폰의 도움으로 최악의 상황을 피할 수 있었다.
>
> 　누리꾼들은,
>
> ‘폭설로 인한 전력공급 중단으로 지하철 1호선 영등포역 정차 중’
>
> ‘올림픽대로 상행선 가양대교부터 서강대교까지 정체 중’
>
> 등 서로 소셜미디어를 통해 실시간 피해상황을 주고받았으며 이로 인해 출근 준비 중이던 대부분의 시민들은 다른 교통수단으로 혼란 없이 회사로 출근할 수 있었다.

① 정보전달방식이 일방적이다.

② 상위계층만 누리던 고급문화가 대중화된 사례이다.

③ 정보의 무비판적 수용을 조장한다.

④ 정보수용자와 제공자 간의 경계가 모호하다.

⑤ 정보 습득을 위한 비용이 많이 든다.

 제시된 글은 누구나 쉽게 정보를 생산하고 공유할 수 있는 소셜미디어의 장점이 부각된 기사로 ①②③⑤의 보기들은 사례내용과 관련이 없다.

Answer 12.⑤ 13.④

상담원 : 네, ㈜애플망고 소비자센터입니다.

고객 : 제가 최근에 인터넷으로 핸드폰을 구입했는데요, 제품에 문제가 있는 것 같아서요.

상담원 : 아, 어떤 문제가 있으신지 여쭤 봐도 될까요?

고객 : 제가 물건을 받고 핸드폰을 사용했는데 통화음질도 안 좋을 뿐더러 통화 연결이 잘 안 되더라고
요. 그래서 통신 문제인 줄 알고 통신사 고객센터에 연락해보니 테스트해보더니 통신의 문제는
아니라고 해서요, 제가 보기엔 핸드폰 기종 자체가 통화 음질이 떨어지는 거 같거든요? 그래서
구매한지 5일 정도 지났지만 반품하고 싶은데 가능할까요?

상담원 : 네, 고객님. 「전자상거래 등 소비자보호에 관한 법」에 의거해서 물건 수령 후 7일 이내에 청약
철회가 가능합니다. 저희 쪽에 물건을 보내주시면 곧바로 환불처리 해 드리겠습니다.

고객 : 아, 감사합니다.

상담원 : 행복한 하루 되세요. 상담원 ○○○였습니다.

14 위 대화의 의사소통 유형으로 적절한 것은?

① 대화하는 사람들의 친교와 관계유지를 위한 의사소통이다.

② 화자가 청자의 긍정적 반응을 유도하는 의사소통이다.

③ 일대일 형식의 공식적 의사소통이다.

④ 정보전달적 성격의 비공식적 의사소통이다.

⑤ 객관적인 증거를 들어 청자를 설득하기 위한 의사소통이다.

 주어진 대화는 소비자센터의 상담원과 반품문의를 물어보는 고객과의 일대일 면담으로 정
보전달적 공식적 의사소통이다.

15 위 대화에서 상담원의 말하기 방식으로 적절한 것은?

① 상대방이 알고자 하는 정보를 정확히 제공한다.

② 타협을 통해 문제 해결방안을 찾고자 한다.

③ 주로 비언어적 표현을 활용하여 설명하고 있다.

④ 상대방을 배려하기보다 자신의 의견을 전달하는데 중점을 두고 있다.

⑤ 직설적인 표현을 삼가고, 에둘러 표현하고 있다.

 상담원은 반품 문제에 대한 해결방안을 요구하는 고객에게 정확한 정보를 제공하여 전달하
고 있다.

16 다음에 제시된 글을 순서에 맞게 배열하는 것을 고르면?

> (가) 진화 과정에서는 새로운 환경에 적응하기 위한 최선의 구조가 선택되지만, 그 구조는 기존의 구조를 허물고 처음부터 다시 만들어 낸 최상의 구조와는 차이가 있다.
> (나) 질식의 원인이 되는 교차된 기도와 식도의 경우처럼, 진화의 산물이 우리가 보기에는 납득할 수 없는 불합리한 구조를 지니게 되는 이유가 바로 여기에 있다.
> (다) 진화는 반드시 이상적이고 완벽한 구조를 창출해 내는 방향으로만 이루어지는 것은 아니다.
> (라) 그래서 진화는 불가피하게 타협적인 구조를 선택하는 방향으로 이루어지며, 순간순간의 필요에 대응한 결과가 축적되는 과정이라고 할 수 있다.

① (가)(다)(라)(나)

② (다)(가)(나)(라)

③ (다)(라)(가)(나)

④ (나)(가)(라)(다)

⑤ (다)(가)(라)(나)

 (다) 진화의 과정은 이상적이고 완벽하지 않음을 제시→(가)·(라) 진화의 과정→(나) 진화의 과정이 (가)인 이유가 됨을 설명

Answer→ 14.③ 15.① 16.⑤

17 다음 말하기의 문제점을 해결하기 위한 의사소통 전략으로 적절한 것은?

> • (부장님이 팀장님께) "어이, 김팀장 이번에 성과 오르면 내가 술 사줄게."
> • (팀장님이 거래처 과장에게) "그럼 그렇게 일정을 맞혀보도록 하죠."
> • (뉴스에서 아나운서가) "이번 부동산 정책은 이전과 비교해서 많이 틀려졌습니다."

① 청자의 배경지식을 고려해서 표현을 달리한다.
② 문화적 차이에서 비롯되는 갈등에 효과적으로 대처한다.
③ 상대방의 공감을 이끌어 낼 수 있는 전략을 효과적으로 활용한다.
④ 상황이나 어법에 맞는 적절한 언어표현을 사용한다.
⑤ 정확한 의사전달을 위해 비언어적 표현을 효과적으로 사용한다.

 제시된 글들은 모두 상황이나 어법에 맞지 않는 표현을 사용한 것이다. 상황에 따라 존대어, 겸양어를 적절히 사용하고 의미가 분명하게 드러나도록 어법에 맞는 적절한 언어표현이 필요하다.

18 다음은 스티븐 씨의 한국방문일정이다. 정확하지 않은 것은?

> <u>Tues, march, 24, 2018</u>
> 10:30 Arrive Seoul (KE 086)
> 12:00~14:00 Luncheon with Directors at Seoul Branch
> 14:30~16:00 Meeting with Suppliers
> 16:30~18:00 Tour of Insa-dong
> 19:00 Depart for Dinner
>
> <u>Wed, march, 25, 2018</u>
> 8:30 Depart for New York (OZ 222)
> 11:00 Arrive New York

① 총 2대의 비행기를 이용할 것이다.
② 오후에 인사동을 관광할 것이다.
③ 서울에 도착 후 이사와 오찬을 먹을 것이다.
④ 둘째 날 일정은 오후 11시에 끝난다.
⑤ OZ 222편으로 뉴욕으로 돌아간다.

 ④ 둘째 날은 따로 일정이 없으며 8시 30분에 뉴욕으로 떠난다.
① KE 086, OZ 222을 탔다는 내용을 보아 두 편의 항공기를 이용했음을 알 수 있다.
② 4시 30분부터 6시까지 인사동 관광이 예정되어 있다.
③ 12시부터 2시까지 이사와 Seoul Branch에서 오찬약속이 있다.
⑤ OZ 222편을 이용하여 뉴욕으로 떠난다.

Answer → 17.④ 18.④

19 다음에 제시된 대화의 빈칸에 들어갈 적절한 문장을 고르면?

Mr. Lee : Dr. KIM! It's been a while since we spoke.

Secretary : Who am I speaking to?

Mr. Lee : Oh! I'm sorry. I'm Lee from ABC Pharmaceutical Company. I'd like to speak to Dr. KIM.

Secretary : Hold on. _____

(after a while)

Secretary : I'm sorry, but he's not at his desk now. Can I take a message for you?

Mr. Lee : Please tell him I called.

---

① Would you like some coffee?

② I'll put you through.

③ I'll go and powder my nose.

④ Don't be late.

⑤ What's your mobile number?

 ① 커피 좀 드릴까요?
② 바꿔드리겠습니다.
③ 화장실 다녀올게요.
④ 늦지 마세요.
⑤ 휴대폰 번호가 어떻게 되세요?
「Mr. Lee : KIM 박사님! 오랜만에 통화하는군요.
Secretary : 실례지만 누구시죠?
Mr. Lee : 오! 죄송합니다. 저는 ABC 제약회사에 Lee입니다. KIM 박사님과 통화하고 싶습니다.
Secretary : 잠깐만요. 바꿔드릴게요.
(잠시 후)
Secretary : 죄송합니다만, 그는 자리에 계시지 않습니다. 메모 남기시겠습니까?
Mr. Lee : 저한테 전화가 왔었다고 전해 주세요.」

20 다음 중 아래 글을 읽고 글로벌 기업의 성공적 대응 유형에 해당하지 않는 것을 고르면?

> 전 세계적으로 저성장이 장기화되고 있고, 낮은 가격을 무기로 개발도상국 업체들이 추격해 오고 있다. 이와 같이 가격 경쟁이 치열해 지는 상황에서 글로벌 기업들이 성공적으로 대응하는 유형은 크게 5가지로 구분할 수 있다.
>
> 첫 번째로 차별화 전략을 들 수 있다. 디자인, 성능, 브랜드 및 사용 경험 등을 차별화하는 방법이다.
> 두 번째로 저가로 맞대응하는 유형이다. 전체적인 구조조정을 통한 원가 혁신으로 상대 기업에 비해서 가격 경쟁력을 확보하는 전략이다.
> 세 번째로 차별화와 원가 혁신의 병행 전략을 선택하는 경우이다. IT 기술의 발달로 제품 및 서비스의 비교가 쉬워지면서 제품 차별화 혹은 원가 혁신과 같은 단일 전략보다는 차별화와 원가 혁신을 동시에 추구하는 전략이 큰 호응을 얻고 있다.
> 네 번째는 경쟁의 축을 바꿈으로써 시장을 선도하는 경우이다. 이는 시장에 새로운 게임의 룰을 만들어서 경쟁에서 벗어나는 방법이다.
> 마지막으로 제품만 팔다가 경쟁의 범위를 솔루션 영역으로 확장하면서 경쟁력을 높이는 경우이다.

① A식품은 캡슐 커피라는 신제품을 통해 새로운 커피 시장을 창출할 수 있었다.
② B항공사는 필수 서비스만 남기는 파격적 혁신으로 우수한 영업 실적을 기록했다.
③ C사는 시계를 기능성 제품보다 패션 아이템으로 인식되도록 하는 전략을 구사했다.
④ D사는 최근 IT 기기 판매 대신 기업들의 IT 서비스 및 컨설팅을 주력으로 하고 있다.
⑤ E사는 신제품 홍보에 온라인과 오프라인을 골고루 활용하여 고객의 주목을 받고 있다.

 ① 캡슐 커피라는 신제품을 통해 경쟁의 축을 바꿈으로써 시장을 선도하였다.
② 전체적인 구조조정을 통한 원가 혁신을 단행했다.
③ 시계를 패션 아이템으로 차별화하였다.
④ 경쟁의 범위를 솔루션 영역으로 확장하였다.

Answer 19.② 20.⑤

21 다음 밑줄 친 단어의 의미와 동일하게 쓰인 것을 고르시오.

김동연 경제부총리 겸 기획재정부 장관은 26일 최근 노동이슈 관련 "다음 주부터 시행되는 노동시간 단축 관련 올해 말까지 계도기간을 설정해 단속보다는 제도 정착에 초점을 두고 추진할 것"이라고 밝혔다.

김동연 부총리는 이날 정부서울청사에서 노동현안 관련 경제현안간담회를 주재하고 "7월부터 노동시간 단축제도가 시행되는 모든 기업에 대해 시정조치 기간을 최장 6개월로 늘리고, 고소·고발 등 법적인 문제의 처리 과정에서도 사업주의 단축 노력이 충분히 참작될 수 있도록 하겠다."라며 이같이 말했다.

김 부총리는 "노동시간 단축 시행 실태를 면밀히 조사해 탄력 근로단위기간 확대 등 제도개선 방안도 조속히 마련하겠다."라며 "불가피한 경우 특별 연장근로를 인가받아 활용할 수 있도록 구체적인 방안을 강구할 것"이라고 밝혔다.

① 우리는 10년 만에 넓은 평수로 늘려 이사했다.

② 그 집은 알뜰한 며느리가 들어오더니 금세 재산을 늘려 부자가 되었다.

③ 적군은 세력을 늘린 후 다시 침범하였다.

④ 실력을 늘려서 다음에 다시 도전해 보아라.

⑤ 대학은 학생들의 건의를 받아들여 쉬는 시간을 늘리는 방안을 추진 중이다.

 밑줄 친 '늘리고'는 '시간이나 기간이 길어지다.'의 뜻으로 쓰였다. 따라서 이와 의미가 동일하게 쓰인 것은 ⑤이다.
① 물체의 넓이, 부피 따위를 본디보다 커지게 하다.
② 살림이 넉넉해지다.
③ 힘이나 기운, 세력 따위가 이전보다 큰 상태가 되다.
④ 재주나 능력 따위가 나아지다.

22 다음은 □□기관 A 사원이 작성한 '도농(都農)교류 활성화 방안'이라는 보고서의 개요이다. 본론 I을 바탕으로 구성한 본론 II의 항목들로 적절하지 않은 것은?

> A. 서론
> 1. 도시와 농촌의 현재 상황과 미래 전망
> 2. 생산적이고 쾌적한 농촌 만들기를 위한 도농교류의 필요성
>
> B. 본론 I : 현재 실시되고 있는 도농교류제도의 문제점
> 1. 행정적 차원
>   1) 소규모의 일회성 사업 난립
>   2) 지속적이고 안정적인 예산 확보 미비
>   3) □□기관 내 일원화된 추진체계 미흡
> 2. 소통적 차원
>   1) 도시민들의 농촌에 대한 부정적 인식
>   2) 농민들의 시장상황에 대한 정보 부족
>
> C. 본론 II : 도농교류 활성화를 위한 추진과제
>
> D. 결론

① 지역별 브랜드화 전략을 통한 농촌 이미지 제고
② 도농교류사업 추진 건수에 따른 예산 배정
③ 1사1촌(1社1村) 운동과 같은 교류 프로그램 활성화
④ 도농교류 책임기관으로서 □□기관 산하에 도농교류센터 신설
⑤ 농촌 기초지자체와 대도시 자치구의 연계사업을 위한 장기적 지원금 확보

(Tip) 도농교류사업 추진 건수에 따라 예산을 배정할 경우, 소규모의 일회성 사업이 난립하게 된다. 또한 지속적이고 안정적인 예산 확보도 어렵다.
 ① 본론 I-2-1) 도시민들의 농촌에 대한 부정적 인식을 개선하기 위한 과제로 적절하다.
 ③ 본론 I-1-1) 소규모의 일회성 사업 난립에 대한 개선책으로 적절하다.
 ④ 본론 I-1-3) □□기관 내 일원화된 추진체계 미흡을 해결하기 위한 과제로 적절하다.
 ⑤ 본론 I-1-2) 지속적이고 안정적인 예산 확보 미비에 대한 해결책으로 적절하다.

Answer 21.⑤ 22.②

23 다음은 ○○문화회관 전시기획팀의 주간회의록이다. 자료에 대한 내용으로 옳은 것은?

주 간 회 의 록					
회의일시	2018. 7. 2(월)	**부 서**	전시기획팀	**작 성 자**	사원 甲
참 석 자	戊 팀장, 丁 대리, 丙 사원, 乙 사원				
회의안건	1. 개인 주간 스케줄 및 업무 점검 2. 2018년 하반기 전시 일정 조정				

	내 용	비 고
회의내용	1. 개인 주간 스케줄 및 업무 점검 • 戊 팀장 : 하반기 전시 참여 기관 미팅, 　외부 전시장 섭외 • 丁 대리 : 하반기 전시 브로슈어 작업, 　브로슈어 인쇄 업체 선정 • 丙 사원 : 홈페이지 전시 일정 업데이트 • 乙 사원 : 2018년 상반기 전시 만족도 조사 2. 2018년 하반기 전시 일정 조정 • 하반기 전시 기간 : 9~11월, 총 3개월 • 전시 참여 기관 : A~I 총 9팀 – 관내 전시장 6팀, 외부 전시장 3팀 • 전시 일정 : 관내 2팀, 외부 1팀으로 3회 진행	• 7월 7일 AM 10:00 외부 전시장 사전답사 (戊 팀장, 丁 대리) • 회의 종료 후, 전시 참여 기관에 일정 안내 (7월 4일까지 변경 요청 없을 시 그대로 확정)

기간 ＼ 장소	관내 전시장	외부 전시장
9월	A, B	C
10월	D, E	F
11월	G, H	I

결정사항	내용	작 업 자	진행일정
	브로슈어 표지 이미지 샘플조사	丙 사원	2018. 7. 2~2018. 7. 3
	상반기 전시 만족도 설문조사	乙 사원	2018. 7. 2~2018. 7. 5

특이사항	다음 회의 일정 : 7월 9일 • 2018년 상반기 전시 만족도 확인 • 브로슈어 표지 결정, 내지 1차 시안 논의

① 이번 주 금요일 외부 전시장 사전 답사에는 戊 팀장과 丁 대리만 참석한다.

② 丙 사원은 이번 주에 홈페이지 전시 일정 업데이트만 하면 된다.

③ 7월 4일까지 전시 참여 기관에서 별도의 연락이 없었다면, H팀의 전시는 2018년 11월 관내 전시장에 볼 수 있다.

④ 2018년 하반기 전시는 ○○문화회관 관내 전시장에서만 열릴 예정이다.

⑤ 乙 사원은 이번 주 금요일까지 상반기 전시 만족도 설문조사를 진행할 예정이다.

① 외부 전시장 사전 답사일인 7월 7일은 토요일이다.

② 丙 사원은 개인 주간 스케줄인 '홈페이지 전시 일정 업데이트' 외에 7월 2일부터 7월 3일까지 '브로슈어 표지 이미지 샘플조사'를 하기로 결정되었다.

④ 2018년 하반기 전시는 관내 전시장과 외부 전시장에서 열릴 예정이다.

⑤ 乙 사원은 7. 2(월)~7. 5(목)까지 상반기 전시 만족도 설문조사를 진행할 예정이다.

Answer → 23.③

24 다음은 K방송국 신입사원 甲이 모니터링 업무를 하던 중 문제가 될 수 있는 보도 자료들을 수집한 것이다. 다음 중 그 문제의 성격이 다른 하나는?

> (개) 2004년 성매매특별법이 도입되었다. 한 지방경찰청의 범죄통계에 따르면 특별법 도입 직후 한 달 동안 성폭력 범죄 신고 및 강간사건의 수치가 지난 5년 동안의 월 평균보다 약간 높게 나타났다. 성범죄 수치는 계절과 주기별로 다르게 나타난다. K방송국이 통계에 근거해 "성매매특별법 시행 이후 성범죄 급속히 늘어"라는 제목의 기사를 내었다.
>
> (내) 1994~1996년 사이 항공 사고로 인한 사망자가 적은 해에는 10명 미만, 많은 해에는 200~300명 발생하였다. 같은 기간 산업재해로 인한 사망자는 매년 5,000명 이상, 상해자는 700만 명 가량 발생하였다. 이 시기 K방송국은 항공 사고에 대한 보도를 50편 가량 발표했다. 반면, 위험한 장비와 관련한 안전사고, 비위생적 노동조건으로 인한 질병 등 산업재해로 인한 사망사건에 대한 보도는 거의 없었다.
>
> (대) 1996~1997년 사이 통계를 보면 미국 사회 전체에서 폭력사건으로 인한 사망자 수는 5,400명이었다. 이 가운데 학교에서 발생한 폭력사건으로 인한 사망자 수는 19명이었으며 10개 공립학교에서 발생했다. 이로부터 K방송국은 "시한폭탄 같은 10대들"이라는 제하에 헤드라인 기사로 청소년 폭력문제를 다루었고, 뉴스 프로그램을 통해 청소년들의 흉악한 행동이 미국 전역의 학교와 도시에서 만연하고 있다고 보도했다.
>
> (라) 1990~1997년 사이 교통사고로 인한 사망자 25만 명 중 난폭 운전에 의해 사망한 사람은 218명이었다. 그리고 같은 시기 부상을 당한 2,000만 명의 자동차 운전자들 가운데 난폭 운전자에 의해 사고를 당했다고 추정되는 사람은 전체 부상자의 0.1% 미만이었다. 이에 대해 K방송국은 "교통사고의 주범 난폭운전"이란 제하에 난폭운전으로 인한 인명피해가 최근 전국적으로 넘쳐나고 있다고 보도했다.
>
> (마) 1996년 한 연구기관에서 미국사회의 질병에 관한 통계 조사를 실시했다. 그 결과에 따르면 미국인 가운데 비만에 걸린 사람은 190만 명으로 미국인 전체 성인 중 약 1.5%를 차지했다. 이로부터 K방송국은 미국 성인의 대부분이 비만에 걸려 있으며 앞으로 비만이 미국사회의 가장 심각한 사회문제가 될 것이라는 내용의 기사를 실었다.

① (개)   ② (내)
③ (대)   ④ (라)
⑤ (마)

25 〈보기〉를 참조할 때, 밑줄 친 부분과 유사한 예로 볼 수 없는 것은?

> 어머니가 세탁기 버튼을 눌러 놓고 텔레비전 드라마를 보고 있다. 우리가 이런 모습을 볼 수 있는 이유는 바로 전자동 세탁기의 등장 때문이다. 전자동 세탁기는 세탁조 안에 탈수조가 있으며 탈수조 바닥에는 물과 빨랫감을 회전시키는 세탁판이 있다. 그리고 세탁조 밑에 클러치가 있는데, 클러치는 모터와 연결되어 있어서 모터의 힘을 세탁판이나 탈수조에 전달한다. 마이크로컴퓨터는 이 장치들을 제어하여 빨래를 하게한다. 그렇다면 빨래로부터 주부들의 <u>손을 놓게</u> 한 전자동세탁기는 어떻게 빨래를 하는가?

> 〈보기〉
> 밑줄 친 부분은 '손(을)'과 '놓다'가 결합하여, 각 단어가 지닌 원래 의미와 다른 새로운 의미인 '하던 일을 그만두거나 잠시 멈추다'의 뜻을 나타낸다. 이렇게 두 개 이상의 단어가 만나 새 의미를 가지는 경우가 있다.

① 장에 가신 아버지가 오시기를 <u>목을 빼고</u> 기다렸다.
② 조용히 <u>눈을 감고</u> 미래의 자신의 모습을 생각했다.
③ 결국 결승전에서 우리 편이 <u>무릎을 꿇었다</u>.
④ 모든 학생은 선생님 말씀에 <u>귀를 기울였다</u>.
⑤ 어제부터 모두 그 식당에 <u>발을 끊었다</u>.

(Tip) '눈을 감고'는 눈꺼풀을 내려 눈동자를 덮는 것을 의미한다. 단어의 본래 의미가 사용되었으므로 '손을 놓게'와 유사한 예가 아니다.

Answer ➔ 24.② 25.②

02 문제해결능력

1 문제와 문제해결

(1) 문제의 정의와 분류

① 정의 … 문제란 업무를 수행함에 있어서 답을 요구하는 질문이나 의논하여 해결해야 되는 사항이다.

② 문제의 분류

구분	창의적 문제	분석적 문제
문제제시 방법	현재 문제가 없더라도 보다 나은 방법을 찾기 위한 문제 탐구→문제 자체가 명확하지 않음	현재의 문제점이나 미래의 문제로 예견될 것에 대한 문제 탐구→문제 자체가 명확함
해결방법	창의력에 의한 많은 아이디어의 작성을 통해 해결	분석, 논리, 귀납과 같은 논리적 방법을 통해 해결
해답 수	해답의 수가 많으며, 많은 답 가운데 보다 나은 것을 선택	답의 수가 적으며 한정되어 있음
주요특징	주관적, 직관적, 감각적, 정성적, 개별적, 특수성	객관적, 논리적, 정량적, 이성적, 일반적, 공통성

(2) 업무수행과정에서 발생하는 문제 유형

① 발생형 문제(보이는 문제) … 현재 직면하여 해결하기 위해 고민하는 문제이다. 원인이 내재되어 있기 때문에 원인지향적인 문제라고도 한다.
   ㉠ 일탈문제 : 어떤 기준을 일탈함으로써 생기는 문제
   ㉡ 미달문제 : 어떤 기준에 미달하여 생기는 문제

② 탐색형 문제(찾는 문제) … 현재의 상황을 개선하거나 효율을 높이기 위한 문제이다. 방치할 경우 큰 손실이 따르거나 해결할 수 없는 문제로 나타나게 된다.
   ㉠ 잠재문제 : 문제가 잠재되어 있어 인식하지 못하다가 확대되어 해결이 어려운 문제
   ㉡ 예측문제 : 현재로는 문제가 없으나 현 상태의 진행 상황을 예측하여 찾아야 앞으로 일어날 수 있는 문제가 보이는 문제
   ㉢ 발견문제 : 현재로서는 담당 업무에 문제가 없으나 선진기업의 업무 방법 등 보다 좋은 제도나 기법을 발견하여 개선시킬 수 있는 문제

③ **설정형 문제(미래 문제)** ··· 장래의 경영전략을 생각하는 것으로 앞으로 어떻게 할 것인가 하는 문제이다. 문제해결에 창조적인 노력이 요구되어 창조적 문제라고도 한다.

(3) 문제해결

① **정의** ··· 목표와 현상을 분석하고 이 결과를 토대로 과제를 도출하여 최적의 해결책을 찾아 실행·평가해 가는 활동이다.

② **문제해결에 필요한 기본적 사고**
 ㉠ **전략적 사고** : 문제와 해결방안이 상위 시스템과 어떻게 연결되어 있는지를 생각한다.
 ㉡ **분석적 사고** : 전체를 각각의 요소로 나누어 그 의미를 도출하고 우선순위를 부여하여 구체적인 문제해결방법을 실행한다.
 ㉢ **발상의 전환** : 인식의 틀을 전환하여 새로운 관점으로 바라보는 사고를 지향한다.
 ㉣ **내·외부자원의 활용** : 기술, 재료, 사람 등 필요한 자원을 효과적으로 활용한다.

③ **문제해결의 장애요소**
 ㉠ 문제를 철저하게 분석하지 않는 경우
 ㉡ 고정관념에 얽매이는 경우
 ㉢ 쉽게 떠오르는 단순한 정보에 의지하는 경우
 ㉣ 너무 많은 자료를 수집하려고 노력하는 경우

④ 문제해결방법

    ㉠ **소프트 어프로치** : 문제해결을 위해서 직접적인 표현보다는 무언가를 시사하거나 암시를 통하여 의사를 전달하여 문제해결을 도모하고자 한다.

    ㉡ **하드 어프로치** : 상이한 문화적 토양을 가지고 있는 구성원을 가정하고, 서로의 생각을 직설적으로 주장하고 논쟁이나 협상을 통해 서로의 의견을 조정해 가는 방법이다.

    ㉢ **퍼실리테이션(facilitation)** : 촉진을 의미하며 어떤 그룹이나 집단이 의사결정을 잘 하도록 도와주는 일을 의미한다.

2 문제해결능력을 구성하는 하위능력

(1) 사고력

① **창의적 사고** … 개인이 가지고 있는 경험과 지식을 통해 새로운 가치 있는 아이디어를 산출하는 사고능력이다.

    ㉠ 창의적 사고의 특징

      • 정보와 정보의 조합

      • 사회나 개인에게 새로운 가치 창출

      • 창조적인 가능성

예제 2

M사 홍보팀에서 근무하고 있는 귀하는 입사 5년차로 창의적인 기획안을 제출하기로 유명하다. S부장은 이번 신입사원 교육 때 귀하에게 창의적인 사고란 무엇인지 교육을 맡아달라고 부탁하였다. 창의적인 사고에 대한 귀하의 설명으로 옳지 않은 것은?

① 창의적인 사고는 새롭고 유용한 아이디어를 생산해 내는 정신적인 과정이다.
② 창의적인 사고는 특별한 사람들만이 할 수 있는 대단한 능력이다.
③ 창의적인 사고는 기존의 정보들을 특정한 요구조건에 맞거나 유용하도록 새롭게 조합시킨 것이다.
④ 창의적인 사고는 통상적인 것이 아니라 기발하거나, 신기하며 독창적인 것이다.

[출제의도]
창의적 사고에 대한 개념을 정확히 파악하고 있는지를 묻는 문항이다.
[해설]
흔히 사람들은 창의적인 사고에 대해 특별한 사람들만이 할 수 있는 대단한 능력이라고 생각하지만 그리 대단한 능력이 아니며 이미 알고 있는 경험과 지식을 해체하여 다시 새로운 정보로 결합하여 가치 있는 아이디어를 산출하는 사고라고 할 수 있다.

답 ②

ⓛ 발산적 사고 : 창의적 사고를 위해 필요한 것으로 자유연상법, 강제연상법, 비교발상법 등을 통해 개발할 수 있다.

구분	내용
자유연상법	생각나는 대로 자유롭게 발상 ex) 브레인스토밍
강제연상법	각종 힌트에 강제적으로 연결 지어 발상 ex) 체크리스트
비교발상법	주제의 본질과 닮은 것을 힌트로 발상 ex) NM법, Synectics

Point 》 브레인스토밍
ㄱ 진행방법
• 주제를 구체적이고 명확하게 정한다.
• 구성원의 얼굴을 볼 수 있는 좌석 배치와 큰 용지를 준비한다.
• 구성원들의 다양한 의견을 도출할 수 있는 사람을 리더로 선출한다.
• 구성원은 다양한 분야의 사람들로 5~8명 정도로 구성한다.
• 발언은 누구나 자유롭게 할 수 있도록 하며, 모든 발언 내용을 기록한다.
• 아이디어에 대한 평가는 비판해서는 안 된다.
ㄴ 4대 원칙
• 비판엄금(Support) : 평가 단계 이전에 결코 비판이나 판단을 해서는 안 되며 평가는 나중까지 유보한다.
• 자유분방(Silly) : 무엇이든 자유롭게 말하고 이런 바보 같은 소리를 해서는 안 된다는 등의 생각은 하지 않아야 한다.
• 질보다 양(Speed) : 질에는 관계없이 가능한 많은 아이디어들을 생성해내도록 격려한다.
• 결합과 개선(Synergy) : 다른 사람의 아이디어에 자극되어 보다 좋은 생각이 떠오르고, 서로 조합하면 재미있는 아이디어가 될 것 같은 생각이 들면 즉시 조합시킨다.

② 논리적 사고 … 사고의 전개에 있어 전후의 관계가 일치하고 있는가를 살피고 아이디어를 평가하는 사고능력이다.

ㄱ 논리적 사고를 위한 5가지 요소 : 생각하는 습관, 상대 논리의 구조화, 구체적인 생각, 타인에 대한 이해, 설득

ㄴ 논리적 사고 개발 방법
• 피라미드 구조 : 하위의 사실이나 현상부터 사고하여 상위의 주장을 만들어가는 방법
• so what기법 : '그래서 무엇이지?'하고 자문자답하여 주어진 정보로부터 가치 있는 정보를 이끌어 내는 사고 기법

③ 비판적 사고 … 어떤 주제나 주장에 대해서 적극적으로 분석하고 종합하며 평가하는 능동적인 사고이다.

ㄱ 비판적 사고 개발 태도 : 비판적 사고를 개발하기 위해서는 지적 호기심, 객관성, 개방성, 융통성, 지적 회의성, 지적 정직성, 체계성, 지속성, 결단성, 다른 관점에 대한 존중과 같은 태도가 요구된다.

ⓛ 비판적 사고를 위한 태도
- 문제의식 : 비판적인 사고를 위해서 가장 먼저 필요한 것은 바로 문제의식이다. 자신이 지니고 있는 문제와 목적을 확실하고 정확하게 파악하는 것이 비판적인 사고의 시작이다.
- 고정관념 타파 : 지각의 폭을 넓히는 일은 정보에 대한 개방성을 가지고 편견을 갖지 않는 것으로 고정관념을 타파하는 일이 중요하다.

(2) 문제처리능력과 문제해결절차

① 문제처리능력 … 목표와 현상을 분석하고 이를 토대로 문제를 도출하여 최적의 해결책을 찾아 실행 · 평가하는 능력이다.

② 문제해결절차 … 문제 인식 → 문제 도출 → 원인 분석 → 해결안 개발 → 실행 및 평가
　ⓐ 문제 인식 : 문제해결과정 중 'waht'을 결정하는 단계로 환경 분석 → 주요 과제 도출 → 과제 선정의 절차를 통해 수행된다.
　- 3C 분석 : 환경 분석 방법의 하나로 사업환경을 구성하고 있는 요소인 자사(Company), 경쟁사(Competitor), 고객(Customer)을 분석하는 것이다.

예제 3

L사에서 주력 상품으로 밀고 있는 TV의 판매 이익이 감소하고 있는 상황에서 귀하는 B부장으로부터 3C분석을 통해 해결방안을 강구해 오라는 지시를 받았다. 다음 중 3C에 해당하지 않는 것은?

① Customer　　　　　　② Company
③ Competitor　　　　　 ④ Content

[출제의도]
3C의 개념과 구성요소를 정확히 숙지하고 있는지를 측정하는 문항이다.
[해설]
3C 분석에서 사업 환경을 구성하고 있는 요소인 자사(Company), 경쟁사(Competitor), 고객을 3C(Customer)라고 한다. 3C 분석에서 고객 분석에서는 '고객은 자사의 상품 · 서비스에 만족하고 있는지'를, 자사 분석에서는 '자사가 세운 달성목표와 현상 간에 차이가 없는지'를 경쟁사 분석에서는 '경쟁기업의 우수한 점과 자사의 현상과 차이가 없는지'에 대한 질문을 통해서 환경을 분석하게 된다.

답 ④

- SWOT 분석 : 기업내부의 강점과 약점, 외부환경의 기회와 위협요인을 분석 · 평가하여 문제해결 방안을 개발하는 방법이다.

		내부환경요인	
		강점(Strengths)	약점(Weaknesses)
외부환경요인	기회 (Opportunities)	SO 내부강점과 외부기회 요인을 극대화	WO 외부기회를 이용하여 내부약점을 강점으로 전환
	위협 (Threat)	ST 외부위협을 최소화하기 위해 내부 강점을 극대화	WT 내부약점과 외부위협을 최소화

- ⓛ 문제 도출 : 선정된 문제를 분석하여 해결해야 할 것이 무엇인지를 명확히 하는 단계로, 문제 구조 파악→핵심 문제 선정 단계를 거쳐 수행된다.
  - Logic Tree : 문제의 원인을 파고들거나 해결책을 구체화할 때 제한된 시간 안에서 넓이와 깊이를 추구하는데 도움이 되는 기술로 주요 과제를 나무모양으로 분해 · 정리하는 기술이다.
- ⓒ 원인 분석 : 문제 도출 후 파악된 핵심 문제에 대한 분석을 통해 근본 원인을 찾는 단계로 Issue 분석→Data 분석→원인 파악의 절차로 진행된다.
- ⓔ 해결안 개발 : 원인이 밝혀지면 이를 효과적으로 해결할 수 있는 다양한 해결안을 개발하고 최선의 해결안을 선택하는 것이 필요하다.
- ⓜ 실행 및 평가 : 해결안 개발을 통해 만들어진 실행계획을 실제 상황에 적용하는 활동으로 실행계획 수립→실행→Follow-up의 절차로 진행된다.

예제 4

C사는 최근 국내 매출이 지속적으로 하락하고 있어 사내 분위기가 심상치 않다. 이에 대해 Y부장은 이 문제를 극복하고자 문제처리 팀을 구성하여 해결방안을 모색하도록 지시하였다. 문제처리 팀의 문제해결 절차를 올바른 순서로 나열한 것은?

① 문제 인식 → 원인 분석 → 해결안 개발 → 문제 도출 → 실행 및 평가
② 문제 도출 → 문제 인식 → 해결안 개발 → 원인 분석 → 실행 및 평가
③ 문제 인식 → 원인 분석 → 문제 도출 → 해결안 개발 → 실행 및 평가
④ 문제 인식 → 문제 도출 → 원인 분석 → 해결안 개발 → 실행 및 평가

[출제의도]
실제 업무 상황에서 문제가 일어났을 때 해결 절차를 알고 있는지를 측정하는 문항이다.
[해설]
일반적인 문제해결절차는 '문제 인식 → 문제 도출 → 원인 분석 → 해결안 개발 → 실행 및 평가로 이루어진다.

답 ④

출제예상문제

1 사고조사반원인 K는 2018년 12월 25일 발생한 총 6건의 사고에 대하여 보고서를 작성하고 있다. 사고 발생 순서에 대한 타임라인이 다음과 같을 때, 세 번째로 발생한 사고는? (단, 동시에 발생한 사고는 없다)

> ㉠ 사고 C는 네 번째로 발생하였다.
> ㉡ 사고 A는 사고 E보다 먼저 발생하였다.
> ㉢ 사고 B는 사고 A보다 먼저 발생하였다.
> ㉣ 사고 E는 가장 나중에 발생하지 않았다.
> ㉤ 사고 F는 사고 B보다 나중에 발생하지 않았다.
> ㉥ 사고 C는 사고 E보다 나중에 발생하지 않았다.
> ㉦ 사고 C는 사고 D보다 먼저 발생하였으나, 사고 B보다는 나중에 발생하였다.

① A
② B
③ D
④ E
⑤ F

(Tip) 각 조건에서 알 수 있는 내용을 정리하면 다음과 같다.
㉠ 사고 C는 네 번째로 발생하였다.

첫 번째	두 번째	세 번째	C	다섯 번째	여섯 번째

㉡ 사고 A는 사고 E보다 먼저 발생하였다. → A > E
㉢ 사고 B는 사고 A보다 먼저 발생하였다. → B > A
㉣ 사고 E는 가장 나중에 발생하지 않았다. → 사고 E는 2~3번째(∵ ㉡에 의해 A > E이므로) 또는 5번째로 발생하였다.
㉤ 사고 F는 사고 B보다 나중에 발생하지 않았다. → F > B
㉥ 사고 C는 사고 E보다 나중에 발생하지 않았다. → C > E
㉦ 사고 C는 사고 D보다 먼저 발생하였으나, 사고 B보다는 나중에 발생하였다.
→ B > C > D
따라서 모든 조건을 조합해 보면, 사고가 일어난 순서는 다음과 같으며 세 번째로 발생한 사고는 A이다.

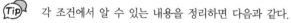

F	B	A	C	E	D

2 제시된 자료는 ○○병원 직원의 병원비 지원에 대한 내용이다. 다음 중 A~D 직원 4명의 총 병원비 지원 금액은 얼마인가?

병원비 지원 기준

- 임직원 본인의 수술비 및 입원비 : 100% 지원
- 임직원 가족의 수술비 및 입원비
- 임직원의 배우자 : 90% 지원
- 임직원의 직계 존·비속 : 80%
- 임직원의 형제 및 자매 : 50%(단, 직계 존·비속 지원이 우선되며, 해당 신청이 없을 경우에 한하여 지급한다.)
- 병원비 지원 신청은 본인 포함 최대 3인에 한한다.

병원비 신청 내역

A 직원	본인 수술비 300만 원, 배우자 입원비 50만 원
B 직원	배우자 입원비 50만 원, 딸 수술비 200만 원
C 직원	본인 수술비 300만 원, 아들 수술비 400만 원
D 직원	본인 입원비 100만 원, 어머니 수술비 100만 원, 남동생 입원비 50만 원

① 1,200만 원
② 1,250만 원
③ 1,300만 원
④ 1,350만 원
⑤ 1,400만 원

 병원비 지원 기준에 따라 각 직원이 지원 받을 수 있는 내역을 정리하면 다음과 같다.

A 직원	본인 수술비 300만 원(100% 지원), 배우자 입원비 50만 원(90% 지원)
B 직원	배우자 입원비 50만 원(90% 지원), 딸 수술비 200만 원(직계비속→80% 지원)
C 직원	본인 수술비 300만 원(100% 지원), 아들 수술비 400만 원(직계비속→80% 지원)
D 직원	본인 입원비 100만 원(100% 지원), 어머니 수술비 100만 원(직계존속→80% 지원), 남동생 입원비 50만 원(직계존속 신청 有→지원 ×)

이를 바탕으로 A~D 직원 4명이 총 병원비 지원 금액을 계산하면 1,350만 원이다.

A 직원	300 + (50 × 0.9) = 345만 원
B 직원	(50 × 0.9) + (200 × 0.8) = 205만 원
C 직원	300 + (400 × 0.8) = 620만 원
D 직원	100 + (100 × 0.8) = 180만 원

Answer ↪ 1.① 2.④

3 최근 수입차의 가격 할인 프로모션 등으로 인하여 국내 자동차 시장이 5년 만에 마이너스 성장한 것으로 나타남에 따라 乙자동차회사에 근무하는 A대리는 신차 개발에 앞서 자동차 시장에 대한 환경 분석과 관련된 보고서를 제출하라는 업무를 받았다. 다음은 A대리가 작성한 자동차 시장에 대한 SWOT분석이다. 기회 요인에 작성한 내용 중 잘못된 것은?

강점	약점
• 자동차그룹으로서의 시너지 효과 • 그룹 내 위상 · 역할 강화 • G 시리즈의 성공적인 개발 경험 • 하이브리드 자동차 기술 개발 성공	• 노조의 잦은 파업 • 과도한 신차 개발 • 신차의 짧은 수명 • 경쟁사의 공격적인 마케팅 대응 부족 • 핵심 부품의 절대적 수입 비중
기회	위협
① 노후 경유차 조기폐차 보조금 지원 ② 하이브리드 자동차에 대한 관심 증대 ③ 국제유가 하락세의 장기화 ④ 난공불락의 甲자동차회사 ⑤ 자동차 개별소비사 인하 기간 연장	• 대대적인 수입차 가격 할인 프로모션 • 취업난으로 인한 젊은 층의 소득 감소 • CEO의 부정적인 이미지 이슈화 • 미국의 한국산 자동차 관세 부과 시사

 SWOT분석은 기업의 내부환경과 외부환경을 분석하여 강점(strength), 약점(weakness), 기회(opportunity), 위협(threat) 요인을 규정하고 이를 토대로 경영전략을 수립하는 기법이다. 기회 요인은 경쟁, 고객, 거시적 환경 등과 같은 외부환경으로 인해 비롯된 기회를 말한다.
④ 난공불락의 甲자동차회사는 위협 요인에 들어가야 한다.

4 다음은 T전자회사가 기획하고 있는 '전자제품 브랜드 인지도에 관한 설문조사'를 위하여 작성한 설문지의 표지 글이다. 다음 표지 글을 참고할 때, 설문조사의 항목에 포함되기에 가장 적절하지 않은 것은?

[전자제품 브랜드 인지도에 관한 설문조사]

안녕하세요? T전자회사 홍보팀입니다.

저희 T전자에서는 고객들에게 보다 나은 제품을 제공하기 위하여 전자제품 브랜드 인지도에 대한 고객 분들의 의견을 청취하고자 합니다. 전자제품 브랜드에 대한 여러분의 의견을 수렴하여 더 좋은 제품과 서비스를 공급하고자 하는 것이 이 설문조사의 목적입니다. 바쁘시더라도 잠시 시간을 내어 본 설문조사에 응해주시면 감사하겠습니다. 응답해주신 사항에 대한 철저한 비밀 보장을 약속드립니다. 감사합니다.

T전자회사 홍보팀 담당자 홍길동
전화번호 : 1588-0000

---

① 귀하는 T전자회사의 브랜드인 'Think-U'를 알고 계십니까?

㉠ 예 ㉡ 아니오

② 귀하가 주로 이용하는 전자제품은 어느 회사 제품입니까?

㉠ T전자회사 ㉡ R전자회사 ㉢ M전자회사 ㉣ 기타 (   )

③ 귀하에게 전자제품 브랜드 선택에 가장 큰 영향을 미치는 요인은 무엇입니까?

㉠ 광고 ㉡ 지인 추천 ㉢ 기존 사용 제품 ㉣ 기타 (   )

④ 귀하가 일상생활에 가장 필수적이라고 생각하시는 전자제품은 무엇입니까?

㉠ TV ㉡ 통신기기 ㉢ 청소용품 ㉣ 주방용품

⑤ 귀하는 전자제품의 품목별 브랜드를 달리 선택하는 편입니까?

㉠ 예 ㉡ 아니오

 설문조사지는 조사의 목적에 적합한 결과를 얻을 수 있는 문항으로 작성되어야 한다. 제시된 설문조사는 보다 나은 제품과 서비스 공급을 위하여 브랜드 인지도를 조사하는 것이 목적이므로, 자사 자사의 제품이 고객들에게 얼마나 인지되어 있는지, 어떻게 인지되었는지, 전자제품의 품목별 선호
브랜드가 동일한지 여부 등 인지도 관련 문항이 포함되어야 한다.
④ 특정 제품의 필요성을 묻고 있으므로 자사의 브랜드 인지도 제고와의 연관성이 낮아 설문조사 항목으로 가장 적절하지 않다.

Answer 3.④ 4.④

5 다음은 3C 분석을 위한 도표이다. 빈칸에 들어갈 질문으로 옳지 않은 것은?

구분	내용
고객/시장(Customer)	• 우리의 현재와 미래의 고객은 누구인가? • _____ ㉠ _____ • _____ ㉡ _____ • 시장의 주 고객들의 속성과 특성은 어떠한가?
경쟁사(Competitor)	• _____ ㉢ _____ • 현재의 경쟁사들의 강점과 약점은 무엇인가? • _____ ㉣ _____
자사(Company)	• 해당 사업이 기업의 목표와 일치하는가? • 기존 사업의 마케팅과 연결되어 시너지효과를 낼 수 있는가? • _____ ㉤ _____

① ㉠ : 새로운 경쟁사들이 시장에 진입할 가능성은 없는가?

② ㉡ : 성장 가능성이 있는 사업인가?

③ ㉢ : 고객들은 경쟁사에 대해 어떤 이미지를 가지고 있는가?

④ ㉣ : 경쟁사의 최근 수익률 동향은 어떠한가?

⑤ ㉤ : 인적 · 물적 · 기술적 자원을 보유하고 있는가?

 ① 새로운 경쟁사들이 시장에 진입할 가능성은 경쟁사(Competitor) 분석에 들어가야 할 질문이다.

6 다음은 지역별 출퇴근 시 자가용 이용률에 대한 자료이다. ㉠~㉯까지 명확하지 않은 상황에서 〈보기〉의 내용만으로 추론한다고 할 때, 바르게 나열된 것은?

㉠	㉡	㉢	㉣	㉤	㉥	㉯	평균
68%	47%	46%	37%	28%	27%	25%	39.7%

〈보기〉
- 대전, 서울, 세종은 평균보다 높은 자가용 이용률을 보인다.
- 대구보다 자가용 이용률이 높은 지역과 낮은 지역의 수는 동일하다.
- 자가용 이용률이 가장 높은 지역의 절반에 못 미치는 이용률을 보인 지역은 강릉, 부산, 울산이다.
- 서울과 강릉의 자가용 이용률의 합은 울산과 대전의 자가용 이용률의 합보다 20% 많다.

① 서울, 대전, 세종, 대구, 부산, 강릉, 울산
② 서울, 대전, 세종, 대구, 울산, 부산, 강릉
③ 서울, 세종, 대전, 대구, 부산, 울산, 강릉
④ 서울, 세종, 대전, 대구, 강릉, 부산, 울산
⑤ 서울, 세종, 대전, 대구, 울산, 부산, 강릉

Tip 두 번째 보기를 통해 ㉠~㉯의 일곱 개 지역 중 4번째인 ㉣에 대구가 위치하는 것을 알 수 있다.
첫 번째와 세 번째 보기를 통해 ㉠~㉢은 대전, 서울, 세종, ㉤~㉯은 강릉, 부산, 울산임을 알 수 있다.
마지막 보기를 통해 두 지역의 합의 차가 20%가 나기 위해 서울은 ㉠이 되어야 하는 것을 알 수 있다. 남은 지역의 합으로 20%가 차이가 나는 조합은 (68+20)과 (46+27)이므로 ㉢은 대전, ㉥은 울산, ㉯은 강릉이 된다. 따라서 남은 ㉡은 세종, ㉤은 부산이다.

7 甲회사 인사부에 근무하고 있는 H부장은 각 과의 요구를 모두 충족시켜 신규직원을 배치하여야 한다. 각 과의 요구가 다음과 같을 때 홍보과에 배정되는 사람은 누구인가?

〈신규직원 배치에 대한 각 과의 요구〉
- 관리과 : 5급이 1명 배정되어야 한다.
- 홍보과 : 5급이 1명 배정되거나 6급이 2명 배정되어야 한다.
- 재무과 : B가 배정되거나 A와 E가 배정되어야 한다.
- 총무과 : C와 D가 배정되어야 한다.

〈신규직원〉
- 5급 2명(A, B)
- 6급 4명(C, D, E, F)

---

① A

② B

③ C와 D

④ D와 F

⑤ E와 F

 주어진 조건을 보면 관리과와 재무과에는 반드시 각각 5급이 1명씩 배정되고, 총무과에는 6급 2명이 배정된다. 인원수를 따져보면 홍보과에는 5급을 배정할 수 없기 때문에 6급이 2명 배정된다. 6급 4명 중에 C와 D는 총무과에 배정되므로 홍보과에 배정되는 사람은 E와 F이다. 각 과별로 배정되는 사람을 정리하면 다음과 같다.

관리과	A
홍보과	E, F
재무과	B
총무과	C, D

┃8~9┃ 다음은 ○○협회에서 주관한 학술세미나 일정에 관한 것으로 다음 세미나를 준비하는 데 필요한 일, 각각의 일에 걸리는 시간, 일의 순서 관계를 나타낸 표이다. 제시된 표를 바탕으로 물음에 답하시오. (단, 모든 작업은 동시에 진행할 수 없다)

■ 세미나 준비 현황

구분	작업	작업시간(일)	먼저 행해져야 할 작업
가	세미나 장소 세팅	1	바
나	현수막 제작	2	다, 마
다	세미나 발표자 선정	1	라
라	세미나 기본계획 수립	2	없음
마	세미나 장소 선정	3	라
바	초청자 확인	2	라

8 현수막 제작을 시작하기 위해서는 최소 며칠이 필요하겠는가?

① 3일   ② 4일

③ 5일   ④ 6일

⑤ 7일

 현수막을 제작하기 위해서는 라, 다, 마가 선행되어야 한다. 따라서 세미나 기본계획 수립 (2일) + 세미나 발표자 선정(1일) + 세미나 장소 선정(3일) = 최소한 6일이 소요된다.

9 세미나 기본계획 수립에서 세미나 장소 세팅까지 모든 작업을 마치는 데 필요한 시간은?

① 10일   ② 11일

③ 12일   ④ 13일

⑤ 14일

 각 작업에 걸리는 시간을 모두 더하면 총 11일이다.

Answer↪ 7.⑤ 8.④ 9.②

10 ○○정유회사에 근무하는 N씨는 상사로부터 다음과 같은 지시를 받았다. 다음 중 N씨가 표를 구성할 방식으로 가장 적절한 것은?

상사 : 이 자료를 간단하게 표로 작성해 줘. 다른 부분은 필요 없고, 어제 원유의 종류에 따라 전일 대비 각각 얼마씩 오르고 내렸는지 그 내용만 있으면 돼. 우리나라는 전국 단위만 표시하도록 하고. 한눈에 자료의 내용이 들어올 수 있도록, 알겠지?

자료
주요 국제유가는 중국의 경제성장률이 시장 전망치와 큰 차이를 보이지 않으면서 사흘째 올랐다. 우리나라 유가는 하락세를 지속했으나, 다음 주에는 상승세로 전환될 전망이다.
한국석유공사는 오늘(14일) 석유정보망(http://www.petronet.co.kr/)을 통해 13일 미국 뉴욕상업거래소에서 8월 인도분 서부텍사스산 원유(WTI)는 배럴당 87.10달러로 전날보다 1.02달러 오르면서 장을 마쳤다며 이같이 밝혔다. 또한 영국 런던 ICE선물시장에서 북해산 브렌트유도 배럴당 102.80달러로 전날보다 1.73달러 상승세로 장을 마감했다.
이는 중국의 지난 2 · 4분기 국내총생산(GDP)이 작년 동기 대비 7.6% 성장, 전분기(8.1%)보다 낮아졌으며 시장 전망을 벗어나지 않으면서 유가 상승세를 이끌었다고 공사 측은 분석했다. 이로 인해 중국 정부가 추가 경기 부양에 나설 것이라는 전망도 유가 상승에 힘을 보탰다.
13일 전국 주유소의 리터(ℓ)당 평균 휘발유가격은 1천892.14원, 경유가격은 1천718.72원으로 전날보다 각각 0.20원, 0.28원 떨어졌다. 이를 지역별로 보면 휘발유가격은 현재 전날보다 소폭 오른 경기 · 광주 · 대구를 제외하고 서울(1천970.78원, 0.02원↓) 등 나머지 지역에서는 인하됐다.
한편, 공사는 내주(15일~21일) 전국 평균 휘발유가격을 1천897원, 경유가격을 1천724원으로 예고, 이번 주 평균가격보다 각각 3원, 5원 오를 전망이다.

①

원유 종류	13일 가격	전일 대비
WTI	87.10 (달러/배럴)	▲ 1.02
북해산 브렌트유	102.80 (달러/배럴)	▲ 1.73
전국 휘발유	1892.14 (원/리터)	▼ 0.20
전국 경유	1718.72 (원/리터)	▼ 0.28

②

원유 종류	13일 가격	자료출처
WTI	87.10 (달러/배럴)	석유정보망 (http://www.petronet.co.kr/)
북해산 브렌트유	102.80 (달러/배럴)	
전국 휘발유	1892.14 (원/리터)	
전국 경유	1718.72 (원/리터)	

③

원유 종류	13일 가격	등락 폭
전국 휘발유	1892.14 (원/리터)	0.20 하락
서울 휘발유	1970.78 (원/리터)	0.02 하락
경기 · 광주 · 대구 휘발유	1718.12 (원/리터)	0.28 상승

④

원유 종류	내주 예상 가격	금주 대비	자료출처
전국 휘발유	1897 (원/리터)	▲ 3.0	한국석유공사
전국 경유	1724 (원/리터)	▲ 5.0	

⑤

원유 종류	내주 예상 가격	금주 대비
전국 휘발유	1897 (원/리터)	▲ 3.0
전국 경유	1724 (원/리터)	▲ 5.0
서울 휘발유	1970.78 (원/리터)	▼ 0.02
경기 · 광주 · 대구 휘발유	1718.12 (원/리터)	▲ 0.28

 상사가 '다른 부분은 필요 없고, 어제 원유의 종류에 따라 전일 대비 각각 얼마씩 오르고 내렸는지 그 내용만 있으면 돼.'라고 하였다. 따라서 어제인 13일자 원유 가격을 종류별로 표시하고, 전일 대비 등락 폭을 한눈에 파악하기 쉽게 기호로 나타내 줘야 한다. 또한 '우리나라는 전국 단위만 표시하도록' 하였으므로 13일자 전국 휘발유와 전국 경유 가격을 마찬가지로 정리하면 ①과 같다.

Answer ↦ 10.①

11 다음으로부터 바르게 추론한 것으로 옳은 것을 보기에서 고르면?

- 5개의 갑, 을, 병, 정, 무 팀이 있다.
- 현재 '갑'팀은 0개, '을'팀은 1개, '병'팀은 2개, '정'팀은 2개, '무'팀은 3개의 프로젝트를 수행하고 있다.
- 8개의 새로운 프로젝트 a, b, c, d, e, f, g, h를 5개의 팀에게 분배하려고 한다.
- 5개의 팀은 새로운 프로젝트 1개 이상을 맡아야 한다.
- 기존에 수행하던 프로젝트를 포함하여 한 팀이 맡을 수 있는 프로젝트 수는 최대 4개이다.
- 기존의 프로젝트를 포함하여 4개의 프로젝트를 맡은 팀은 2팀이다.
- 프로젝트 a, b는 한 팀이 맡아야 한다.
- 프로젝트 c, d, e는 한 팀이 맡아야 한다.

〈보기〉
㉠ a를 '을'팀이 맡을 수 없다.
㉡ f를 '갑'팀이 맡을 수 있다.
㉢ 기존에 수행하던 프로젝트를 포함해서 2개의 프로젝트를 맡는 팀이 있다.

① ㉠
② ㉡
③ ㉢
④ ㉠㉢
⑤ ㉡㉢

 ㉠ a를 '을'팀이 맡는 경우 : 4개의 프로젝트를 맡은 팀이 2팀이라는 조건에 어긋난다. 따라서 a를 '을'팀이 맡을 수 없다.

갑	c, d, e	0→3개
을	a, b	1→3개
병		2→3개
정		2→3개
무		3→4개

㉡ f를 '갑'팀이 맡는 경우 : a, b를 '병'팀 혹은 '정'팀이 맡게 되는데 4개의 프로젝트를 맡은 팀이 2팀이라는 조건에 어긋난다. 따라서 f를 '갑'팀이 맡을 수 없다.

갑	f	0→1개
을	c, d, e	1→4개
병	a, b	2→4개
정		2→3개
무		3→4개

© a, b를 '갑'팀이 맡는 경우 기존에 수행하던 프로젝트를 포함해서 2개의 프로젝트를 맡게 된다.

갑	a, b	0→2개
을	c, d, e	1→4개
병		2→3개
정		2→3개
무		3→4개

12 사과 사탕, 포도 사탕, 딸기 사탕이 각각 2개씩 있다. 甲~戊 다섯 명의 사람 중 한 명이 사과 사탕 1개와 딸기 사탕 1개를 함께 먹고, 다른 네 명이 남은 사탕을 각각 1개씩 먹었다. 모두 진실을 말하였다고 할 때, 사과 사탕 1개와 딸기 사탕 1개를 함께 먹은 사람과 戊가 먹은 사탕을 옳게 짝지은 것은?

> 甲 : 나는 포도 사탕을 먹지 않았어.
> 乙 : 나는 사과 사탕만을 먹었어.
> 丙 : 나는 사과 사탕을 먹지 않았어.
> 丁 : 나는 사탕을 한 종류만 먹었어.
> 戊 : 너희 말을 다 듣고 아무리 생각해봐도 나는 딸기 사탕을 먹은 사람 두 명 다 알 수는 없어.

① 甲, 포도 사탕 1개
② 甲, 딸기 사탕 1개
③ 丙, 포도 사탕 1개
④ 丙, 딸기 사탕 1개
⑤ 戊, 사과 사탕 1개와 딸기 사탕 1개

 甲~戊가 먹은 사탕을 정리하면 다음과 같다.

구분	甲	乙	丙	丁	戊
맛	사과 + 딸기	사과	포도 or 딸기	포도 or 딸기	포도
개수	2개	1개	1개	1개	1개

Answer → 11.④ 12.①

13 G 음료회사는 신제품 출시를 위해 시제품 3개를 만들어 전직원을 대상으로 블라인드 테스트를 진행한 후 기획팀에서 회의를 하기로 했다. 독창성, 대중성, 개인선호도 세 가지 영역에 총 15점 만점으로 진행된 테스트 결과가 다음과 같을 때, 기획팀 직원들의 발언으로 옳지 않은 것은?

	독창성	대중성	개인선호도	총점
시제품 A	5	2	3	10
시제품 B	4	4	4	12
시제품 C	2	5	5	12

① 우리 회사의 핵심가치 중 하나가 창의성 아닙니까? 저는 독창성 점수가 높은 A를 출시해야 한다고 생각합니다.

② 독창성이 높아질수록 총점이 낮아지는 것을 보지 못하십니까? 저는 그 의견에 반대합니다.

③ 무엇보다 현 시점에서 회사의 재정상황을 타계하기 위해서는 대중성을 고려하여 높은 이윤이 날 것으로 보이는 C를 출시해야 하지 않겠습니까?

④ 그럼 독창성과 대중성, 개인선호도를 모두 고려하여 B를 출시하는 것이 어떻겠습니까?

⑤ 요즘 같은 개성시대에는 개인선호도가 높은 C가 적격이라고 생각합니다.

  ② 시제품 B는 C에 비해 독창성 점수가 2점 높지만 총점은 같다. 따라서 옳지 않은 발언이다.

┃14~15 ┃ 다음 5개의 팀에 인터넷을 연결하기 위해 작업을 하려고 한다. 5개의 팀 사이에 인터넷을 연결하기 위한 시간이 다음과 같을 때 제시된 표를 바탕으로 물음에 답하시오(단, 가팀과 나팀이 연결되고 나팀과 다팀이 연결되면 가팀과 다팀이 연결된 것으로 간주한다).

구분	가	나	다	라	마
가	–	3	6	1	2
나	3	–	1	2	1
다	6	1	–	3	2
라	1	2	3	–	1
마	2	1	2	1	–

14 가팀과 다팀을 인터넷 연결하기 위해 필요한 최소의 시간은?

① 7시간 ② 6시간
③ 5시간 ④ 4시간
⑤ 3시간

 가팀, 다팀을 연결하는 방법은 2가지가 있는데.
ㄱ 가팀과 나팀, 나팀과 다팀 연결 : 3 + 1 = 4시간
ㄴ 가팀과 다팀 연결 : 6시간
즉, 1안이 더 적게 걸리므로 4시간이 답이 된다.

15 다팀과 마팀을 인터넷 연결하기 위해 필요한 최소의 시간은?

① 1시간 ② 2시간
③ 3시간 ④ 4시간
⑤ 5시간

 다팀, 마팀을 연결하는 방법은 2가지가 있는데.
ㄱ 다팀과 라팀, 라팀과 마팀 연결 : 3 + 1 = 4시간
ㄴ 다팀과 마팀 연결 : 2시간
즉, 2안이 더 적게 걸리므로 2시간이 답이 된다.

Answer┌→ 13.② 14.④ 15.②

16 A씨는 직원을 위해 카페에 갔다 오려고 한다. A씨는 자주 가는 카페에서 자신의 회원카드를 제시하려고 하며, 현재의 적립금은 2,050원으로 적립금을 최대한 사용할 예정이다. 다음 조건에 따라 계산될 경우 A씨가 최종적으로 지불해야하는 금액은?

〈구매 목록〉

• 핫초코
• 카라멜 마끼아또 L
• 아메리카노 L
• 녹차라떼 R에 휘핑크림 추가
• 카페라떼 R

〈메뉴〉

	R사이즈(원)	L사이즈(원)
아메리카노	2,500	2,800
카페라떼	3,500	3,800
카라멜 마끼아또	3,800	4,200
녹차라떼	3,000	3,500
핫초코	3,500	3,800

※ 휘핑크림, 샷 추가: 800원
※ 오늘의 차: 핫초코 균일가 3,000원
※ 카페 2주년 기념행사: 총금액 20,000원 초과 시 5% 할인

〈회원특전〉

• 10,000원 이상 결제 시 회원카드를 제시하면 총 결제 금액에서 1,000원 할인
• 적립금이 2,000점 이상인 경우, 현금처럼 사용가능(1점당 1원, 100단위로 사용가능하며, 타 할인 혜택 적용 후 최종금액의 10%까지 사용가능)
• 할인혜택 중복적용 가능

① 14,300원   ② 14,700원

③ 15,300원   ④ 15,700원

⑤ 16,300원

 3,000+4,200+2,800+3,000+800+3,500=17,300원
구매 금액이 10,000원 이상이므로 회원카드를 제시하여 1,000원이 할인된 16,300원이 된다. 적립금 2,050점 중 16,300원의 10%인 1,630점까지만 사용가능하므로 1,600점을 사용하여 최종 금액 14,700원을 지불해야한다.

17 다음 글과 표를 근거로 판단할 때 세 사람 사이의 관계가 모호한 경우는?

- 조직 내에서 두 사람 사이의 관계는 '동갑'과 '위아래' 두 가지 경우로 나뉜다.
  - 두 사람이 태어난 연도가 같은 경우 입사년도에 상관없이 '동갑' 관계가 된다.
  - 두 사람이 태어난 연도가 다른 경우 '위아래' 관계가 된다. 이때 생년이 더 빠른 사람이 '윗사람', 더 늦은 사람이 '아랫사람'이 된다.
  - 두 사람이 태어난 연도가 다르더라도 입사년도가 같고 생년월일의 차이가 1년 미만이라면 '동갑' 관계가 된다.
- 두 사람 사이의 관계를 바탕으로 임의의 세 사람(A~C) 사이의 관계는 '명확'과 '모호' 두 가지 경우로 나뉜다.
  - A와 B, A와 C가 '동갑' 관계이고 B와 C 또한 '동갑' 관계인 경우 세 사람 사이의 관계는 '명확'하다.
  - A와 B가 '동갑' 관계이고 A가 C의 '윗사람', B가 C의 '윗사람'인 경우 세 사람 사이의 관계는 '명확'하다.
  - A와 B, A와 C가 '동갑' 관계이고 B와 C가 '위아래' 관계인 경우 세 사람 사이의 관계는 '모호'하다.

이름	생년월일	입사년도
甲	1992. 4. 11.	2017
乙	1991. 10. 3.	2017
丙	1991. 3. 1.	2017
丁	1992. 2. 14.	2017
戊	1993. 1 7.	2018

① 甲, 乙, 丙

② 甲, 乙, 丁

③ 甲, 丁, 戊

④ 乙, 丁, 戊

⑤ 丙, 丁, 戊

 ① 乙과 甲, 乙과 丙이 '동갑' 관계이고 甲과 丙이 '위아래' 관계이므로 甲, 乙, 丙의 관계는 '모호'하다.

Answer→ 16.② 17.①

18 공연기획사인 A사는 이번에 주최한 공연을 보러 오는 관객을 기차역에서 공연장까지 버스로 수송하기로 하였다. 다음의 표와 같이 공연 시작 4시간 전부터 1시간 단위로 전체 관객 대비 기차역에 도착하는 관객의 비율을 예측하여 버스를 운행하고자 하며, 공연 시작 시간까지 관객을 모두 수송해야 한다. 다음을 바탕으로 예상한 수송 시나리오 중 옳은 것을 모두 고르면?

◼ 전체 관객 대비 기차역에 도착하는 관객의 비율

시각	전체 관객 대비 비율(%)
공연 시작 4시간 전	a
공연 시작 3시간 전	b
공연 시작 2시간 전	c
공연 시작 1시간 전	d
계	100

• 전체 관객 수는 40,000명이다.
• 버스는 한 번에 대당 최대 40명의 관객을 수송한다.
• 버스가 기차역과 공연장 사이를 왕복하는 데 걸리는 시간은 6분이다.

◼ 예상 수송 시나리오
㉠ a = b = c = d = 25라면, 회사가 전체 관객을 기차역에서 공연장으로 수송하는 데 필요한 버스는 최소 20대이다.
㉡ a = 10, b = 20, c = 30, d = 40이라면, 회사가 전체 관객을 기차역에서 공연장으로 수송하는 데 필요한 버스는 최소 40대이다.
㉢ 만일 공연이 끝난 후 2시간 이내에 전체 관객을 공연장에서 기차역까지 버스로 수송해야 한다면, 이때 회사에게 필요한 버스는 최소 50대이다.

① ㉠ ② ㉡

③ ㉠, ㉡ ④ ㉠, ㉢

⑤ ㉡, ㉢

 ㉠ a = b = c = d = 25라면, 1시간당 수송해야 하는 관객의 수는 40,000 × 0.25 = 10,000명이다. 버스는 한 번에 대당 최대 40명의 관객을 수송하고 1시간에 10번 수송 가능하므로, 1시간 동안 1대의 버스가 수송할 수 있는 관객의 수는 400명이다. 따라서 10,000명의 관객을 수송하기 위해서는 최소 25대의 버스가 필요하다.
㉡ d = 40이라면, 공연 시작 1시간 전에 기차역에 도착하는 관객의 수는 16,000명이다. 16,000명을 1시간 동안 모두 수송하기 위해서는 최소 40대의 버스가 필요하다.
㉢ 공연이 끝난 후 2시간 이내에 전체 관객을 공연장에서 기차역까지 수송하려면 시간당 20,000명의 관객을 수송해야 한다. 따라서 회사에게 필요한 버스는 최소 50대이다.

|19~20| 인사팀에 근무하는 S는 2017년도에 새롭게 변경된 사내 복지 제도에 따라 경조사 지원 내역을 정리하는 업무를 담당하고 있다. 다음을 바탕으로 물음에 답하시오.

◻ 2017년도 변경된 사내 복지 제도

종류	주요 내용
주택 지원	• 사택 지원(가~사 총 7동 175가구) 최소 1년 최장 3년 • 지원 대상 – 입사 3년 차 이하 1인 가구 사원 중 무주택자(가~다동 지원) – 입사 4년 차 이상 본인 포함 가구원이 3인 이상인 사원 중 무주택자(라~사동 지원)
경조사 지원	• 본인/가족 결혼, 회갑 등 각종 경조사 시 • 경조금, 화환 및 경조휴가 제공
학자금 지원	• 대학생 자녀의 학자금 지원
기타	• 상병 휴가, 휴직, 4대 보험 지원

◻ 2017년도 1/4분기 지원 내역

이름	부서	직위	내역	변경 전	변경 후	금액(천원)
A	인사팀	부장	자녀 대학진학	지원 불가	지원 가능	2,000
B	총무팀	차장	장인상	변경 내역 없음		100
C	연구1팀	차장	병가	실비 지급	추가 금액 지원	50 (실비 제외)
D	홍보팀	사원	사택 제공(가-102)	변경 내역 없음		–
E	연구2팀	대리	결혼	변경 내역 없음		100
F	영업1팀	차장	모친상	변경 내역 없음		100
G	인사팀	사원	사택 제공(바-305)	변경 내역 없음		–
H	보안팀	대리	부친 회갑	변경 내역 없음		100
I	기획팀	차장	결혼	변경 내역 없음		100
J	영업2팀	과장	생일	상품권	기프트 카드	50
K	전략팀	사원	생일	상품권	기프트 카드	50

19 당신은 S가 정리해 온 2017년도 1/4분기 지원 내역을 확인하였다. 다음 중 잘못 구분된 사원은?

지원 구분	이름
주택 지원	D, G
경조사 지원	B, E, H, I, J, K
학자금 지원	A
기타	F, C

① B ② D

③ F ④ H

⑤ K

 지원 구분에 따르면 모친상과 같은 경조사는 경조사 지원에 포함되어야 한다. 따라서 F의 구분이 잘못되었다.

20 S는 2017년도 1/4분기 지원 내역 중 변경 사례를 참고하여 새로운 사내 복지 제도를 정리해 추가로 공시하려 한다. 다음 중 S가 정리한 내용으로 옳지 않은 것은?

① 복지 제도 변경 전후 모두 생일에 현금을 지급하지 않습니다.

② 복지 제도 변경 후 대학생 자녀에 대한 학자금을 지원해드립니다.

③ 변경 전과 달리 미혼 사원의 경우 입주 가능한 사택동 제한이 없어집니다.

④ 변경 전과 같이 경조사 지원금은 직위와 관계없이 동일한 금액으로 지원됩니다.

⑤ 변경 전과 달리 병가 시 실비 외에 5만 원을 추가로 지원합니다.

 ③ 2017년 변경된 사내 복지 제도에 따르면 1인 가구 사원에게는 가~사 총 7동 중 가~다 동이 지원된다.

21 다음은 □□전자의 스마트폰 사용에 관한 조사 설계의 일부분이다. 본 설문조사의 목적으로 가장 적합하지 않은 것은?

---

1. 조사 목적

2. 과업 범위
① 조사 대상 : 서울과 수도권에 거주하고 있으며 최근 5년 이내에 스마트폰 변경 이력이 있고, 향후 1년 이내에 스마트폰 변경 의향이 있는 만 20~30세의 성인 남녀
② 조사 방법 : 구조화된 질문지를 이용한 온라인 조사
③ 표본 규모 : 총 1,000명

3. 조사 내용
① 시장 환경 파악 : 스마트폰 시장 동향 (사용기기 브랜드 및 가격, 기기사용 기간 등)
② 과거 스마트폰 변경 현황 파악 : 변경 횟수, 변경 사유 등
③ 향후 스마트폰 변경 잠재 수요 파악 : 변경 사유, 선호 브랜드, 변경 예산 등
④ 스마트폰 구매자를 위한 개선 사항 파악 : 스마트폰 구매자를 위한 요금할인, 사은품 제공 등 개선 사항 적용 시 스마트폰 변경 의향
⑤ 배경정보 파악 : 인구사회학적 특성 (연령, 성별, 거주 지역 등)

4. 결론 및 기대효과

---

① 스마트폰 구매자를 위한 요금할인 프로모션 시행의 근거 마련
② 평균 스마트폰 기기사용 기간 및 주요 변경 사유 파악
③ 광고 매체 선정에 참고할 자료 구축
④ 스마트폰 구매 시 사은품 제공 유무가 구입 결정에 미치는 영향 파악
⑤ 향후 출시할 스마트폰 가격 책정에 활용할 자료 구축

> (Tip) 제시된 설문조사에는 광고 매체 선정에 참고할 만한 조사 내용이 포함되어 있지 않다. 따라서 ③은 이 설문조사의 목적으로 적합하지 않다.

22 다음은 폐기물관리법의 일부이다. 제시된 내용을 참고할 때 옳은 것은?

> 제00조 이 법에서 말하는 폐기물이란 쓰레기, 연소재, 폐유, 폐알칼리 및 동물의 사체 등으로 사람의 생활이나 사업활동에 필요하지 않게 된 물질을 말한다.
>
> 제00조
> ① 도지사는 관할 구역의 폐기물을 적정하게 처리하기 위하여 환경부장관이 정하는 지침에 따라 10년마다 '폐기물 처리에 관한 기본계획'(이하 '기본계획'이라 한다)을 세워 환경부장관의 승인을 받아야 한다. 승인사항을 변경하려 할 때에도 또한 같다. 이 경우 환경부장관은 기본계획을 승인하거나 변경승인하려면 관계 중앙행정기관의 장과 협의하여야 한다.
> ② 시장·군수·구청장은 10년마다 관할 구역의 기본계획을 세워 도지사에게 제출하여야 한다.
> ③ 제1항과 제2항에 따른 기본계획에는 다음 각 호의 사항이 포함되어야 한다.
> 　1. 관할 구역의 지리적 환경 등에 관한 개황
> 　2. 폐기물의 종류별 발생량과 장래의 발생 예상량
> 　3. 폐기물의 처리 현황과 향후 처리 계획
> 　4. 폐기물의 감량화와 재활용 등 자원화에 관한 사항
> 　5. 폐기물처리시설의 설치 현황과 향후 설치 계획
> 　6. 폐기물 처리의 개선에 관한 사항
> 　7. 재원의 확보계획
>
> 제00조
> ① 환경부장관은 국가 폐기물을 적정하게 관리하기 위하여 전조 제1항에 따른 기본계획을 기초로 '국가 폐기물관리 종합계획'(이하 '종합계획'이라 한다)을 10년마다 세워야 한다.
> ② 환경부장관은 종합계획을 세운 날부터 5년이 지나면 그 타당성을 재검토하여 변경할 수 있다.

① 재원의 확보계획은 기본계획에 포함되지 않아도 된다.
② A도 도지사가 제출한 기본계획을 승인하려면, 환경부장관은 관계 중앙행정기관의 장과 협의를 거쳐야 한다.
③ 환경부장관은 국가 폐기물을 적정하게 관리하기 위하여 10년마다 기본계획을 수립하여야 한다.
④ B군 군수는 5년마다 종합계획을 세워 환경부장관에게 제출하여야 한다.
⑤ 기본계획 수립 이후 5년이 경과하였다면, 환경부장관은 계획의 타당성을 재검토하여 계획을 변경하여야 한다.

① 재원의 확보계획은 기본계획에 포함되어야 한다.
③ 환경부장관은 국가 폐기물을 적정하게 관리하기 위하여 10년마다 종합계획을 수립하여 야 한다.
④ 시장·군수·구청장은 10년마다 관할 구역의 기본계획을 세워 도지사에게 제출하여야 한다.
⑤ 환경부장관은 종합계획을 세운 날부터 5년이 지나면 그 타당성을 재검토하여 변경할 수 있다.

23 갑, 을, 병, 정, 무 다섯 사람은 6층 건물의 각 층에서 업무를 본다. 다음 조건을 모두 만 족할 때, 항상 거짓이 되는 것은?

- 모든 사람은 1층에서 엘리베이터를 타고 2층~6층에 내린다.
- 5층에서 2명이 내리고 나머지는 혼자 내렸다.
- 정은 자신이 내리기 전 2명이 내린 것을 보았다.
- 병이 내리기 직전에는 아무도 내리지 않았다.
- 을은 무가 내리기 직전에 내렸다.

① 2층에 내리는 사람은 없다.
② 정은 항상 5층에 내린다.
③ 무가 마지막 층에 내리면 갑은 3층에 내린다.
④ 갑이 마지막에 내리면 을은 가장 먼저 내린다.
⑤ 병은 3층 또는 4층에서 근무를 한다.

경우의 수	1	2	3	4
6층	갑	갑	무	무
5층	정,무	병,정	을,정	을,정
4층	을		병	갑
3층	병	무		병
2층		을	갑	

위 표에 따라 무가 마지막 층에 내리면 갑은 2층 또는 4층에 내리게 된다.

Answer 22.② 23.③

24 100명의 근로자를 고용하고 있는 ○○기관 인사팀에 근무하는 S는 고용노동법에 따라 기간제 근로자를 채용하였다. 제시된 법령의 내용을 참고할 때, 기간제 근로자로 볼 수 없는 경우는?

제10조
① 이 법은 상시 5인 이상의 근로자를 사용하는 모든 사업 또는 사업장에 적용한다. 다만 동거의 친족만을 사용하는 사업 또는 사업장과 가사사용인에 대하여는 적용하지 아니한다.
② 국가 및 지방자치단체의 기관에 대하여는 상시 사용하는 근로자의 수에 관계없이 이 법을 적용한다.

제11조
① 사용자는 2년을 초과하지 아니하는 범위 안에서(기간제 근로계약의 반복갱신 등의 경우에는 계속 근로한 총 기간이 2년을 초과하지 아니하는 범위 안에서) 기간제 근로자※를 사용할 수 있다. 다만 다음 각 호의 어느 하나에 해당하는 경우에는 2년을 초과하여 기간제 근로자로 사용할 수 있다.
  1. 사업의 완료 또는 특정한 업무의 완성에 필요한 기간을 정한 경우
  2. 휴직·파견 등으로 결원이 발생하여 당해 근로자가 복귀할 때까지 그 업무를 대신할 필요가 있는 경우
  3. 전문적 지식·기술의 활용이 필요한 경우와 박사 학위를 소지하고 해당 분야에 종사하는 경우
② 사용자가 제1항 단서의 사유가 없거나 소멸되었음에도 불구하고 2년을 초과하여 기간제 근로자로 사용하는 경우에는 그 기간제 근로자는 기간의 정함이 없는 근로계약을 체결한 근로자로 본다.
※ 기간제 근로자라 함은 기간의 정함이 있는 근로계약을 체결한 근로자를 말한다.

---

① 수습기간 3개월을 포함하여 1년 6개월간 A를 고용하기로 근로계약을 체결한 경우
② 근로자 E의 휴직으로 결원이 발생하여 2년간 B를 계약직으로 고용하였는데, E의 복직 후에도 B가 계속해서 현재 3년 이상 근무하고 있는 경우
③ 사업 관련 분야 박사학위를 취득한 C를 계약직(기간제) 연구원으로 고용하여 C가 현재 3년간 근무하고 있는 경우
④ 국가로부터 도급받은 3년간의 건설공사를 완성하기 위해 D를 그 기간 동안 고용하기로 근로계약을 체결한 경우
⑤ 근로자 F가 해외 파견으로 결원이 발생하여 돌아오기 전까지 3년간 G를 고용하기로 근로계약을 체결한 경우

 제11조 제2항에 따르면 사용자가 제1항 단서의 사유가 없거나 소멸되었음에도 불구하고 2년을 초과하여 기간제 근로자로 사용하는 경우에는 그 기간제 근로자는 기간의 정함이 없는 근로계약을 체결한 근로자로 본다. 따라서 ②의 경우 기간제 근로자로 볼 수 없다.
① 2년을 초과하지 않는 범위이므로 기간제 근로자로 볼 수 있다.
③ 제11조 제1항 제3호에 따른 기간제 근로자로 볼 수 있다.
④ 제11조 제1항 제1호에 따른 기간제 근로자로 볼 수 있다.
⑤ 제11조 제1항 제2호에 따른 기간제 근로자로 볼 수 있다.

25 다음의 규정과 공공기관 현황에 근거할 때, 시장형 공기업에 해당하는 공공기관은?

- **공공기관의 구분**
① 기획재정부장관은 공공기관을 공기업·준정부기관과 기타공공기관으로 구분하여 지정한다. 직원 정원이 50인 이상인 공공기관은 공기업 또는 준정부기관으로, 그 외에는 기타공공기관으로 지정한다.
② 기획재정부장관은 제1항의 규정에 따라 공기업과 준정부기관을 지정하는 경우 자체수입액이 총수입액의 2분의 1 이상인 기관은 공기업으로, 그 외에는 준정부기관으로 지정한다.
③ 기획재정부장관은 제1항 및 제2항의 규정에 따른 공기업을 다음 각 호의 구분에 따라 세분하여 지정한다.
   1. 시장형 공기업: 자산규모가 2조 원 이상이고, 총 수입액 중 자체수입액이 100분의 85 이상인 공기업
   2. 준시장형 공기업: 시장형 공기업이 아닌 공기업

- **공공기관 현황**

공공기관	직원 정원	자산규모	자체수입비율
A	80명	3조 원	85%
B	40명	1.5조 원	60%
C	60명	1조 원	45%
D	55명	2.5조 원	40%
E	50명	9천억 원	50%

① A ② B
③ C ④ D
⑤ E

 ① A는 직원 정원이 50명 이상이고 자체수입액이 총수입액의 2분의 1 이상이며, 자산규모가 2조 원 이상이고 총 수입액 중 자체수입액이 100분의 85 이상이므로 시장형 공기업에 해당한다.
② B는 직원 정원이 50명 미만이므로 기타공공기관에 해당한다.
③④ C, D는 자체수입액이 총수입액의 2분의 1 미만이므로 준정부기관에 해당한다.
⑤ E는 자산규모가 2조 원 미만이므로 준시장형 공기업에 해당한다.

Answer ↱ 24.②   25.①

03 대인관계능력

1 직장생활에서의 대인관계

(1) 대인관계능력

① 의미 … 직장생활에서 협조적인 관계를 유지하고, 조직구성원들에게 도움을 줄 수 있으며, 조직내부 및 외부의 갈등을 원만히 해결하고 고객의 요구를 충족시켜줄 수 있는 능력이다.

② 인간관계를 형성할 때 가장 중요한 것은 자신의 내면이다.

예제 1

인간관계를 형성하는데 있어 가장 중요한 것은?

① 외적 성격 위주의 사고
② 이해득실 위주의 만남
③ 자신의 내면
④ 피상적인 인간관계 기법

[출제의도]
인간관계형성에 있어서 가장 중요한 요소가 무엇인지 묻는 문제다.
[해설]
③ 인간관계를 형성하는데 있어서 가장 중요한 것은 자신의 내면이고 이때 필요한 기술이나 기법 등은 자신의 내면에서 자연스럽게 우러나와야 한다.

답 ③

---

(2) 대인관계 향상 방법

① 감정은행계좌 … 인간관계에서 구축하는 신뢰의 정도

② 감정은행계좌를 적립하기 위한 6가지 주요 예입 수단
　㉠ 상대방에 대한 이해심
　㉡ 사소한 일에 대한 관심
　㉢ 약속의 이행
　㉣ 기대의 명확화
　㉤ 언행일치
　㉥ 진지한 사과

2 대인관계능력을 구성하는 하위능력

(1) 팀워크능력

① 팀워크의 의미

　㉠ 팀워크와 응집력

　　• 팀워크 : 팀 구성원이 공동의 목적을 달성하기 위해 상호 관계성을 가지고 협력하여 일을 해 나가는 것

　　• 응집력 : 사람들로 하여금 집단에 머물도록 만들고 그 집단의 멤버로서 계속 남아있기를 원하게 만드는 힘

예제 2

A회사에서는 격주로 사원 소식지 '우리가족'을 발행하고 있다. 이번 호의 특집 테마는 팀워크에 대한 것으로, 좋은 사례를 모으고 있다. 다음 중 팀워크의 사례로 가장 적절하지 않은 것은 무엇인가?

① 팀원들의 개성과 장점을 살려 사내 직원 연극대회에서 대상을 받을 수 있었던 사례
② 팀장의 갑작스러운 부재 상황에서 팀원들이 서로 역할을 분담하고 소통을 긴밀하게 하면서 팀의 당초 목표를 원만하게 달성할 수 있었던 사례
③ 자재 조달의 차질로 인해 납기 준수가 어려웠던 상황을 팀원들이 똘똘 뭉쳐 헌신적으로 일한 결과 주문 받은 물품을 성공적으로 납품할 수 있었던 사례
④ 팀의 분위기가 편안하고 인간적이어서 주기적인 직무순환 시기가 도래해도 다른 부서로 가고 싶어 하지 않는 사례

[출제의도]
팀워크와 응집력에 대한 문제로 각 용어에 대한 정의를 알고 이를 실제 사례를 통해 구분할 수 있어야 한다.
[해설]
④ 응집력에 대한 사례에 해당한다.

답 ④

　㉡ 팀워크의 유형

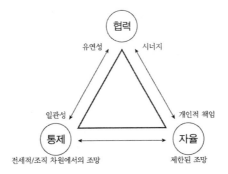

② 효과적인 팀의 특성

　㉠ 팀의 사명과 목표를 명확하게 기술한다.

　㉡ 창조적으로 운영된다.

ⓒ 결과에 초점을 맞춘다.

ⓔ 역할과 책임을 명료화시킨다.

ⓜ 조직화가 잘 되어 있다.

ⓗ 개인의 강점을 활용한다.

ⓢ 리더십 역량을 공유하며 구성원 상호간에 지원을 아끼지 않는다.

ⓞ 팀 풍토를 발전시킨다.

ⓩ 의견의 불일치를 건설적으로 해결한다.

ⓒ 개방적으로 의사소통한다.

ⓚ 객관적인 결정을 내린다.

ⓣ 팀 자체의 효과성을 평가한다.

③ 멤버십의 의미

㉠ 멤버십은 조직의 구성원으로서의 자격과 지위를 갖는 것으로 훌륭한 멤버십은 팔로워십(followership)의 역할을 충실하게 수행하는 것이다.

㉡ 멤버십 유형 : 독립적 사고와 적극적 실천에 따른 구분

구분	소외형	순응형	실무형	수동형	주도형
자아상	• 자립적인 사람 • 일부러 반대의견 제시 • 조직의 양심	• 기쁜 마음으로 과업 수행 • 팀플레이를 함 • 리더나 조직을 믿고 헌신함	• 조직의 운영방침에 민감 • 사건을 균형 잡힌 시각으로 봄 • 규정과 규칙에 따라 행동함	• 판단, 사고를 리더에 의존 • 지시가 있어야 행동	• 스스로 생각하고 건설적 비판을 하며 자기 나름의 개성이 있고 혁신적·창조적
동료/리더의 시각	• 냉소적 • 부정적 • 고집이 셈	• 아이디어가 없음 • 인기 없는 일은 하지 않음 • 조직을 위해 자신과 가족의 요구를 양보함	• 개인의 이익을 극대화하기 위한 흥정에 능함 • 적당한 열의와 평범한 수완으로 업무 수행	• 하는 일이 없음 • 제 몫을 하지 못함 • 업무 수행에는 감독이 반드시 필요	• 솔선수범하고 주인의식을 가지며 적극적으로 참여하고 자발적, 기대 이상의 성과를 내려고 노력
조직에 대한 자신의 느낌	• 자신을 인정 안 해줌 • 적절한 보상이 없음 • 불공정하고 문제가 있음	• 기존 질서를 따르는 것이 중요 • 리더의 의견을 거스르는 것은 어려운 일임 • 획일적인 태도 행동에 익숙함	• 규정준수를 강조 • 명령과 계획의 빈번한 변경 • 리더와 부하 간의 비인간적 풍토	• 조직이 나의 아이디어를 원치 않음 • 노력과 공헌을 해도 아무 소용이 없음 • 리더는 항상 자기 마음대로 함	

④ 팀워크 촉진 방법

　　㉠ 동료 피드백 장려하기

　　㉡ 갈등 해결하기

　　㉢ 창의력 조성을 위해 협력하기

　　㉣ 참여적으로 의사결정하기

(2) 리더십능력

① 리더십의 의미 … 리더십이란 조직의 공통된 목적을 달성하기 위하여 개인이 조직원들에게 영향을 미치는 과정이다.

　　㉠ 리더십 발휘 구도 : 산업 사회에서는 상사가 하급자에게 리더십을 발휘하는 수직적 구조였다면 정보 사회로 오면서 하급자뿐만 아니라 동료나 상사에게까지도 발휘하는 정방위적 구조로 바뀌었다.

　　㉡ 리더와 관리자

리더	관리자
• 새로운 상황 창조자	• 상황에 수동적
• 혁신지향적	• 유지지향적 둠.
• 내일에 초점을 둠.	• 오늘에 초점을 둠.
• 사람의 마음에 불을 지핀다.	• 사람을 관리한다.
• 사람을 중시	• 체제나 기구를 중시
• 정신적	• 기계적
• 계산된 리스크를 취한다.	• 리스크를 회피한다.
• '무엇을 할까'를 생각한다.	• '어떻게 할까'를 생각한다.

예제 3

리더에 대한 설명으로 옳지 않은 것은?

① 사람을 중시한다.

② 오늘에 초점을 둔다.

③ 혁신지향적이다.

④ 새로운 상황 창조자이다.

[출제의도]
리더와 관리자에 대한 문제로 각각에 대해 완벽하게 구분할 수 있어야 한다.
[해설]
② 리더는 내일에 초점을 둔다.

답 ②

---

② 리더십 유형

　　㉠ 독재자 유형 : 정책의사결정과 대부분의 핵심정보를 그들 스스로에게만 국한하여 소유하고 고수하려는 경향이 있다. 통제 없이 방만한 상태, 가시적인 성과물이 안 보일 때 효과적이다.

ⓛ 민주주의에 근접한 유형 : 그룹에 정보를 잘 전달하려고 노력하고 전체 그룹의 구성원 모두를 목표방향으로 설정에 참여하게 함으로써 구성원들에게 확신을 심어주려고 노력한다. 혁신적이고 탁월한 부하직원들을 거느리고 있을 때 효과적이다.

ⓒ 파트너십 유형 : 리더와 집단 구성원 사이의 구분이 희미하고 리더가 조직에서 한 구성원이 되기도 한다. 소규모 조직에서 경험, 재능을 소유한 조직원이 있을 때 효과적으로 활용할 수 있다.

ⓔ 변혁적 리더십 유형 : 개개인과 팀이 유지해 온 업무수행 상태를 뛰어넘어 전체 조직이나 팀원들에게 변화를 가져오는 원동력이 된다. 조직에 있어 획기적인 변화가 요구될 때 활용할 수 있다.

③ 동기부여 방법

ⓐ 긍정적 강화법을 활용한다.

ⓑ 새로운 도전의 기회를 부여한다.

ⓒ 창의적인 문제해결법을 찾는다.

ⓓ 책임감으로 철저히 무장한다.

ⓔ 몇 가지 코칭을 한다.

ⓕ 변화를 두려워하지 않는다.

ⓖ 지속적으로 교육한다.

④ 코칭

ⓐ 코칭은 조직의 지속적인 성장과 성공을 만들어내는 리더의 능력으로 직원들의 능력을 신뢰하며 확신하고 있다는 사실에 기초한다.

ⓑ 코칭의 기본 원칙

• 관리는 만병통치약이 아니다.

• 권한을 위임한다.

• 훌륭한 코치는 뛰어난 경청자이다.

• 목표를 정하는 것이 가장 중요하다.

⑤ 임파워먼트 … 조직성원들을 신뢰하고 그들의 잠재력을 믿으며 그 잠재력의 개발을 통해 High Performance 조직이 되도록 하는 일련의 행위이다.

ⓐ 임파워먼트의 이점(High Performance 조직의 이점)

• 나는 매우 중요한 일을 하고 있으며, 이 일은 다른 사람이 하는 일보다 훨씬 중요한 일이다.

• 일의 과정과 결과에 나의 영향력이 크게 작용했다.

• 나는 정말로 도전하고 있고 나는 계속해서 성장하고 있다.

• 우리 조직에서는 아이디어가 존중되고 있다.

- 내가 하는 일은 항상 재미가 있다.
- 우리 조직의 구성원들은 모두 대단한 사람들이며, 다 같이 협력해서 승리하고 있다.
ⓒ 임파워먼트의 충족 기준
- 여건의 조건 : 사람들이 자유롭게 참여하고 기여할 수 있는 여건 조성
- 재능과 에너지의 극대화
- 명확하고 의미 있는 목적에 초점
ⓒ 높은 성과를 내는 임파워먼트 환경의 특징
- 도전적이고 흥미 있는 일
- 학습과 성장의 기회
- 높은 성과와 지속적인 개선을 가져오는 요인들에 대한 통제
- 성과에 대한 지식
- 긍정적인 인간관계
- 개인들이 공헌하며 만족한다는 느낌
- 상부로부터의 지원
ⓔ 임파워먼트의 장애요인
- 개인 차원 : 주어진 일을 해내는 역량의 결여, 동기의 결여, 결의의 부족, 책임감 부족, 의존성
- 대인 차원 : 다른 사람과의 성실성 결여, 약속 불이행, 성과를 제한하는 조직의 규범, 갈등처리 능력 부족, 승패의 태도
- 관리 차원 : 통제적 리더십 스타일, 효과적 리더십 발휘 능력 결여, 경험 부족, 정책 및 기획의 실행 능력 결여, 비전의 효과적 전달능력 결여
- 조직 차원 : 공감대 형성이 없는 구조와 시스템, 제한된 정책과 절차
⑥ 변화관리의 3단계 : 변화 이해 → 변화 인식 → 변화 수용

(3) 갈등관리능력

① 갈등의 의미 및 원인
ⓐ 갈등이란 상호 간의 의견차이 때문에 생기는 것으로 당사자 간에 가치, 규범, 이해, 아이디어, 목표 등이 서로 불일치하여 충돌하는 상태를 의미한다.
ⓑ 갈등을 확인할 수 있는 단서
- 지나치게 감정적으로 논평과 제안을 하는 것
- 타인의 의견발표가 끝나기도 전에 타인의 의견에 대해 공격하는 것
- 핵심을 이해하지 못한데 대해 서로 비난하는 것
- 편을 가르고 타협하기를 거부하는 것

- 개인적인 수준에서 미묘한 방식으로 서로를 공격하는 것
  - ⓒ 갈등을 증폭시키는 원인 : 적대적 행동, 입장 고수, 감정적 관여 등
- ② 실제로 존재하는 갈등 파악
  - ⓙ 갈등의 두 가지 쟁점

핵심 문제	감정적 문제
• 역할 모호성 • 방법에 대한 불일치 • 목표에 대한 불일치 • 절차에 대한 불일치 • 책임에 대한 불일치 • 가치에 대한 불일치 • 사실에 대한 불일치	• 공존할 수 없는 개인적 스타일 • 통제나 권력 확보를 위한 싸움 • 자존심에 대한 위협 • 질투 • 분노

예제 4

갈등의 두 가지 쟁점 중 감정적 문제에 대한 설명으로 적절하지 않은 것은?

① 공존할 수 없는 개인적 스타일
② 역할 모호성
③ 통제나 권력 확보를 위한 싸움
④ 자존심에 대한 위협

[출제의도]
갈등의 두 가지 쟁점인 핵심문제와 감정적 문제에 대해 묻는 문제로 이 두 가지 쟁점을 구분할 수 있는 능력이 필요하다.
[해설]
② 갈등의 두 가지 쟁점 중 핵심 문제에 대한 설명이다.

답 ②

  - ⓛ 갈등의 두 가지 유형
    - 불필요한 갈등 : 개개인이 저마다 문제를 다르게 인식하거나 정보가 부족한 경우, 편견 때문에 발생한 의견 불일치로 적대적 감정이 생길 때 불필요한 갈등이 일어난다.
    - 해결할 수 있는 갈등 : 목표와 욕망, 가치, 문제를 바라보는 시각과 이해하는 시각이 다를 경우에 일어날 수 있는 갈등이다.
- ③ 갈등해결 방법
  - ⓙ 다른 사람들의 입장을 이해한다.
  - ⓛ 사람들이 당황하는 모습을 자세하게 살핀다.
  - ⓒ 어려운 문제는 피하지 말고 맞선다.
  - ⓐ 자신의 의견을 명확하게 밝히고 지속적으로 강화한다.
  - ⓜ 사람들과 눈을 자주 마주친다.
  - ⓗ 마음을 열어놓고 적극적으로 경청한다.

ⓢ 타협하려 애쓴다.

ⓞ 어느 한쪽으로 치우치지 않는다.

ⓩ 논쟁하고 싶은 유혹을 떨쳐낸다.

ⓒ 존중하는 자세로 사람들을 대한다.

④ 윈-윈(Win-Win) 갈등 관리법 … 갈등과 관련된 모든 사람으로부터 의견을 받아서 문제의 본질적인 해결책을 얻고자 하는 방법이다.

⑤ 갈등을 최소화하기 위한 기본원칙

ⓐ 먼저 다른 팀원의 말을 경청하고 나서 어떻게 반응할 것인가를 결정한다.

ⓑ 모든 사람이 거의 대부분의 문제에 대해 나름의 의견을 가지고 있다는 점을 인식한다.

ⓒ 의견의 차이를 인정한다.

ⓓ 팀 갈등해결 모델을 사용한다.

ⓜ 자신이 받기를 원하지 않는 형태로 남에게 작업을 넘겨주지 않는다.

ⓗ 다른 사람으로부터 그러한 작업을 넘겨받지 않는다.

ⓢ 조금이라도 의심이 날 때에는 분명하게 말해 줄 것을 요구한다.

ⓞ 가정하는 것은 위험하다.

ⓩ 자신의 책임이 어디서부터 어디까지인지를 명확히 하고 다른 팀원의 책임과 어떻게 조화되는지를 명확히 한다.

ⓒ 자신이 알고 있는 바를 알 필요가 있는 사람들을 새롭게 파악한다.

ⓚ 다른 팀원과 불일치하는 쟁점이나 사항이 있다면 다른 사람이 아닌 당사자에게 직접 말한다.

(4) 협상능력

① 협상의 의미

ⓐ **의사소통 차원** : 이해당사자들이 자신들의 욕구를 충족시키기 위해 상대방으로부터 최선의 것을 얻어내려 설득하는 커뮤니케이션 과정

ⓑ **갈등해결 차원** : 갈등관계에 있는 이해당사자들이 대화를 통해서 갈등을 해결하고자 하는 상호작용과정

ⓒ **지식과 노력 차원** : 우리가 얻고자 하는 것을 가진 사람의 호의를 쟁취하기 위한 것에 관한 지식이며 노력의 분야

ⓓ **의사결정 차원** : 선호가 서로 다른 협상 당사자들이 합의에 도달하기 위해 공동으로 의사결정 하는 과정

ⓜ **교섭 차원** : 둘 이상의 이해당사자들이 여러 대안들 가운데서 이해당사자들 모두가 수용 가능한 대안을 찾기 위한 의사결정과정

② 협상 과정

단계	내용
협상 시작	• 협상 당사자들 사이에 상호 친근감을 쌓음 • 간접적인 방법으로 협상의사를 전달함 • 상대방의 협상의지를 확인함 • 협상진행을 위한 체제를 짬
상호 이해	• 갈등문제의 진행상황과 현재의 상황을 점검함 • 적극적으로 경청하고 자기주장을 제시함 • 협상을 위한 협상대상 안건을 결정함
실질 이해	• 겉으로 주장하는 것과 실제로 원하는 것을 구분하여 실제로 원하는 것을 찾아 냄 • 분할과 통합 기법을 활용하여 이해관계를 분석함
해결 대안	• 협상 안건마다 대안들을 평가함 • 개발한 대안들을 평가함 • 최선의 대안에 대해서 합의하고 선택함 • 대안 이행을 위한 실행계획을 수립함
합의 문서	• 합의문을 작성함 • 합의문상의 합의내용, 용어 등을 재점검함 • 합의문에 서명함

③ 협상전략

㉠ **협력전략** : 협상 참여자들이 협동과 통합으로 문제를 해결하고자 하는 협력적 문제해결 전략

㉡ **유화전략** : 양보전략으로 상대방이 제시하는 것을 일방적으로 수용하여 협상의 가능성을 높이려는 전략이다. 순응전략, 화해전략, 수용전략이라고도 한다.

㉢ **회피전략** : 무행동전략으로 협상으로부터 철수하는 철수전략이다. 협상을 피하거나 잠정적으로 중단한다.

㉣ **강압전략** : 경쟁전략으로 자신이 상대방보다 힘에 있어서 우위를 점유하고 있을 때 자신의 이익을 극대화하기 위한 공격적 전략이다.

④ 상대방 설득 방법의 종류

㉠ **See-Feel-Change 전략** : 시각화를 통해 직접 보고 스스로가 느끼게 하여 변화시켜 설득에 성공하는 전략

㉡ **상대방 이해 전략** : 상대방에 대한 이해를 바탕으로 갈등해결을 용이하게 하는 전략

㉢ **호혜관계 형성 전략** : 혜택들을 주고받은 호혜관계 형성을 통해 협상을 용이하게 하는 전략

㉣ **헌신과 일관성 전략** : 협상 당사자간에 기대하는 바에 일관성 있게 헌신적으로 부응하여 행동함으로서 협상을 용이하게 하는 전략

ⓜ **사회적 입증 전략** : 과학적인 논리보다 동료나 사람들의 행동에 의해서 상대방을 설득하는 전략

ⓗ **연결전략** : 갈등 문제와 갈등관리자를 연결시키는 것이 아니라 갈등을 야기한 사람과 관리자를 연결시킴으로서 협상을 용이하게 하는 전략

ⓢ **권위전략** : 직위나 전문성, 외모 등을 활용하여 협상을 용이하게 하는 전략

ⓞ **희소성 해결 전략** : 인적, 물적 자원 등의 희소성을 해결함으로서 협상과정상의 갈등해결을 용이하게 하는 전략

ⓩ **반항심 극복 전략** : 억압하면 할수록 더욱 반항하게 될 가능성이 높아지므로 이를 피함으로서 협상을 용이하게 하는 전략

(5) 고객서비스능력

① **고객서비스의 의미** … 고객서비스란 다양한 고객의 요구를 파악하고 대응법을 마련하여 고객에게 양질의 서비스를 제공하는 것을 말한다.

② **고객의 불만표현 유형 및 대응방안**

불만표현 유형	대응방안
거만형	• 정중하게 대하는 것이 좋다. • 자신의 과시욕이 채워지도록 뽐내게 내버려 둔다. • 의외로 단순한 면이 있으므로 일단 호감을 얻게 되면 득이 될 경우도 있다.
의심형	• 분명한 증거나 근거를 제시하여 스스로 확신을 갖도록 유도한다. • 때로는 책임자로 하여금 응대하는 것도 좋다.
트집형	• 이야기를 경청하고 맞장구를 치며 추켜세우고 설득해 가는 방법이 효과적이다. • '손님의 말씀이 맞습니다.' 하고 고객의 지적이 옳음을 표시한 후 ' 저도 그렇게 생각하고 있습니다만……' 하고 설득한다. • 잠자코 고객의 의견을 경청하고 사과를 하는 응대가 바람직하다.
빨리빨리형	• '글쎄요.', '아마' 하는 식으로 애매한 화법을 사용하지 않는다. • 만사를 시원스럽게 처리하는 모습을 보이면 응대하기 쉽다.

③ 고객 불만처리 프로세스

단계	내용
경청	• 고객의 항의를 경청하고 끝까지 듣는다. • 선입관을 버리고 문제를 파악한다.
감사와 공감표시	• 일부러 시간을 내서 해결의 기회를 준 것에 감사를 표시한다. • 고객의 항의에 공감을 표시한다.
사과	• 고객의 이야기를 듣고 문제점에 대해 인정하고, 잘못된 부분에 대해 사과한다.
해결약속	• 고객이 불만을 느낀 상황에 대해 관심과 공감을 보이며, 문제의 빠른 해결을 약속한다.
정보파악	• 문제해결을 위해 꼭 필요한 질문만 하여 정보를 얻는다. • 최선의 해결방법을 찾기 어려우면 고객에게 어떻게 해주면 만족스러운지를 묻는다.
신속처리	• 잘못된 부분을 신속하게 시정한다.
처리확인과 사과	• 불만처리 후 고객에게 처리 결과에 만족하는지를 물어본다.
피드백	• 고객 불만 사례를 회사 및 전 직원에게 알려 다시는 동일한 문제가 발생하지 않도록 한다.

④ 고객만족 조사

  ㉠ 목적 : 고객의 주요 요구를 파악하여 가장 중요한 고객요구를 도출하고 자사가 가지고 있는 자원을 토대로 경영 프로세스의 개선에 활용함으로써 경쟁력을 증대시키는 것이다.

  ㉡ 고객만족 조사계획에서 수행되어야 할 것

  • 조사 분야 및 대상 결정
  • 조사목적 설정 : 전체적 경향의 파악, 고객에 대한 개별대응 및 고객과의 관계유지 파악, 평가목적, 개선목적
  • 조사방법 및 횟수
  • 조사결과 활용 계획

예제 5

고객중심 기업의 특징으로 옳지 않은 것은?

① 고객이 정보, 제품, 서비스 등에 쉽게 접근할 수 있도록 한다.
② 보다 나은 서비스를 제공할 수 있도록 기업정책을 수립한다.
③ 고객 만족에 중점을 둔다.
④ 기업이 행한 서비스에 대한 평가는 한번으로 끝낸다.

[출제의도]
고객서비스능력에 대한 포괄적인 문제로 실제 고객중심 기업의 입장에서 생각해 보면 쉽게 풀 수 있는 문제다.
[해설]
④ 기업이 행한 서비스에 대한 평가는 수시로 이루어져야 한다.

답 ④

1 다음 사례에서 이부장이 취할 수 있는 행동으로 적절하지 않은 것은?

> ○○기업에 다니는 이부장은 최근 경기침체에 따른 회사의 매출부진과 관련하여 근무환경을 크게 변화시키기로 결정하였다. 하지만 그의 부하들은 물론 상사와 동료들조차 이부장의 결정에 회의적이었고 부정적 시각을 내보였다. 그들은 변화에 소극적이었으며 갑작스런 변화는 오히려 회사의 존립자체를 무너뜨릴 수 있다고 판단하였다. 하지만 이부장은 갑작스러운 변화가 처음에는 회사를 좀 더 어렵게 할 수 있으나 장기적으로 본다면 틀림없이 회사에 큰 장점으로 작용할 것이라고 확신하고 있었고 여기에는 전 직원의 협력과 노력이 필요하다고 하였다.

① 개방적 분위기를 조성한다.

② 변화의 긍정적 면을 강조한다.

③ 직원의 감정을 세심하게 살핀다.

④ 주관적인 자세를 유지한다.

⑤ 변화에 적응할 시간을 준다.

 변화에 소극적인 직원들을 성공적으로 이끌기 위한 방법
　㉠ 개방적인 분위기를 조성한다.
　㉡ 객관적인 자세를 유지한다.
　㉢ 직원들의 감정을 세심하게 살핀다.
　㉣ 변화의 긍정적인 면을 강조한다.
　㉤ 변화에 적응할 시간을 준다.

Answer 1.④

2 다음에서 나타난 신교수의 동기부여 방법으로 가장 적절한 것은?

> 신교수는 매 학기마다 새로운 수업을 들어가면 첫 번째로 내주는 과제가 있다. 한국사에 대한 본인의 생각을 A4용지 한 장에 적어오라는 것이다. 이 과제는 정답이 없고 옳고 그름이 기준이 아니라는 것을 명시해준다. 그리고 다음시간에 학생 각자가 적어온 글들을 읽어보도록 하는데, 개개인에게 꼼꼼히 인상깊었던 점을 알려주고 구체적인 부분을 언급하며 칭찬한다.

① 변화를 두려워하지 않는다. ② 지속적으로 교육한다.
③ 책임감으로 철저히 무장한다. ④ 긍정적 강화법을 활용한다.
⑤ 지속적으로 교육한다.

 동기부여 방법
㉠ 긍정적 강화법을 활용한다.
㉡ 새로운 도전의 기회를 부여한다.
㉢ 창의적인 문제해결법을 찾는다.
㉣ 책임감으로 철저히 무장한다.
㉤ 몇 가지 코칭을 한다.
㉥ 변화를 두려워하지 않는다.
㉦ 지속적으로 교육한다.

3 다음 설명에 해당하는 협상 과정은?

> • 협상 당사자들 사이에 상호 친근감을 쌓음
> • 간접적인 방법으로 협상의사를 전달함
> • 상대방의 협상의지를 확인함
> • 협상진행을 위한 체제를 짬

① 협상 시작 ② 상호 이해
③ 실질 이해 ④ 해결 대안
⑤ 합의 문서

 협상과정 … 협상 시작→상호 이해→실질 이해→해결 대안→합의 문서

4 다음에서 설명하고 있는 개념의 특징으로 옳지 않은 것은?

> 조직성원들을 신뢰하고 그들의 잠재력을 믿으며 그 잠재력의 개발을 통해 High Performance 조직이 되도록 하는 일련의 행위이다.

① 부정적인 인간관계
② 학습과 성장의 기회
③ 성과에 대한 지식
④ 상부로부터의 지원
⑤ 긍정적인 인간관계

 높은 성과를 내는 임파워먼트 환경의 특징
- 도전적이고 흥미 있는 일
- 학습과 성장의 기회
- 높은 성과와 지속적인 개선을 가져오는 요인들에 대한 통제
- 성과에 대한 지식
- 긍정적인 인간관계
- 개인들이 공헌하며 만족한다는 느낌
- 상부로부터의 지원

5 모바일 중견회사 감사 부서에서 생산 팀에서 생산성 10% 하락, 팀원들 간의 적대감이나 잦은 갈등, 비효율적인 회의 등의 문제점을 발견하였다. 이를 해결하기 위한 방안으로 가장 적절한 것을 고르시오.

① 아이디어가 넘치는 환경 조성을 위해 많은 양의 아이디어를 요구한다.
② 어느 정도 시간이 필요하므로 갈등을 방치한다.
③ 동료의 행동과 수행에 대한 피드백을 감소시킨다.
④ 의견 불일치가 발생할 경우 생산팀장은 제3자로 개입하여 중재한다.
⑤ 리더가 팀을 통제하고 발언의 기회를 줄인다.

 성공적으로 운영되는 팀은 의견의 불일치를 바로바로 해소하고 방해요소를 미리 없애 혼란의 내분을 방지한다.

Answer 2.④ 3.① 4.① 5.④

6 다음 중 거만형 불만고객에 대한 대응방안으로 옳은 것은?

① 때로는 책임자로 하여금 응대하게 하는 것도 좋다.

② 의외로 단순한 면이 있으므로 일단 호감을 얻게 되면 득이 될 경우도 있다.

③ 잠자코 고객의 의견을 경청하고 사과를 하는 응대가 바람직하다.

④ 분명한 증거나 근거를 제시하여 스스로 확신을 갖도록 유도한다.

⑤ 이야기를 맞장구치며 추켜세운다.

 ①④ 의심형 불만고객에 대한 대응방안
③⑤ 트집형 불만고객에 대한 대응방안

7 다음 중 고객만족을 측정하는데 있어 많은 사람들이 범하는 오류의 유형으로 옳지 않은 것은?

① 적절한 측정 프로세스 없이 조사를 시작한다.

② 고객이 원하는 것을 알고 있다고 생각한다.

③ 모든 고객들이 동일한 수준의 서비스를 원하고 필요로 한다고 가정한다.

④ 전문가로부터 도움을 얻는다.

⑤ 포괄적인 가치만을 질문한다.

 ④ 비전문가로부터 도움을 얻는다.
※ 고객만족을 측정하는데 있어 많은 사람들이 범하는 오류의 유형
  ㉠ 고객이 원하는 것을 알고 있다고 생각한다.
  ㉡ 적절한 측정 프로세스 없이 조사를 시작한다.
  ㉢ 비전문가로부터 도움을 얻는다.
  ㉣ 포괄적인 가치만을 질문한다.
  ㉤ 중요도 척도를 오용한다.
  ㉥ 모든 고객들이 동일한 수준의 서비스를 원하고 필요로 한다고 가정한다.

8 다음 중 높은 성과를 내는 임파워먼트 환경의 특징으로 옳지 않은 것은?

① 도전적이고 흥미 있는 일   ② 성과에 대한 압박

③ 학습과 성장의 기회   ④ 상부로부터의 지원

⑤ 긍정적인 인간관계

'임파워먼트'란 조직성원들을 신뢰하고 그들의 잠재력을 믿으며 그 잠재력의 개발을 통해 High Performance 조직이 되도록 하는 일련의 행위를 말한다.
   ※ 높은 성과를 내는 임파워먼트 환경의 특징
      ㉠ 도전적이고 흥미 있는 일
      ㉡ 학습과 성장의 기회
      ㉢ 높은 성과와 지속적인 개선을 가져오는 요인들에 대한 통제
      ㉣ 성과에 대한 지식
      ㉤ 긍정적인 인간관계
      ㉥ 개인들이 공헌하며 만족한다는 느낌
      ㉦ 상부로부터의 지원

9 다음 중 실무형 멤버십의 설명으로 옳지 않은 것은?

① 조직의 운영방침에 민감하다.

② 획일적인 태도나 행동에 익숙함을 느낀다.

③ 개인의 이익을 극대화하기 위해 흥정에 능하다.

④ 리더와 부하 간의 비인간적인 풍토를 느낀다.

⑤ 규정에 따라 행동한다.

 ② 순응형 멤버십에 대한 설명이다.

10 기업 인사팀에서 근무하면서 2017 상반기 신입사원 워크숍 교육 자료를 만들게 되었다. 워크숍 교육 자료에서 팀워크 활성 방안으로 적절하지 않은 것을 고르시오.

① 아이디어의 질을 따지기보다 아이디어를 제안하도록 장려한다.

② 양질 의사결정을 내리기 위해 단편적 질문을 고려한다.

③ 의사결정을 내릴 때는 팀원들의 의견을 듣는다.

④ 각종 정보와 정보의 소스를 획득할 수 있다.

⑤ 동료의 피드백을 장려한다.

양질의 의사결정을 내리기 위해 단편적인 질문이 아니라 여러 질문을 고려해야 한다.

Answer→ 6.② 7.④ 8.② 9.② 10.②

11 귀하는 서문대학 대졸 공채 입학사정관의 조직구성원들 간의 원만한 관계 유지를 위한 갈등관리 역량에 관해 입학사정관 인증교육을 수료하게 되었다. 인증교육은 다양한 갈등사례를 통해 갈등과정을 시뮬레이션 함으로써 바람직한 갈등해결방법을 모색하는 데 중점을 두고 있다. 입학사정관이 교육을 통해 습득한 갈등과정을 바르게 나열한 것은?

① 대결 국면 – 의견불일치 – 진정 국면 – 격화 국면 – 갈등의 해소
② 의견 불일치 – 격화 국면 – 대결 국면 – 갈등의 해소 – 진정 국면
③ 의견 불일치 – 진정 국면 – 격화 국면 – 대결 국면 – 갈등의 해소
④ 대결 국면 – 의견불일치 – 격화 국면 – 진정 국면 – 갈등의 해소
⑤ 의견 불일치 – 대결 국면 – 격화 국면 – 진정 국면 – 갈등의 해소

 갈등의 진행과정은 '의견 불일치 – 대결국면 – 격화 국면 – 진정 국면 – 갈등의 해소'의 단계를 거친다.

12 다음 중 변혁적 리더십의 유형으로 옳은 설명은?

① 개개인과 팀이 유지해 온 업무수행 상태를 뛰어넘어 전체 조직이나 팀원들에게 변화를 가져오는 원동력이 된다.
② 정책의사결정과 대부분의 핵심정보를 그들 스스로에게만 국한하여 소유하고 고수하려는 경향이 있다.
③ 그룹에 정보를 잘 전달하려고 노력하고 전체 그룹의 구성원 모두를 목표방향으로 설정에 참여하게 함으로써 구성원들에게 확신을 심어주려고 노력한다.
④ 리더와 집단 구성원 사이의 구분이 희미하고 리더가 조직에서 한 구성원이 되기도 한다.
⑤ 소규모 조직에서 경험, 재능을 소유한 조직원이 있을 때 효과적으로 활용할 수 있다.

 ② 독재자 유형
③ 민주주의 유형
④⑤ 파트너십 유형

13 다음 중 팀워크의 촉진 방법으로 옳지 않은 것은?

① 개개인의 능력을 우선시 하기
② 갈등 해결하기
③ 참여적으로 의사결정하기
④ 창의력 조성을 위해 협력하기
⑤ 동료 피드백 장려하기

 팀워크의 촉진 방법
 ㉠ 동료 피드백 장려하기
 ㉡ 갈등 해결하기
 ㉢ 창의력 조성을 위해 협력하기
 ㉣ 참여적으로 의사결정하기

14 조직구성원들로 하여금 리더에 대한 신뢰를 갖게 하는 카리스마는 물론 조직변화의 필요성을 감지하고 그러한 변화를 이끌어 낼 수 있는 새로운 비전을 제시할 수 있는 능력이 요구되는 리더십을 무엇이라 하는가?

① 변혁적 리더십   ② 거래적 리더십
③ 카리스마 리더십   ④ 서번트 리더십
⑤ 셀프 리더십

 ② 거래적 리더십 : 리더가 부하들과 맺은 거래적 계약관계에 기반을 두고 영향력을 발휘하는 리더십
 ③ 카리스마 리더십 : 자기 자신과 부하들에 대한 극단적인 신뢰, 이들을 완전히 장악하는 거대한 존재감, 그리고 명확한 비전을 가지고 일단 결정된 사항에 대해서는 절대로 흔들리지 않는 확신을 가지는 리더십
 ④ 서번트 리더십 : 타인을 위한 봉사에 초점을 두고 종업원과 고객의 커뮤니티를 우선으로 그들의 욕구를 만족시키기 위해 헌신하는 리더십

Answer → 11.⑤ 12.① 13.① 14.①

15 다음 중 대인관계능력을 구성하는 하위능력으로 옳지 않은 것은?

① 팀워크능력   ② 자아인식능력

③ 리더십능력   ④ 갈등관리능력

⑤ 협상능력

 ② 자아인식능력은 자기개발능력을 구성하는 하위능력 중에 하나이다.

    ※ 대인관계능력을 구성하는 하위능력

        ㉠ 팀워크능력

        ㉡ 리더십능력

        ㉢ 갈등관리능력

        ㉣ 협상능력

        ㉤ 고객서비스능력

16 다음 중 대인관계능력에 대한 정의로 옳은 것은?

① 직장생활에서 문서나 상대방이 하는 말의 의미를 파악하고 자신의 의사를 정확하게 표현하며 간단한 외국어 자료를 읽거나 외국인의 의사표시를 이해하는 능력

② 직업인으로서 자신의 능력, 적성, 특성 등을 이해하고 목표성취를 위해 스스로를 관리하며 개발해 나가는 능력

③ 직장생활에서 협조적인 관계를 유지하고 조직구성원들에게 도움을 줄 수 있으며 조직 내·외부의 갈등을 원만히 해결하고 고객의 요구를 충족시켜줄 수 있는 능력

④ 목표와 현상을 분석하고 이 결과를 토대로 과제를 도출하여 최적의 해결책을 찾아 실행하고 평가해 나가는 능력

⑤ 업무를 수행하는데 필요한 도구, 수단 등에 관한 기술의 원리 및 절차를 이해하고, 적절한 기술을 선택하여 업무에 적용하는 능력

 ① 의사소통능력

    ② 자기개발능력

    ④ 문제해결능력

    ⑤ 기술능력

17 다음 항목들 중, 팀원에게 제시할 수 있는 '효과적인 팀'의 핵심적 특징으로 적절하지 않은 것은?

> (개) 개인의 강점을 활용하기보다 짜인 시스템을 활용한다.
> (내) 객관적인 결정을 내린다.
> (대) 결과보다 과정과 방법에 초점을 맞춘다.
> (래) 역할과 책임을 명료화시킨다.
> (매) 의견의 불일치를 건설적으로 해결한다.
> (배) 팀의 사명과 목표를 명확하게 기술한다.

① (개), (대) ② (개), (래)

③ (내), (매), ④ (내), (배)

⑤ (대), (배)

 (개)–짜인 시스템이 아닌 개인의 강점을 활용한다.
(대)–과정과 방법이 아닌 결과에 초점을 맞추어야한다.
※ 효과적인 팀의 핵심적 특징
　㉠ 결과에 초점을 맞춘다.
　㉡ 개인의 강점을 활용한다.
　㉢ 개방적 의사소통을 하고 객관적 결정을 내린다.
　㉣ 리더십 역량을 공유하며 구성원 상호간에 지원을 아끼지 않는다.
　㉤ 역할과 책임을 명료화시킨다.
　㉥ 의견의 불일치를 건설적으로 해결한다.
　㉦ 조직화가 잘되어 있다.
　㉧ 창조적으로 운영된다.
　㉨ 팀의 사명과 목표를 명확하게 기술한다.

18 다음 중 대인관계 향상 방법으로 옳지 않은 것은?

① 상대방에 대한 경계심 ② 언행일치

③ 사소한 일에 대한 관심 ④ 약속의 이행

⑤ 기대의 명확화

 대인관계 향상 방법
　㉠ 상대방에 대한 이해심
　㉡ 사소한 일에 대한 관심
　㉢ 약속의 이행
　㉣ 기대의 명확화
　㉤ 언행일치
　㉥ 진지한 사과

Answer 15.② 16.③ 17.① 18.①

19 다음 중 고객만족 조사의 목적으로 옳지 않은 것은?

① 평가목적　　　　　　　　　② 고객과의 관계유지 파악

③ 개선목적　　　　　　　　　④ 부분적 경향의 파악

⑤ 전체적 경향의 파악

 고객만족 조사의 목적
　　㉠ 전체적 경향의 파악
　　㉡ 고객에 대한 개별대응 및 고객과의 관계유지 파악
　　㉢ 평가목적
　　㉣ 개선목적

20 팀워크 강화 노력이 필요한 때임을 나타내는 징후들로 옳지 않은 것은?

① 할당된 임무와 관계에 대해 혼동한다.

② 팀원들 간에 적대감이나 갈등이 생긴다.

③ 리더에 대한 의존도가 낮다.

④ 생산성이 하락한다.

⑤ 불평불만이 증가한다.

 팀워크 강화 노력이 필요한 때임을 나타내는 징후들
　　㉠ 생산성의 하락
　　㉡ 불평불만의 증가
　　㉢ 팀원들 간의 적대감이나 갈등
　　㉣ 할당된 임무와 관계에 대한 혼동
　　㉤ 결정에 대한 오해나 결정 불이행
　　㉥ 냉담과 전반적인 관심 부족
　　㉦ 제안과 혁신 또는 효율적인 문제해결의 부재
　　㉧ 비효율적인 회의
　　㉨ 리더에 대한 높은 의존도

21 다음 글에서와 같이 노조와의 갈등에 있어 최 사장이 보여 준 갈등해결방법은 어느 유형에 속하는가?

> 노조위원장은 임금 인상안이 받아들여지지 않자 공장의 중간관리자급들을 동원해 전격 파업을 단행하기로 하였고, 이들은 임금 인상과 더불어 자신들에게 부당한 처우를 강요한 공장장의 교체를 요구하였다. 회사의 창립 멤버로 회사 발전에 기여가 큰 공장장을 교체한다는 것은 최 사장이 단 한 번도 상상해 본 적 없는 일인지라 오히려 최 사장에게는 임금 인상 요구가 하찮게 여겨질 정도로 무거운 문제에 봉착하게 되었다. 1시간 뒤 가진 노조 대표와의 협상 테이블에서 최 사장은 임금과 부당한 처우 관련 모든 문제는 자신에게 있으니 공장장을 볼모로 임금 인상을 요구하지는 말 것을 노조 측에 부탁하였고, 공장장 교체 요구를 철회한다면 임금 인상안을 매우 긍정적으로 검토하겠다는 약속을 하게 되었다. 또한, 노조원들의 처우 관련 개선안이나 불만사항은 자신에게 직접 요청하여 합리적인 사안의 경우 즉시 수용할 것임을 전달하기도 하였다. 결국 이러한 최 사장의 노력을 받아들인 노조는 파업을 중단하고 다시 업무에 복귀하게 되었다.

① 수용형　　　　　　　　　② 경쟁형

③ 타협형　　　　　　　　　④ 통합형

⑤ 회피형

 최 사장은 공장장 교체 요구를 철회시켜 자신에게 믿음을 보여 준 직원을 계속 유지시킬 수 있었고, 노조 측은 처우 개선과 임금 인상 요구를 관철시켰으므로 'win-win'하였다고 볼 수 있다. 통합형은 협력형(collaborating)이라고도 하는데, 자신은 물론 상대방에 대한 관심이 모두 높은 경우로서 '나도 이기고 너도 이기는 방법(win-win)'을 말한다. 이 방법은 문제해결을 위하여 서로 간에 정보를 교환하면서 모두의 목표를 달성할 수 있는 해법을 찾는다. 아울러 서로의 차이를 인정하고 배려하는 신뢰감과 공개적인 대화를 필요로 한다. 통합형이 가장 바람직한 갈등해결 유형이라 할 수 있다.

22 김대리는 사내 교육 중 하나인 리더십 교육을 들은 후 관련 내용을 다음과 같이 정리하였다. 다음 제시된 내용을 보고 잘못 정리한 부분은?

임파워먼트	
개념	• 리더십이 핵심 개념 중 하나, '권한 위임'이라고 할 수 있음 • ㉠ 조직 구성원들을 신뢰하고 그들의 잠재력을 믿으며, 그 잠재력의 개발을 통해 고성과 조직이 되도록 하는 일련의 행위 • 권한을 위임받았다고 인식하는 순간부터 직원들의 업무효율성은 높아짐
충족기준	• 여건의 조성 : 임파워먼트는 사람들이 자유롭게 참여하고 기여할 수 있는 일련의 여건들을 조성하는 것 • ㉡ 재능과 에너지의 극대화 : 임파워먼트는 사람들의 재능과 욕망을 최대한으로 활용할 뿐만 아니라, 나아가 확대할 수 있도록 하는 것 • 명확하고 의미 있는 목적에 초점 : 임파워먼트는 사람들이 분명하고 의미 있는 목적과 사명을 위해 최대의 노력을 발휘하도록 해주는 것
여건	• 도전적이고 흥미 있는 일 • 학습과 성장의 기회 • ㉢ 높은 성과와 지속적인 개선을 가져오는 요인들에 대한 통제 • 성과에 대한 지식 • 긍정적인 인간관계 • 개인들이 공헌하여 만족한다는 느낌 • 상부로부터의 지원
장애요인	• 개인 차원 : 주어진 일을 해내는 역량의 결여, 동기의 결여, 결의의 부족, 책임감 부족, 의존성 • ㉣ 대인 차원 : 다른 사람과의 성실성 결여, 약속 불이행, 성과를 제한하는 조직의 규범, 갈등처리 능력 부족, 제한된 정책과 절차 • ㉤ 관리 차원 : 통제적 리더십 스타일, 효과적 리더십 발휘 능력 결여, 경험 부족, 정책 및 기획의 실행 능력 결여, 비전의 효과적 전달 능력 결여 • 조직 차원 : 공감대 형성이 없는 구조와 시스템

① ㉠　　　　　　　　　　② ㉡

③ ㉢　　　　　　　　　　④ ㉣

⑤ ㉤

(Tip) ㉣ 제한된 정책과 절차는 조직 차원의 장애요인으로 들어가야 하는 부분이다.

23 배우자의 출산을 이유로 휴가 중인 공사원의 일을 귀하가 임시로 맡게 되었다. 그러나 막상 일을 맡고 보니 공사원이 급하게 휴가를 가게 된 바람에 인수인계 자료를 전혀 받지 못해 일을 진행하기 어려운 상황이다. 이때 귀하가 취해야 할 행동으로 가장 적절한 것은?

① 일을 미뤄 뒀다가 공사원이 휴가에서 복귀하면 맡긴다.

② 공사원에게 인수인계를 받지 못해 업무를 할 수 없다고 솔직하게 상사에게 말한다.

③ 최대한 할 수 있는 일을 대신 처리하고 모르는 업무는 공사원에게 전화로 물어본다.

④ 아는 일은 우선 처리하고, 모르는 일은 다른 직원에게 확인한 후 처리한다.

⑤ 공사원의 일을 알고 있는 다른 직원들과 업무를 임의로 나눈다.

 본인이 알고 있는 일은 처리하면 되는 것이고 모르는 것이 있다면 알고 있는 직원에게 물어본 후 처리하는 것이 가장 바람직하다. ④의 경우 다른 직원에게 확인한 후 일을 처리하는 것이므로 올바른 행동이다.
⑤의 지문은 실제 업무 상황에서 본인이 맡은 일을 다른 직원에게 임의로 넘기는 행위는 잘못된 것이다.

24 귀하는 여러 명의 팀원을 관리하고 있는 팀장이다. 입사한 지 3개월 된 신입사원인 K사원의 업무 내용을 확인하던 중 K사원이 업무를 효율적으로 진행하지 않아 K사원의 업무 수행이 팀 전체의 성과로 이어지지 못하고 있다는 사실을 알게 되었다. 이때 귀하가 K사원에게 해 줄 조언으로 적절하지 않은 것은?

① 업무를 진행하는 과정에서 어려움이 있다면 팀 내에서 역할 모델을 설정한 후에 업무를 진행해 보는 건 어떨까요.

② 업무 내용을 보니 묶어서 처리해도 되는 업무를 모두 구분해서 다른 날 진행했던데 묶어서 진행할 수 있는 건 같이 처리하도록 하세요.

③ 팀에서 업무를 진행할 때 따르고 있는 업무 지침을 꼼꼼히 확인하고 그에 따라서 처리하다보면 업무를 효율적으로 진행할 수 있을 거예요.

④ 업무 성과가 효과적으로 높아지지 않는 것 같은 땐 최대한 다른 팀원과 같은 방식으로 일하려고 노력하는 게 좋을 것 같아요.

⑤ 일별로 정해진 일정이 조금씩 밀려서 일을 몰아서 처리하는 경향이 있는 것 같아요. 정해진 일정은 최대한 미루지 말고 계획대로 처리하는 습관을 기르는 게 좋겠어요.

 업무 수행성과를 높이는 방법으로 일을 미루지 않기, 업무 묶어서 처리하기, 다른 사람과 다른 방식으로 일하기, 회사와 팀 업무 지침 따르기, 역할 모델 설정하기 등이 있다.

Answer↪ 22.④ 23.④ 24.④

25 (주)서원각 인사팀에 근무하고 있는 김 대리는 팀워크와 관련된 신입사원 교육을 진행하였다. 교육이 끝나고 교육을 수강한 신입사원들에게 하나의 상황을 제시한 후, 교육 내용을 토대로 주어진 상황에 대해 이해한 바를 발표하도록 하였다. 김 대리가 제시한 상황과 이를 이해한 신입사원들의 발표 내용 중 일부가 다음과 같을 때, 교육 내용을 잘못 이해한 사람은 누구인가?

〈제시된 상황〉

입사한 지 2개월이 된 강사원은 요즘 고민이 많다. 같은 팀 사람들과 업무를 진행함에 있어 어려움을 겪고 있기 때문이다. 각각의 팀원들이 가지고 있는 능력이나 개인의 역량은 우수한 편이다. 그러나 팀원들 모두 자신의 업무를 수행하는 데는 열정적이지만, 공동의 목적을 달성하기 위해 업무를 수행하다 보면 팀원들의 강점은 드러나지 않으며, 팀원들은 다른 사람의 업무에 관심이 없다. 팀원들이 자기 자신의 업무를 훌륭히 해낼 줄 안다면 팀워크 또한 좋을 것이라고 생각했던 강사원은 혼란을 겪고 있다.

이영자 : 강사원의 팀은 팀원들의 강점을 잘 인식하고 이를 활용하는 방법을 찾는 것이 중요할 것 같습니다. 팀원들의 강점을 잘 활용한다면 강사원뿐만 아니라 팀원들 모두가 공동의 목적을 달성하는 데 대한 자신감을 갖게 될 것입니다.

최화정 : 팀원들이 개인의 업무에만 관심을 갖는 것은 문제가 있습니다. 개인의 업무 외에도 업무지원, 피드백, 동기부여를 위해 서로의 업무에 관심을 갖고 서로에게 의존하는 것이 중요합니다.

송은이 : 강사원의 팀은 팀워크가 많이 부족한 것 같습니다. 팀원들로 하여금 집단에 머물도록 만들고, 팀의 구성원으로서 계속 남아 있기를 원하게 만드는 팀워크를 키우는 것이 중요합니다.

김수기 : 강사원이 속해 있는 팀의 구성원들은 팀의 에너지를 최대로 활용하지 못하는 것 같습니다. 각자의 역할과 책임을 다함과 동시에 서로 협력할 줄 알아야 합니다.

박미선 : 강사원의 팀은 협력, 통제, 자율 세 가지 기제에 따른 팀 내 적합한 팀워크의 유형을 파악하여 팀워크를 향상시키기 위해 노력할 필요가 있습니다.

① 이영자
② 최화정
③ 송은이
④ 김수기
⑤ 박미선

 구성원이 서로에 끌려서 집단에 계속해서 남아 있기를 원하는 정도는 팀응집력에 대한 내용이다.
팀워크는 팀 구성원간의 협동 동작 · 작업, 또는 그들의 연대. 팀의 구성원이 공동의 목표를 달성하기 위하여 각 역할에 따라 책임을 다하고 협력적으로 행동하는 것을 이르는 말이다.

Answer → 25.③

04 기술능력

1 기술과 기술능력

(1) 기술과 과학

① 노하우(know-how)와 노와이(know-why)
- ㉠ 노하우 : 특허권을 수반하지 않는 과학자, 엔지니어 등이 가지고 있는 체화된 기술로 경험적이고 반복적인 행위에 의해 얻어진다.
- ㉡ 노와이 : 기술이 성립하고 작용하는가에 관한 원리적 측면에 중심을 둔 개념으로 이론적인 지식으로서 과학적인 탐구에 의해 얻어진다.

② 기술의 특징
- ㉠ 하드웨어나 인간에 의해 만들어진 비자연적인 대상, 혹은 그 이상을 의미한다.
- ㉡ 기술은 노하우(know-how)를 포함한다.
- ㉢ 기술은 하드웨어를 생산하는 과정이다.
- ㉣ 기술은 인간의 능력을 확장시키기 위한 하드웨어와 그것의 활용을 뜻한다.
- ㉤ 기술은 정의 가능한 문제를 해결하기 위해 순서화되고 이해 가능한 노력이다.

③ 기술과 과학 … 기술은 과학과 같이 추상적 이론보다는 실용성, 효용, 디자인을 강조하고 과학은 그 반대로 추상적 이론, 지식을 위한 지식, 본질에 대한 이해를 강조한다.

(2) 기술능력

① 기술능력과 기술교양 … 기술능력은 기술교양의 개념을 보다 구체화시킨 개념으로, 기술교양은 모든 사람들이 광범위한 관점에서 기술의 특성, 기술적 행동, 기술의 힘, 기술의 결과에 대해 어느 정도의 지식을 가지는 것을 의미한다.

② 기술능력이 뛰어난 사람의 특징
- ㉠ 실질적 해결을 필요로 하는 문제를 인식한다.
- ㉡ 인식된 문제를 위한 다양한 해결책을 개발하고 평가한다.
- ㉢ 실제적 문제를 해결하기 위해 지식이나 기타 자원을 선택·최적화시키며 적용한다.
- ㉣ 주어진 한계 속에서 제한된 자원을 가지고 일한다.
- ㉤ 기술적 해결에 대한 효용성을 평가한다.

ⓑ 여러 상황 속에서 기술의 체계와 도구를 사용하고 배울 수 있다.

예제 1

Y그룹 기술연구소에 근무하는 정호는 연구 역량 강화를 위한 업계 워크숍에 참석해 기술 능력이 뛰어난 사람의 특징에 대해 기조 발표를 하려고 한다. 다음 중 정호가 발표에 포함시킬 내용으로 옳지 않은 것은?

① 기술의 체계와 같은 무형의 기술에 대한 능력과는 무관하다.
② 주어진 한계 속에서 제한된 자원을 가지고 일한다.
③ 기술적 해결에 대한 효용성을 평가한다.
④ 실질적 해결을 필요로 하는 문제를 인식한다.

[출제의도]
기술능력이 뛰어난 사람의 특징에 대해 묻는 문제로 문제의 길이가 길 경우 그 속에 포함된 핵심 어구를 찾는다면 쉽게 풀 수 있는 문제다.
[해설]
① 여러 상황 속에서 기술의 체계와 도구를 사용하고 배울 수 있다.

답 ①

---

③ 새로운 기술능력 습득방법
  ㉠ 전문 연수원을 통한 기술과정 연수
  ㉡ E-learning을 활용한 기술교육
  ㉢ 상급학교 진학을 통한 기술교육
  ㉣ OJT를 활용한 기술교육

(3) 분야별 유망 기술 전망

① **전기전자정보공학분야** ⋯ 지능형 로봇 분야

② **기계공학분야** ⋯ 하이브리드 자동차 기술

③ **건설환경공학분야** ⋯ 지속가능한 건축 시스템 기술

④ **화학생명공학분야** ⋯ 재생에너지 기술

(4) 지속가능한 기술

① **지속가능한 발전** ⋯ 지금 우리의 현재 욕구를 충족시키면서 동시에 후속 세대의 욕구 충족을 침해하지 않는 발전

② **지속가능한 기술**
  ㉠ 이용 가능한 자원과 에너지를 고려하는 기술
  ㉡ 자원이 사용되고 그것이 재생산되는 비율의 조화를 추구하는 기술
  ㉢ 자원의 질을 생각하는 기술
  ㉣ 자원이 생산적인 방식으로 사용되는가에 주의를 기울이는 기술

(5) 산업재해

① 산업재해란 산업 활동 중의 사고로 인해 사망하거나 부상을 당하고, 또는 유해 물질에 의한 중독 등으로 직업성 질환에 걸리거나 신체적 장애를 가져오는 것을 말한다.

② 산업 재해의 기본적 원인

    ㉠ **교육적 원인** : 안전 지식의 불충분, 안전 수칙의 오해, 경험이나 훈련의 불충분과 작업 관리자의 작업 방법의 교육 불충분, 유해 위험 작업 교육 불충분 등

    ㉡ **기술적 원인** : 건물 · 기계 장치의 설계 불량, 구조물의 불안정, 재료의 부적합, 생산 공정의 부적당, 점검 · 정비 · 보존의 불량 등

    ㉢ **작업 관리상 원인** : 안전 관리 조직의 결함, 안전 수칙 미제정, 작업 준비 불충분, 인원 배치 및 작업 지시 부적당 등

예제 2

다음은 철재가 알아낸 산업재해 원인과 관련된 자료이다. 다음 자료에 해당하는 산업재해의 기본적인 원인은 무엇인가?

2015년 산업재해 현황분석 자료에 따른 사망자의 수

(단위 : 명)

사망원인	사망자 수
안전 지식의 불충분	120
안전 수칙의 오해	56
경험이나 훈련의 불충분	73
작업관리자의 작업방법 교육 불충분	28
유해 위험 작업 교육 불충분	91
기타	4

출처 : 고용노동부 2015 산업재해 현황분석

① 정책적 원인   ② 작업 관리상 원인

③ 기술적 원인   ④ 교육적 원인

[출제의도]

산업재해의 원인은 크게 기본적 원인과 직접적 원인으로 나눌 수 있고 이들 원인은 다시 여러 개의 세부 원인들로 나뉜다. 표에 나와 있는 각각의 원인들이 어디에 속하는지 잘 구분할 수 있어야 한다.

[해설]

④ 안전 지식의 불충분, 안전 수칙의 오해, 경험이나 훈련의 불충분, 작업관리자의 작업방법 교육 불충분, 유해 위험 작업 교육 불충분 등은 산업재해의 기본적 원인 중 교육적 원인에 해당한다.

답 ④

③ 산업 재해의 직접적 원인
　　㉠ **불안전한 행동** : 위험 장소 접근, 안전장치 기능 제거, 보호 장비의 미착용 및 잘못 사용, 운전 중인 기계의 속도 조작, 기계 · 기구의 잘못된 사용, 위험물 취급 부주의, 불안전한 상태 방치, 불안전한 자세와 동작, 감독 및 연락 잘못 등
　　㉡ **불안전한 상태** : 시설물 자체 결함, 전기 기설물의 누전, 구조물의 불안정, 소방기구의 미확보, 안전 보호 장치 결함, 복장 · 보호구의 결함, 시설물의 배치 및 장소 불량, 작업 환경 결함, 생산 공정의 결함, 경계 표시 설비의 결함 등

④ 산업 재해의 예방 대책
　　㉠ **안전 관리 조직** : 경영자는 사업장의 안전 목표를 설정하고, 안전 관리 책임자를 선정해야 하며, 안전 관리 책임자는 안전 계획을 수립하고, 이를 시행 · 후원 · 감독해야 한다.
　　㉡ **사실의 발견** : 사고 조사, 안전 점검, 현장 분석, 작업자의 제안 및 여론 조사, 관찰 및 보고서 연구, 면담 등을 통하여 사실을 발견한다.
　　㉢ **원인 분석** : 재해의 발생 장소, 재해 형태, 재해 정도, 관련 인원, 직원 감독의 적절성, 공구 및 장비의 상태 등을 정확히 분석한다.
　　㉣ **시정책의 선정** : 원인 분석을 토대로 적절한 시정책, 즉 기술적 개선, 인사 조정 및 교체, 교육, 설득, 호소, 공학적 조치 등을 선정한다.
　　㉤ **시정책 적용 및 뒤처리** : 안전에 대한 교육 및 훈련 실시, 안전시설과 장비의 결함 개선, 안전 감독 실시 등의 선정된 시정책을 적용한다.

2 　기술능력을 구성하는 하위능력

(1) 기술이해능력

① 기술시스템
　　㉠ **개념** : 기술시스템은 인공물의 집합체만이 아니라 회사, 투자회사, 법적 제도, 정치, 과학, 자연자원을 모두 포함하는 것이기 때문에, 기술적인 것(the technical)과 사회적인 것(the social)이 결합해서 공존한다.
　　㉡ **기술시스템의 발전 단계** : 발명 · 개발 · 혁신의 단계→기술 이전의 단계→기술 경쟁의 단계→기술 공고화 단계

② 기술혁신

　㉠ 기술혁신의 특성

　　• 기술혁신은 그 과정 자체가 매우 불확실하고 장기간의 시간을 필요로 한다.

　　• 기술혁신은 지식 집약적인 활동이다.

　　• 혁신 과정의 불확실성과 모호함은 기업 내에서 많은 논쟁과 갈등을 유발할 수 있다.

　　• 기술혁신은 조직의 경계를 넘나드는 특성을 갖고 있다.

　㉡ 기술혁신의 과정과 역할

기술혁신 과정	혁신 활동	필요한 자질과 능력
아이디어 창안	• 아이디어를 창출하고 가능성을 검증 • 일을 수행하는 새로운 방법 고안 • 혁신적인 진보를 위한 탐색	• 각 분야의 전문지식 • 추상화와 개념화 능력 • 새로운 분야의 일을 즐김
챔피언	• 아이디어의 전파 • 혁신을 위한 자원 확보 • 아이디어 실현을 위한 헌신	• 정력적이고 위험을 감수함 • 아이디어의 응용에 관심
프로젝트 관리	• 리더십 발휘 • 프로젝트의 기획 및 조직 • 프로젝트의 효과적인 진행 감독	• 의사결정 능력 • 업무 수행 방법에 대한 지식
정보 수문장	• 조직외부의 정보를 내부 구성원들에게 전달 • 조직 내 정보원 기능	• 높은 수준의 기술적 역량 • 원만한 대인 관계 능력
후원	• 혁신에 대한 격려와 안내 • 불필요한 제약에서 프로젝트 보호 • 혁신에 대한 자원 획득을 지원	• 조직의 주요 의사결정에 대한 영향력

(2) 기술선택능력

① **기술선택** … 기업이 어떤 기술을 외부로부터 도입하거나 자체 개발하여 활용할 것인가를 결정하는 것이다.

　㉠ 기술선택을 위한 의사결정

　　• 상향식 기술선택 : 기업 전체 차원에서 필요한 기술에 대한 체계적인 분석이나 검토 없이 연구자나 엔지니어들이 자율적으로 기술을 선택하는 것

　　• 하향식 기술선택 : 기술경영진과 기술기획담당자들에 의한 체계적인 분석을 통해 기업이 획득해야 하는 대상기술과 목표기술수준을 결정하는 것

ⓛ 기술선택을 위한 절차

외부환경분석
↓
중장기 사업목표 설정 → 사업 전략 수립 → 요구기술 분석 → 기술전략 수립 → 핵심기술 선택
↓
내부 역량 분석

- 외부환경분석 : 수요변화 및 경쟁자 변화, 기술 변화 등 분석
- 중장기 사업목표 설정 : 기업의 장기비전, 중장기 매출목표 및 이익목표 설정
- 내부 역량 분석 : 기술능력, 생산능력, 마케팅/영업능력, 재무능력 등 분석
- 사업 전략 수립 : 사업 영역결정, 경쟁 우위 확보 방안 수립
- 요구기술 분석 : 제품 설계/디자인 기술, 제품 생산공정, 원재료/부품 제조기술 분석
- 기술전략 수립 : 기술획득 방법 결정

ⓒ 기술선택을 위한 우선순위 결정
- 제품의 성능이나 원가에 미치는 영향력이 큰 기술
- 기술을 활용한 제품의 매출과 이익 창출 잠재력이 큰 기술
- 쉽게 구할 수 없는 기술
- 기업 간에 모방이 어려운 기술
- 기업이 생산하는 제품 및 서비스에 보다 광범위하게 활용할 수 있는 기술
- 최신 기술로 진부화될 가능성이 적은 기술

예제 3

주현은 건설회사에 근무하면서 프로젝트 관리를 한다. 얼마 전 대규모 프로젝트에 참가한 한 하청업체가 중간 보고회를 열고 다음과 같이 자신들이 이번 프로젝트의 성공적 마무리를 위해 노력하고 있음을 설명하고 있다. 다음 중 총괄 책임자로서 주현이 하청업체의 올바른 추진 방향으로 인정해줘야 하는 부분으로 바르게 묶인 것은?

> ⊙ 정부 및 환경단체가 요구하는 성과평가의 실천 방안을 연구하여 반영하고 있습니다.
> ⓛ 이번 프로젝트 성공을 위해 기술적 효용과 함께 환경적 효용도 추구하고 있습니다.
> ⓒ 오염 예방을 위한 청정 생산기술을 진단하고 컨설팅하면서 협력회사와 연대하고 있습니다.
> ⓔ 환경영향평가에 대해서는 철저한 사후평가 방식으로 진행하고 있습니다.

① ⊙ⓛⓒ　　　　　　　　② ⊙ⓛⓔ
③ ⊙ⓒⓔ　　　　　　　　④ ⓛⓒⓔ

답 ①

② 벤치마킹

㉠ 벤치마킹의 종류

기준	종류
비교대상에 따른 분류	• 내부 벤치마킹 : 같은 기업 내의 다른 지역, 타 부서, 국가 간의 유사한 활동을 비교대상으로 함 • 경쟁적 벤치마킹 : 동일 업종에서 고객을 직접적으로 공유하는 경쟁기업을 대상으로 함 • 비경쟁적 벤치마킹 : 제품, 서비스 및 프로세스의 단위 분야에 있어 가장 우수한 실무를 보이는 비경쟁적 기업 내의 유사 분야를 대상으로 함 • 글로벌 벤치마킹 : 프로세스에 있어 최고로 우수한 성과를 보유한 동일업종의 비경쟁적 기업을 대상으로 함
수행방식에 따른 분류	• 직접적 벤치마킹 : 벤치마킹 대상을 직접 방문하여 수행하는 방법 • 간접적 벤치마킹 : 인터넷 및 문서형태의 자료를 통해서 수행하는 방법

㉡ 벤치마킹의 주요 단계

• 범위결정 : 벤치마킹이 필요한 상세 분야를 정의하고 목표와 범위를 결정하며 벤치마킹을 수행할 인력들을 결정

• 측정범위 결정 : 상세분야에 대한 측정항목을 결정하고, 측정항목이 벤치마킹의 목표를 달성하는 데 적정한가를 검토

• 대상 결정 : 비교분석의 대상이 되는 기업/기관들을 결정하고, 대상 후보별 벤치마킹 수행의 타당성을 검토하여 최종적인 대상 및 대상별 수행방식을 결정

• 벤치마킹 : 직접 또는 간접적인 벤치마킹을 진행

• 성과차이 분석 : 벤치마킹 결과를 바탕으로 성과차이를 측정항목별로 분석

• 개선계획 수립 : 성과차이에 대한 원인 분석을 진행하고 개선을 위한 성과목표를 결정하며, 성과목표를 달성하기 위한 개선계획을 수립

• 변화 관리 : 개선목표 달성을 위한 변화사항을 지속적으로 관리하고, 개선 후 변화사항과 예상했던 변화 사항을 비교

③ 매뉴얼 … 매뉴얼의 사전적 의미는 어떤 기계의 조작 방법을 설명해 놓은 사용 지침서이다.

㉠ 매뉴얼의 종류

• 제품 매뉴얼 : 사용자를 위해 제품의 특징이나 기능 설명, 사용방법과 고장 조치방법, 유지 보수 및 A/S, 폐기까지 제품에 관련된 모든 서비스에 대해 소비자가 알아야 할 모든 정보를 제공하는 것

• 업무 매뉴얼 : 어떤 일의 진행 방식, 지켜야할 규칙, 관리상의 절차 등을 일관성 있게 여러 사람이 보고 따라할 수 있도록 표준화하여 설명하는 지침서

ⓛ 매뉴얼 작성을 위한 Tip

- 내용이 정확해야 한다.
- 사용자가 알기 쉽게 쉬운 문장으로 쓰여야 한다.
- 사용자의 심리적 배려가 있어야 한다.
- 사용자가 찾고자 하는 정보를 쉽게 찾을 수 있어야 한다.
- 사용하기 쉬어야 한다.

(3) 기술적용능력

① 기술적용

ⓐ 기술적용 형태

- 선택한 기술을 그대로 적용한다.
- 선택한 기술을 그대로 적용하되, 불필요한 기술은 과감히 버리고 적용한다.
- 선택한 기술을 분석하고 가공하여 활용한다.

ⓛ 기술적용 시 고려 사항

- 기술적용에 따른 비용이 많이 드는가?
- 기술의 수명 주기는 어떻게 되는가?
- 기술의 전략적 중요도는 어떻게 되는가?
- 잠재적으로 응용 가능성이 있는가?

② 기술경영자와 기술관리자

ⓐ 기술경영자에게 필요한 능력

- 기술을 기업의 전반적인 전략 목표에 통합시키는 능력
- 빠르고 효과적으로 새로운 기술을 습득하고 기존의 기술에서 탈피하는 능력
- 기술을 효과적으로 평가할 수 있는 능력
- 기술 이전을 효과적으로 할 수 있는 능력
- 새로운 제품개발 시간을 단축할 수 있는 능력
- 크고 복잡하고 서로 다른 분야에 걸쳐 있는 프로젝트를 수행할 수 있는 능력
- 조직 내의 기술 이용을 수행할 수 있는 능력
- 기술 전문 인력을 운용할 수 있는 능력

예제 4

다음은 기술경영자의 어떤 부분을 이야기하고 있는가?

> 어떤 일을 마무리하는 데 있어서 6개월의 시간이 걸린다면 그는 그 일을 한 달 안으로 끝낼 것을 원한다. 그에게 강한 밀어붙임을 경험한 사람들은 그에 대해 비판적인 입장을 취하기도 한다. 그의 직원 중 일부는 그 무게를 이겨내지 못하고, 다른 일부의 직원들은 그것을 스스로 더욱 열심히 할 수 있는 자극제로 사용한다고 말한다.

① 빠르고 효과적으로 새로운 기술을 습득하는 능력
② 기술 이전을 효과적으로 할 수 있는 능력
③ 기술 전문 인력을 운용할 수 있는 능력
④ 조직 내의 기술 이용을 수행할 수 있는 능력

[출제의도]
해당 사례가 기술경영자에게 필요한 능력 중 무엇에 해당하는 내용인지 묻는 문제로 각 능력에 대해 확실하게 이해하고 있어야 한다.
[해설]
③ 기술경영자는 기술 전문 인력을 운용함에 있어 강한 리더십을 발휘하고 직원 스스로 움직일 수 있게 이끌 수 있어야 한다.

답 ③

ⓒ 기술관리자에게 필요한 능력
- 기술을 운용하거나 문제 해결을 할 수 있는 능력
- 기술직과 의사소통을 할 수 있는 능력
- 혁신적인 환경을 조성할 수 있는 능력
- 기술적, 사업적, 인간적인 능력을 통합할 수 있는 능력
- 시스템적인 관점
- 공학적 도구나 지원방식에 대한 이해 능력
- 기술이나 추세에 대한 이해 능력
- 기술팀을 통합할 수 있는 능력

③ 네트워크 혁명
  ㉠ 네트워크 혁명의 3가지 법칙
- 무어의 법칙 : 컴퓨터의 파워가 18개월마다 2배씩 증가한다는 법칙
- 메트칼피의 법칙 : 네트워크의 가치는 사용자 수의 제곱에 비례한다는 법칙
- 카오의 법칙 : 창조성은 네트워크에 접속되어 있는 다양한 지수함수로 비례한다는 법칙

  ㉡ 네트워크 혁명의 역기능 : 디지털 격차(digital divide), 정보화에 따른 실업의 문제, 인터넷 게임과 채팅 중독, 범죄 및 반사회적인 사이트의 활성화, 정보기술을 이용한 감시 등

예제 5

직표는 J그룹의 기술연구팀에서 근무하고 있는데 하루는 공정 개선 워크숍이 열려 최근 사내에서 이슈로 떠오른 신 제조공법의 도입과 관련해 토론을 벌이고 있다. 신 제조공법 도입으로 인한 이해득실에 대해 의견이 분분한 가운데 직표가 할 수 있는 발언으로 옳지 않은 것은?

① "기술의 수명 주기뿐만 아니라 기술의 전략적 중요성과 잠재적 응용 가능성 등도 따져봐야 합니다."
② "다른 것은 그냥 넘어가도 되지만 기계 교체로 인한 막대한 비용만큼은 철저히 고려해야 합니다."
③ "신 제조공법 도입이 우리 회사의 어떤 시장 전략과 연관되어 있는지 궁금합니다."
④ "신 제조공법의 수명을 어떻게 예상하고 있는지 알고 싶군요."

[출제의도]
기술적용능력에 대해 포괄적으로 묻는 문제로 신기술 적용 시 중요하게 생각해야 할 요소로는 무엇이 있는지 파악하고 있어야 한다.
[해설]
② 기계 교체로 인한 막대한 비용뿐만 아니라 신 기술도입과 관련된 모든 사항에 대해 사전에 철저히 고려해야 한다.

답 ②

1 다음 중 기술의 특징에 대한 설명으로 옳지 않은 것은?

① 기술은 하드웨어나 인간에 의해 만들어진 비자연적인 대상, 혹은 그 이상을 의미한다.

② 기술은 노하우(know-how)를 포함하지 않는다.

③ 기술은 하드웨어를 생산하는 과정이다.

④ 기술은 인간의 능력을 확장시키기 위한 하드웨어와 그것의 활용을 뜻한다.

⑤ 기술은 정의 가능한 문제를 해결하기 위해 순서화되고 이해 가능한 노력이다.

(Tip) ② 기술은 노하우(know-how)를 포함한다.

2 다음 산업 재해의 원인 중 그 성격이 다른 하나는?

① 건물·기계 장치의 설계 불량　　② 안전 수칙 미제정

③ 구조물의 불안정　　　　　　　　④ 작업 준비 불충분

⑤ 인원 배치 부적당

(Tip) ③은 기술적 원인이고, 나머지는 작업 관리상 원인이다.

3 기술선택을 위한 우선순위 결정에 대한 설명으로 잘못된 것은?

① 제품의 성능이나 원가에 미치는 영향력이 큰 기술

② 기술을 활용한 제품의 매출과 이익 창출 잠재력이 큰 기술

③ 기업 간에 모방이 어려운 기술

④ 쉽게 구할 수 있는 기술

⑤ 최신 기술로 진부화될 가능성이 적은 기술

(Tip) ④ 쉽게 구할 수 없는 기술이 우선순위이다.

Answer 1.② 2.③ 3.④

4 다음은 발전소에서 만들어진 전기가 가정으로 공급되기까지의 과정을 요약하여 설명한 글이다. 다음을 참고하여 도식화한 〈전기 공급 과정〉의 빈 칸 (A)~(D)에 들어갈 말이 순서대로 바르게 나열된 것은?

> 발전소에서 만들어지는 전기는 크게 화력과 원자력이 있다. 수력, 풍력, 태양열, 조력, 태양광 등 여러 가지 방법이 있지만 현재 우리나라에서 발전되는 대부분의 전기는 화력과 원자력에 의존한다. 발전회사에서 만들어진 전기는 변압기를 통하여 승압을 하게 된다. 승압을 거치는 것은 송전상의 이유 때문이다.
>
> 전력은 전압과 전류의 곱과 같게 되므로 동일 전력에서 승압을 하면 전류가 줄어들게 되고, 전류가 작을수록 선로에서 발생하는 손실은 적어지게 된다. 하지만 너무 높게 승압을 할 경우 고주파가 발생하기 때문에 전파 장애 혹은 선로와 지상 간의 대기가 절연파괴를 일으킬 수도 있으므로 적정 수준까지 승압을 하게 된다. 이것이 345KV, 765KV 정도가 된다.
>
> 이렇게 승압된 전기는 송전 철탑을 거쳐서 송전을 하게 된다. 송전되는 중간에도 연가(선로의 위치를 서로 바꾸어 주는) 등 여러 작업을 거친 전기는 변전소로 들어가게 된다. 변전소에서는 배전 과정을 거치게 되며, 이 과정에서 전압을 다시 22.9KV로 강하시키게 된다. 강하된 전기는 변압기를 통하여 가정으로 나누어지기 위해 최종 변압인 220V로 다시 바뀌게 된다.
>
> 대단위 아파트나 공장 등에서는 22.9KV의 전기가 주상변압기를 거치지 않고 바로 들어가는 경우도 있으며, 이 경우 자체적으로 변압기를 사용해서 변압을 하여 사용하기도 한다.

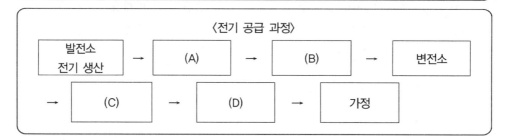

〈전기 공급 과정〉

발전소 전기 생산 → (A) → (B) → 변전소 → (C) → (D) → 가정

① 승압, 배전, 송전, 변압   ② 변압, 배전, 송전, 강압
③ 승압, 송전, 배전, 변압   ④ 송전, 배전, 강압, 변압
⑤ 승압, 송전, 변압, 배전

 발전소에서 생산된 전기는 변전소로 이동하기 전, 전압을 높이고 전류를 낮추는 승압(A) 과정을 거쳐 송전(B)된다. 또한 변전소에 공급된 전기는 송전 전압보다 낮은 전압으로 만들어져 여러 군데로 배분되는 배전(C) 과정을 거치게 되는데, 배전 과정에서 변압기를 통해 22.9KV의 전압을 가정에서 사용할 수 있는 최종 전압인 220V로 변압(D)하게 된다. 따라서 빈칸에 알맞은 말은 순서대로 '승압, 송전, 배전, 변압'이 된다.

5 다음 사례에서 나타난 기술경영자의 능력으로 가장 적절한 것은?

> 동영상 업로드 시 거쳐야 하는 긴 영상 포맷 변환 시간을 획기적으로 줄일 수 없을까?
> 영상 스트리밍 사이트에 동영상을 업로드하면 '영상 처리 중입니다' 문구가 나온다. 이는 올린 영상을 트랜스코딩(영상 재압축) 하는 것인데 시간이 보통 영상 재생 길이와 맞먹는다. 즉, 한 시간짜리 동영상을 업로드하려면 한 시간을 영상 포맷에 소비해야하는 것이다. K기업은 이러한 문제점을 해결하고자 동영상 업로드 시 포맷 변환을 생략하고 바로 재생할 수 있는 '노 컷 어댑티브 스트리밍(No Cut Adaptive Streaming)' 기술을 개발했다. 이 기술을 처음 제안한 A기업의 기술최고책임자(CTO)는 "영상 길이에 맞춰 기다려야 했던 포맷 변환 과정을 건너뛴 것"이라며 "기존 영상 스트리밍 사이트가 갖고 있던 단점을 보완한 기술"이라고 설명했다. 화질을 유동적으로 변환시켜 끊김 없이 재생하는 어댑티브 스트리밍 기술은 대부분의 영상 스트리밍 사이트에 적용되고 있다. MP4나 FLV 같은 동영상 포맷을 업로드 할 경우 어댑티브 스트리밍 포맷에 맞춰 변환시켜줘야 한다. 바로 이 에어브로드 기술은 자체 개발한 알고리즘으로 변환 과정을 생략한 것이다.

① 기술을 기업의 전반적인 전략 목표에 통합시키는 능력
② 새로운 기술을 습득하고 기존의 기술에서 탈피하는 능력
③ 새로운 제품개발 시간을 단축할 수 있는 능력
④ 기술 전문 인력을 운용할 수 있는 능력
⑤ 기술 이전을 효과적으로 할 수 있는 능력

 주어진 보기는 모두 기술경영자에게 필요한 능력이지만 자료는 기술최고책임자(CTO)가 기존의 기술이 갖고 있던 단점을 보완하여 새로운 기술을 개발해 낸 사례이기 때문에 가장 적절한 답은 ②가 된다.

※ 기술경영자에게 필요한 능력
  ㉠ 기술을 기업의 전반적 전략 목표에 통합시키는 능력
  ㉡ 가술을 효과적으로 평가할 수 있는 능력
  ㉢ 기술 이전을 효과적으로 할 수 있는 능력
  ㉣ 기술 전문 인력을 운용할 수 있는 능력
  ㉤ 빠르고 효과적으로 새로운 기술을 습득하고 기존의 기술에서 탈피하는 능력
  ㉥ 새로운 제품개발 시간을 단축할 수 있는 능력
  ㉦ 새로운 제품개발 시간을 단출할 수 있는 능력
  ㉧ 크고 복잡하고 서로 다른 분야에 걸쳐 있는 프로젝트를 수행할 수 있는 능력

Answer 4.③ 5.②

6 다음은 ○○기업의 기술적용계획표이다. ㉠~㉣ 중 기술적용 시 고려할 사항으로 가장 적절하지 않은 것은?

기술적용계획표				
프로젝트명	2015년 가상현실 시스템 구축			

항목	평가			비교
	적절	보통	부적절	
기술적용 고려사항				
㉠ 현장 작업 담당자가 해당 시스템을 사용하길 원하는가?				
㉡ 해당 시스템이 향후 목적과 비전에 맞추어 잠재적으로 응용가능한가?				
㉢ 해당 시스템의 수명주기를 충분히 고려하여 불필요한 교체를 피하였는가?				
㉣ 해당 시스템의 기술적용에 따른 비용이 예산 범위 내에서 가능한가?				
㉤ 해당 시스템이 전략적으로 중요도가 높은가?				
세부 기술적용 지침				
-이하 생략-				

계획표 제출일자 : 2015년 11월 10일	부서 :	
계획표 작성일자 : 2015년 11월 10일	성명 :	(인)

① ㉠

② ㉡

③ ㉢

④ ㉣

⑤ ㉤

(Tip) 기술적용 시 고려해야 할 사항으로 잠재적 응용 가능성, 수명주기, 비용, 전략적 중요도 등을 들 수 있다.

7 다음은 우리기업의 구직자 공개 채용 공고문이다. 현재 우리기업에서 채용하고자 하는 구직자로서 가장 적절한 유형은?

우리기업 채용 공고문

담당업무 : 상세요강 참조 고용형태 : 정규직/경력 5년↑

근무부서 : 기술팀/서울 모집인원 : 1명

전공 : △△학과 최종학력 : 대졸 이상

성별/나이 : 무관/40~50세 급여조건 : 협의 후 결정

〈상세요강〉

(1) 직무상 우대 능력
- 기술을 기업의 전반적인 전략 목표에 통합시키는 능력
- 빠르고 효과적으로 새로운 기술을 습득하고 기존의 기술에서 탈피하는 능력
- 기술을 효과적으로 평가할 수 있는 능력
- 기술 이전을 효과적으로 할 수 있는 능력
- 기술 전문 인력을 운용할 수 있는 능력
- 크고 복잡하고 서로 다른 분야에 걸쳐 있는 프로젝트를 수행할 수 있는 능력
- 조직 내 기술 이용을 수행할 수 있는 능력

(2) 제출서류
- 이력서 및 자기소개서(경력중심으로 기술)
- 관련 자격증 사본(해당자만 첨부)

(3) 채용일정
서류전형 후 합격자에 한해 면접 실시

(4) 지원방법
본사 채용 사이트에서 이력서 및 자기소개서 작성 후 메일(fdskljl@wr.or.kr)로 전송

---

① 기술관리자 ② 현장기술자

③ 기술경영자 ④ 작업관리자

⑤ 환경평가자

 해당 공고문의 직무상 우대 능력은 기술경영자로서 필요한 능력을 제시하고 있기 때문에 현재 우리기업에서 채용하고자 하는 구직자로서 가장 적절한 유형은 기술경영자라 할 수 있다.

8 다음은 한 국책연구소에서 발표한 '국가 기간산업 안전진단' 보고서 중 산업재해 사고·사망 원인 분석 자료이다. ㉠~㉢에 들어갈 사례로 옳은 것끼리 묶인 것은?

산업재해 사고·사망 원인 분석 자료

원인	사례
교육적 원인(23%)	㉠
기술적 원인(35%)	㉡
작업관리상 원인(42%)	㉢

– ○○연구소, '국가 기간산업 안전진단', 2015. 11. 12. 발표 –

	㉠	㉡	㉢
①	점검·정비·보존의 불량	안전지식의 불충분	안전수칙 미 제정
②	유해 위험 작업 교육 불충분	생산 공정의 부적당	안전관리 조직의 결함
③	작업준비 불충분	안전수칙의 오해	재료의 부적합
④	경험이나 훈련의 불충분	인원 배치 및 작업지시 부적당	구조물의 불안정
⑤	생산 공정의 부적당	작업준비 불충분	안전수칙의 오해

Tip ② ㉠-유해 위험 작업 교육 불충분, ㉡-생산 공정의 부적당, ㉢-안전관리 조직의 결함

9 다음은 신문기사의 일부분이다. ( ) 안에 들어갈 용어로 가장 적절한 것은?

최근 발생한 A 공장의 가스누출 사고 당시 관계 기관이 주변 지역의 2차 피해를 예상하고 신속하게 경보발령을 내린 결과 대규모 추가 피해는 막은 것으로 확인되었다. 이는 지금까지 발생한 산업재해와는 달리 관계 기관이 '위기대응 ( )'을 제대로 지키고 사태를 신속하게 파악하여 대처한 결과라 할 수 있다.

① 정관 ② 매뉴얼
③ 약관 ④ 보고서
⑤ 기안서

Tip ② **매뉴얼**: 어떤 기술에 해당하는 가장 기본적인 활용지침을 작성해 놓은 것을 말한다.

10 다음과 같은 목차 내용을 담고 있는 매뉴얼을 작성하기 위한 방법으로 옳지 않은 것은?

목차

관리번호	관리분야	내용	비고
500	도로보수		
500.1		도로일반	
500.1.1		도로의 종류	
500.1.2		도로의 구성과 기능	
500.1.3		도로 유지보수 개념	
500.1.4		도로의 파손유형 및 대표적 보수공법	
500.1.5		도로상태 조사 및 보수기준	
500.2		도로의 유지보수	
500.2.1		아스팔트 도로보수	
500.2.2		콘크리트 도로보수	

① 사용자가 찾고자 하는 정보를 쉽게 찾을 수 있어야 한다.

② 사용자의 측면에서 심리적 배려가 있어야 한다.

③ 작성내용은 작성자 위주로 알아보기 쉽게 구성되어야 한다.

④ 작성된 매뉴얼의 내용이 정확해야 한다.

⑤ 사용하기 쉽게 쉬운 문장으로 쓰여야 한다.

 ③ 작성내용은 사용자가 알아보기 쉽도록 구성되어야 한다.

11 다음은 한 건설업체의 사고사례를 바탕으로 재해예방대책을 작성한 표이다. 다음의 재해예방대책 중 보완되어야 할 단계는 무엇인가?

사고사례	2015년 11월 6일 (주)△▽건설의 아파트 건설현장에서 작업하던 인부 박모씨 (43)가 13층 높이에서 떨어져 사망한 재해임
재해예방대책	1단계 : 사업장의 안전 목표를 설정하고 안전관리 책임자를 선정하여 안전 계획 수립 후 이를 시행·후원·감독해야 한다. 2단계 : 사고 조사, 안전 점검, 현장 분석, 작업자의 제안 및 여론 조사, 관찰보고서 연구, 면담 등의 과정을 거쳐 사고 사실을 발견한다. 3단계 : 재해의 발생 장소, 재해 유형, 재해 정도, 관련 인원, 관리·감독의 적절성, 작업공구·장비의 상태 등을 정확히 분석한다. 4단계 : 안전에 대한 교육훈련 실시, 안전시설 및 장비의 결함 개선, 안전관리 감독 실시 등의 선정된 시정책을 적용한다.

① 안전관리조직
② 사실의 발견
③ 원인분석
④ 시정책의 선정
⑤ 적용 및 뒤처리

 1단계–안전관리조직, 2단계 – 사실의 발견, 3단계 – 원인분석, 4단계 – 시정책 적용 및 뒤처리
※ 산업재해의 예방대책 … 안전관리조직 → 사실의 발견 → 원인분석 → 시정책의 선정 → 시정책 적용 및 뒤처리

12 다음 사례를 특허권, 실용신안권, 디자인권, 상표권으로 구분하여 바르게 연결한 것은?

	사례
(가)	화장품의 용기모양을 물방울형, 반구형 등 다양한 디자인으로 창안하였다.
(나)	자동차 도난을 방지하기 위해 자동차에 차량경보시스템을 발명하였다.
(다)	노란색 바탕에 검은색 글씨로 자사의 상표를 만들었다.
(라)	하나의 펜으로 다양한 색을 사용하기 위해 펜 내부에 여러 가지 색의 잉크를 넣었다.

	특허권	실용신안권	디자인권	상표권
①	(가)	(다)	(나)	(라)
②	(나)	(라)	(가)	(다)
③	(다)	(나)	(라)	(가)
④	(라)	(가)	(다)	(나)
⑤	(라)	(나)	(가)	(다)

 ② (나)–특허권, (라)–실용신안권, (가)–디자인권, (다)–상표권

13 다음 C그룹의 사례는 무엇에 대한 설명인가?

> 올 하반기에 출시한 C그룹의 스마트폰에 대한 매출 증대는 전 세계 스마트폰 시장에 새로운 계기를 마련할 것으로 기대된다. 앞서 C그룹의 올해 상반기 매출은 전년 대비 약 23% 줄어든 것으로 밝혀진 반면 같은 경쟁사인 B그룹의 올 상반기 매출은 전년 대비 약 35% 늘어 같은 업종에서도 기업별 실적 차이가 뚜렷이 나타난 것을 볼 수 있었다. 이는 C그룹이 최근 치열해진 스마트폰 경쟁에서 새로운 기술을 개발하지 못한 반면 B그룹은 작년 말 인수한 외국의 소프트웨어 회사를 토대로 새로운 기술을 선보인 결과라 할 수 있다. 뒤늦게 이러한 사실을 깨달은 C그룹은 B그룹의 신기술 개발을 응용해 자사만의 독특한 제품을 올 하반기에 선보여 스마트폰 경쟁에서 재도약을 꾀할 목표를 세웠고 이를 위해 기존에 있던 다수의 계열사들 중 실적이 저조한 일부 계열사를 매각하는 대신 외국의 경쟁력을 갖춘 소프트웨어 회사들을 잇달아 인수하여 새로운 신기술 개발에 박차를 가했다. 그 결과 C그룹은 세계 최초로 스마트폰을 이용한 결제시스템인 ○○페이와 더불어 홍채인식 보안프로그램을 탑재한 스마트폰을 출시하게 된 것이다.

① 글로벌 벤치마킹   ② 내부 벤치마킹

③ 비경쟁적 벤치마킹   ④ 경쟁적 벤치마킹

⑤ 간접적 벤치마킹

 ④ 경쟁적 벤치마킹 : 동일 업종에서 고객을 직접적으로 공유하는 경쟁기업을 대상으로 실시
① 글로벌 벤치마킹 : 프로세스에 있어 최고로 우수한 성과를 보유한 동일 업종의 비경쟁적 기업을 대상으로 실시
② 내부 벤치마킹 : 같은 기업 내의 다른 지역, 다른 부서, 국가 간의 유사한 활동을 비교대상으로 실시
③ 비경쟁적 벤치마킹 : 제품, 서비스 및 프로세스의 단위 분야에 있어 가장 우수한 실무를 보이는 비경쟁적 기업 내의 유사 분야를 대상으로 실시
⑤ 간접적 벤치마킹 : 인터넷 및 문서형태의 자료를 통해서 수행하는 방법

Answer⟿ 11.④ 12.② 13.④

14 다음은 매뉴얼의 종류 중 어느 것에 속하는가?

사용 전에 꼭 알아두세요!
1. 냉장실 홈바
• 냉장실 홈바는 음료수 및 식료품의 간이 저장고입니다.
 – 자주 꺼내 먹는 음료수 등을 넣으시고 쉽게 변질될 수 있는 식품, 우유나 치즈 등은 가능한 보관하지 마세요.
 – 냉장실 홈바를 열면 냉장실 램프가 켜집니다.
2. 문 높이 조절방법
• 냉장고 좌·우 하단에 있는 너트와 볼트로 조절하세요.
 – 냉동/냉장실 문 아래에 있는 볼트에 별도 포장된 렌치를 이용하여 시계 반대방향으로 조금 회전시켜 볼트와 너트의 조임을 느슨하게 하세요.
 – 너트를 볼트의 끝까지 손으로 풀어주세요.
 – 렌치로 볼트를 시계 반대 방향이나 시계 방향으로 돌려가며 냉동실과 냉장실의 문 높이를 맞춰 주세요.
 – 높이차를 맞춘 후 너트를 시계 방향으로 끝까지 조여 주세요.
 – 렌치로 볼트를 끝까지 조여 주세요.

안심하세요. 고장이 아닙니다!
1. 온도/성에/이슬
• 온도 표시부가 깜박여요.
 – 문을 자주 여닫거나 뜨거운 식품을 저장했거나 청소를 했을 때 냉장고 내부 온도가 상승했을 경우 깜박입니다. 이는 일정시간이 지나 정상온도가 되면 깜박임이 멈추지만 그렇지 않을 경우 서비스 센터에 문의하세요.
2. 소음
• 물 흐르는 소리가 나요.
 – 냉장고 내부를 차갑게 해 주는 냉매에서 나는 소리이거나 성에가 물이 되어 흐르는 소리입니다.
• '뚝뚝' 소리가 나요
 – 냉장고 안이 차가워지거나 온도가 올라가면서 부품이 늘어나거나 줄어들 때 혹은 자동으로 전기가 끊어지거나 연결될 때 나는 소리입니다.

① 제품매뉴얼　　　　　　　　② 고객매뉴얼
③ 업무매뉴얼　　　　　　　　④ 기술매뉴얼
⑤ A/S매뉴얼

 ① 사용자를 위해 제품의 특징이나 기능 설명, 사용방법과 고장 조치방법, 유지보수 및 A/S, 폐기 등 제품과 관련된 모든 서비스에 대해 소비자가 알아야 할 모든 정보를 제공한 매뉴얼이다.

15 아래의 내용을 읽고 알 수 있는 이 글이 궁극적으로 말하고자 하는 내용을 고르면?

> "좋은 화학"의 약품 생산 공장에 근무하고 있는 김 대리는 퇴근 후 가족과 뉴스를 보다가 우연히 자신이 근무하고 있는 화학 약품 생산 공장에서 발생한 대형화재에 대한 뉴스를 보게 되었다. 수십 명의 사상자를 발생시킨 이 화재의 원인은 노후 된 전기 설비로 인한 누전 때문으로 추정된다고 하였다. 불과 몇 시간 전까지 같이 근무했던 사람들의 사망 소식에 김 대리는 어찌할 바를 모른다.
>
> 그렇지 않아도 공장장에게 노후한 전기설비를 교체하지 않으면 큰 일이 날지도 모른다고 늘 강조해왔는데 결국에는 돌이킬 수 없는 대형 사고를 터트리고 만 것이다.
>
> "사전에 조금만 주의를 기울였다면 이러한 대형 사고는 충분히 막을 수 있었을 텐데…", "내가 더 적극적으로 공장장을 설득하여 전기설비를 교체했더라면 오늘과 같이 소중한 동료들을 잃는 일은 없었을 텐데…"라며 자책하고 있는 김 대리.
>
> 이와 같은 대형 사고는 사전에 위험 요소에 대한 조그만 관심만 있었더라면 충분히 예방할 수 있는 경우가 매우 많다. 그럼에도 불구하고 끊임없이 반복하여 발생하는 이유는 무엇일까?

① 노후 된 기계는 무조건 교체해야 함을 알 수 있다.

② 산업재해는 어느 정도 예측이 가능하며, 그에 따라 예방이 가능하다.

③ 노후 된 전기 설비라도 회사를 생각해 비용을 줄이면서 기계사용을 감소시켜야 한다.

④ 대형 사고는 발생한 이후의 대처가 상당히 중요하다는 것을 알 수 있다.

⑤ 산업재해의 책음은 담당자뿐만 아니라 회사 전체에 있다.

 제시된 내용은 예측이 가능했던 사고임에도 적절하게 대처를 하지 못해 많은 피해를 입히게 된 것으로, 이러한 사례를 통해 학습자들은 산업재해는 어느 정도 예측이 가능하며, 그에 따라 예방이 가능함을 알 수 있다.

16 다음은 전화대응 매뉴얼이다. 매뉴얼에 따라 바르지 못한 행동을 한 사람은?

1. **전화응대의 중요성**
－전화응대는 직접응대와 달리 목소리만으로 응대하기 때문에 더욱 신중을 기해야 한다. 목소리의 감정과 높낮이에 따라 회사의 이미지도 결정되기 때문이다.

2. **전화걸 때 매뉴얼**
(1) 준비사항: 메모지/펜, 전화번호(내선목록, 전화번호부)
(2) 전화 요령
 －용건은 6하 원칙으로 정리하여 메모한다.
 －전화번호를 확인 후 왼손으로 수화기를 들고 오른손으로 다이얼을 누른다.
(3) 전화응대 요령
 －상대방이 나오면 자신을 밝힌 후 상대방을 확인한다.
 －간단한 인사말을 한 후 시간, 장소, 상황을 고려하여 용건을 말한다.
(4) 전화응대 종료
 －용건이 끝났음을 확인 후 마무리 인사를 한다.
 －상대방이 수화기를 내려놓은 다음 수화기를 조심스럽게 내려놓는다.

3. **전화 받을 때 매뉴얼**

구분	응대방법
준비된 응대 (1단계)	• 전화기는 왼쪽에, 펜과 메모지는 오른쪽에 둔다. • 밝은 톤의 목소리로 명랑하고 경쾌하게 받는다.
정중한 응대 (2단계)	• 전화벨이 3번 울리기 전에 받는다. －"감사합니다. ㅇㅇ팀 ㅇㅇㅇ입니다." －"늦게 받아 죄송합니다. ㅇㅇ팀 ㅇㅇㅇ입니다." • 상대방의 말을 가로막지 않는다.
성의 있는 응대 (3단계)	• 밝고 정중한 어투로 받는다. －"전화 주셔서 감사합니다." －"ㅇㅇㅇ에 관한 말씀 주셨는데 더 궁금하신 내용은 없으십니까?" －"더 필요하신 사항 있으시면 언제든지 전화 주십시오." • 말끝을 흐리지 않고 경어로 마무리 한다. －"ㅇㅇㅇ에 관한 내용이시군요." －"ㅇㅇㅇ과장 찾으십니까?" －"잠시만 기다려 주십시오.(정확하게 연결)" • 상대방이 찾는 사람이 부재중인 경우 성의 있게 응대하여 메모를 받아 놓는다. 이때 메모 사항은 복창하여 확인한다. －"자리에 안 계시는데 메모 남겨드리겠습니다."
성실한 응대 (4단계)	• 고객이 끊고 난 후 수화기를 살며시 내려놓는다.(응대완료)

① 진호 – 과장님께서 회의에 들어가셔서 전화거신 분께 메모 남겨 드리겠다고 말씀드렸어.

② 세찬 – 용건을 확인하기 위해 귀찮아 하셨지만 6하 원칙으로 여쭤보아 메모했어.

③ 도연 – 내 담당업무가 아니어서 담당자분을 연결 드리겠다고 하고 연결해드렸어.

④ 진경 – 급하게 부장님이 찾으셔서 나중에 전화 드리겠다고 말씀드리고 끊었어.

⑤ 영하 – 전화한 사람의 말이 정확하지 않았지만 말을 끊지 않고 다 말하기를 기다린 후에 질문을 했어.

(Tip) 전화응대 시 상대방의 용건이 끝났음을 확인한 후 마무리 인사를 해야 한다. 정말 부득이한 경우에는 상대방에게 양해를 구한 후 동의를 받으면 다시 연락드리겠다고 말한다.

Answer↪ 16.④

17 다음은 A사 휴대폰의 매뉴얼 일부분을 발췌한 것이다. 이를 참조하여 판단한 내용으로 가장 옳지 않은 것을 고르면?

※ 제품보증서

수리가능	보증기간 이내	보증기간 이후
동일하자로 2회까지 고장 발생 시	무상 수리	유상수리
동일하자로 3회째 고장 발생 시	제품 교환, 무상 수리 또는 환불	
여러 부위의 하자로 5회째 고장 발생 시		

소비자 피해유형	보상내용	
	보증기간 이내	보증기간 이후
구입 후 10일 이내 중요한 수리를 요할 때	교환 또는 환불	유상수리
구입 후 1개월 이내 중요한 수리를 요할 때	제품 교환 또는 무상 수리	
교환된 제품이 1개월 이내에 중요한 수리를 요하는 경우	환불	
교환 불가능 시		

※ 유료 서비스 안내
1. 고장이 아닌 경우
고장이 아닌 경우 서비스를 요청하면 요금을 받게 되므로 사용 설명서를 읽어주세요. (수리가 불가능한 경우 별도 기준에 준함)
• 고객의 사용미숙으로 인한 서비스 건(비밀번호 분실 등) : 1회 무료
• 제품 내부에 들어간 먼지 세척 및 이물질 제거 시 : 2회부터 유료
2. 소비자의 과실로 고장 난 경우
• 사용자의 잘못 또는 취급부주의로 인한 고장(낙하, 침수, 충격, 파손, 무리한 동작 등)
• 당사의 서비스 기사 및 지정 협력사 기사가 아닌 사람이 수리하여 고장이 발생한 경우
• 소비자의 고의 또는 과실로 인한 고장인 경우
• 정품 이외의 부품이나 부속물 사용에 의한 고장이나 제품 파손의 경우
3. 그 밖의 경우
• 천재지변(화재, 수해, 이상전원 등)에 의한 고장 발생 시
• 소모성 부품의 수명이 다한 경우(배터리, 충전기, 안테나 및 각종 부착물 등)

※ 주의사항
- 부품 보유 기간(4년) 이내
- 부품보증기간 : 충전기(1년), 배터리(6개월)
- 제품의 구입일자 확인이 안 될 경우 제조연월일 또는 수입 통관일로부터 3개월이 경과한 날로부터 품질 보증기간을 계산합니다.
- 휴대전화는 가급적 0~40℃ 사이에서 사용하세요. 너무 낮거나 너무 높은 온도에서 사용 및 보관할 경우 제품파손과 오류, 또는 폭발 등의 위험이 있습니다.

① 동일한 하자로 2회까지 고장 발생 시에는 보증기간 내에 무상 수리가 가능하다.
② 제품 구입 후 10일 이내 중요한 수리를 요할 경우에 보증기간 이후이면 유상수리를 받아야 한다.
③ 제품 내부에 들어간 먼지 세척은 3회부터 유료이다.
④ 비밀번호 분실 등의 사용자 미숙으로 인한 서비스 건은 1회에 한하여 무료로 제공된다.
⑤ 화재로 인한 고장 발생 시 유상수리를 받아야 한다.

Tip 유료서비스 안내의 1번에서 '제품 내부에 들어간 먼지 세척 및 이물질 제거 시 : 2회부터 유료'라고 명시되어 있다.

18 甲은 얼마 전 乙로부터 丙 전자에서 새로이 출시된 전자레인지를 선물 받았다. 하지만 전자레인지 사용에 익숙하지 않은 甲은 제품사용설명서를 읽어보고 사용하기로 결심하였다. 다음 중 아래의 사용설명서를 읽고 甲이 잘못 이해하고 있는 내용을 고르면?

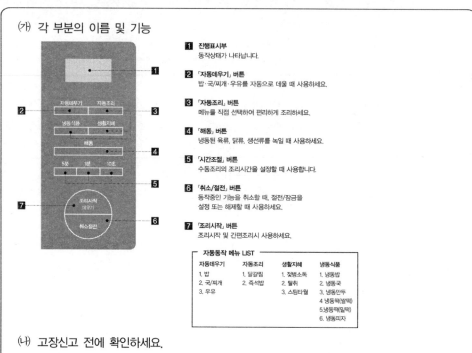

⑷ 고장신고 전에 확인하세요.

	이런 증상인 경우	이렇게 조치하세요.
기계작동이상	(Q) 진행표시부에 불이 들어오지 않아요.	(A) 220V 콘센트에 꽂혀 있는지 확인하세요. (A) 문을 열어 두거나 닫아 둔 채로 5분이 지나면 실내등과 진행 표시부가 자동으로 꺼지는 절전 기능이 설정되어 있을 수 있습니다. 전자레인지 문을 열거나 「취소/절전」 버튼을 누른 후 사용하세요.
	(Q) 조리실 실내등과 진행 표시부가 꺼져요.	(A) 절전 기능이 설정되어 있습니다. 전자레인지 문을 열거나 「취소/절전」 버튼을 누른 후 사용하세요.
	(Q) 버튼을 눌러도 작동이 않아요.	(A) 전자레인지 문에 덮개 등 이물질이 끼어 있는지 확인한 후 전자레인지 문을 잘 닫고 「조리시작」 버튼을 눌러 보세요. 혹시 잠금장치 기능이 설정되어 있을 수 있습니다. 「취소/절전」 버튼을 약 4초간 누르면 잠금장치 기능이 해제됩니다. (A) 자동 조리 및 해동을 할 때에는 시간 조절이 되지 않습니다.

기계작동이상	(Q) 내부에서 연기나 악취가 나요.	(A) 음식찌꺼기, 기름 등이 내부에 붙어 있을 수 있습니다. 항상 깨끗이 청소해 주세요. (A) 「탈취」 기능을 사용하세요.
	(Q) 전자레인지 작동 시 앞으로 바람이 나와요.	(A) 본체 뒷면의 팬이 작동되어 바람의 일부가 내부 전기 부품을 식혀주기 위해 앞으로 나올 수 있습니다. 고장이 아니므로 안심하고 사용하세요.
	(Q) 조리 중 회전 유리 접시가 회전하지 않거나 소리가 나요.	(A) 회전 링이나 회전 유리접시가 회전축에 올바로 올려져 있는지 확인하세요. (A) 음식이나 용기가 내부 바닥면에 닿지 않도록 하세요. (A) 내부 바닥과 회전 링의 음식 찌꺼기를 제거하면 '덜커덩'거리는 소음이 없어집니다.
	(Q) 조리 중 또는 조리 후 문이나 진행 표시부에 습기가 생겨요.	(A) 조리 중 음식물에서 나오는 증기로 인하여 습기가 맺힐 수 있습니다. 시간이 지나면 사라지므로 안심하고 사용하세요. (A) 조리 완료 후 음식물을 꺼내지 않고 방치하면 습기가 찰 수 있으므로 문을 열어 두세요. (A) 수납장이나 밀폐된 공간에서 사용 하면 배기가 잘 되지 않아 습기가 발생할 수 있습니다. 수납장이나 밀폐된 공간에서 사용하지 마세요.
조리중이상	(Q) 달걀찜 조리 시 음식이 튀어요.	(A) 소금과 물이 잘 섞이지 않으면 음식이 끓어 넘칠 수 있으므로 충분히 저어 주세요. (A) 적당한 크기의 내열용기에 담아 랩을 씌우세요.
	(Q) 조리 시 랩이 터져요.	(A) 랩을 너무 팽팽하게 싸면 조리 시 부풀어 오르면서 터질 수 있으므로 약간 느슨하게 씌우거나 구멍을 내세요.
	(Q) 조리 중에 불꽃이 일어나요.	(A) 조리실 내부에 알루미늄 호일이나 금속이 닿지 않았는지 확인하세요. (A) 금선이나 은선이 있는 그릇은 사용 하지 마세요.
	(Q) 오징어, 쥐포를 구울 때나 생선을 데울 때 '딱딱' 소리가 나요.	(A) 익거나 데워지면서 나는 소리이므로 안심하고 사용하세요.
	(Q) 조리 중 몸체 외부가 뜨거워져요.	(A) 고장이 아니므로 안심하고 사용하세요.

① 냉동된 육류나 닭류, 생선류 등을 녹일 때는 '해동' 버튼을 사용한다.

② 밥 또는 국을 데울 시에는 '자동 데우기' 버튼을 사용한다.

③ 음식 조리 중에 전자레인지 몸체 외부가 뜨거운 것은 고장이 아니다.

④ 조리 중에 불꽃이 일어나는 것은 기계 작동 이상에 해당한다.

⑤ 오징어를 구울 때 나는 '딱딱' 소리는 고장이 아니다.

> (Tip) 조리 중에 불꽃이 일어나는 것은 기계 작동의 이상이 아닌 조리 중에 발생하는 이상 증상이다.

19 다음은 A사의 식품안전관리에 관한 매뉴얼의 일부이다. 아래의 내용을 읽고 가장 적절하지 않은 항목을 고르면?

---

1. 식재료 구매 및 검수

※ 검수절차 및 유의사항

① 청결한 복장, 위생장갑 착용 후 검수 시작

② 식재료 운송차량의 청결상태 및 온도유지 여부 확인

③ 표시사항, 유통기한, 원산지, 중량, 포장상태, 이물혼입 등 확인

④ 제품 온도 확인

⑤ 검수 후 식재료는 전처리 또는 냉장·냉동보관

– 냉동 식재료 검수 방법

변색 확인	장기간 냉동 보관과 부주의한 관리로 식재료의 색상이 변색
이취 전이	장기간 냉동 보관 및 부주의한 관리로 이취가 생성
결빙 확인	냉동보관이 일정하게 이루어지지 않아 결빙 발생 및 식재료의 손상 초래
분리 확인	장기간의 냉동 보관과 부주의한 관리로 식재료의 분리 발생

– 가공 식품 검수 방법

외관 확인	용기에 손상이 가 있거나, 부풀어 오른 것
표시 확인	유통기한 확인 및 유통온도 확인
내용물 확인	본래의 색이 변질된 것, 분말 제품의 경우 덩어리 진 것은 습기가 차서 변질된 것임

2. **식재료 보관**

※ 보관 방법 및 유의사항

① 식품과 비식품(소모품)은 구분하여 보관

② 세척제, 소독제 등은 별도 보관

③ 대용량 제품을 나누어 보관하는 경우 제품명과 유통기한 반드시 표시하고 보관용기를 청결하게 관리

④ 유통기한이 보이도록 진열

⑤ 입고 순서대로 사용(선입선출)

⑥ 보관 시설의 온도 15℃, 습도 50~60% 유지

⑦ 식품보관 선반은 벽과 바닥으로부터 15cm 이상 거리 두기

⑧ 직사광선 피하기

⑨ 외포장 제거 후 보관

⑩ 식품은 항상 정리 정돈 상태 유지

① 식재료 검수 시에는 표시사항, 유통기한, 원산지, 중량, 포장상태, 이물혼입 등을 확인해야 한다.

② 식재료 검수 후에 식재료는 전처리 또는 냉장·냉동보관을 해야 한다.

③ 식재료 보관 시의 보관 시설 온도는 10℃, 습도 45~60% 유지해야 한다.

④ 식재료 보관 시 식품보관 선반은 벽과 바닥으로부터 15cm 이상 거리를 두어야 한다.

⑤ 식재료는 입고 순서대로 사용한다.

Tip 제시된 내용에서 보면 2. 식재료 보관의 ⑥번에서 '식재료 보관 시의 보관 시설의 온도는 15℃, 습도는 50~60%를 유지해야 한다.'고 명시되어 있다.

20 다음은 ○○공사가 안전하고 행복한 지하철 이용을 위해 제공한 '안전장비 취급요령'에 대한 내용이다. 보기 내용 중 가장 적절하지 않은 것은?

소화기 사용방법	1. 안전핀 제거	소화기의 안전핀을 뽑는다. 이때 상단레버만 손으로 잡는다.
	2. 화재 방향 조준	바람을 등지고 3~5m 전방에서 호스를 불 쪽으로 향해 잡는다.
	3. 상단 레버	상단레버(손잡이)를 힘껏 움켜잡는다.
	4. 약제 방사	불길 양 옆으로 골고루 약제를 방사한다.
	유의사항	• 소화기를 방사할 때 너무 가까이 접근하여 화상을 입지 않도록 주의한다. • 바람을 등지고 상하로 방사한다. • 지하공간이나 창이 없는 곳에서 사용하면 질식의 우려가 있다. • 방사할 때 기화에 따른 동상을 주의한다. • 방사된 가스는 마시지 말고 사용 후 즉시 환기하여야 한다.
소화전 사용방법	1. 호스 반출	소화전함을 열고 호스를 꺼내 불이 난 곳까지 꼬이지 않게 펼친다.
	2. 개폐밸브 개방	소화전 밸브를 왼쪽 방향으로 돌리면서 서서히 연다.
	3. 방수	호스 끝 부분을 두 손으로 꼭 잡고 불이 난 곳을 향하여 불을 끈다.
	유의사항	• 노즐 조작자와 개폐밸브 및 호스 조작자 등 최소 2명이 필요하다. • 소화전 사용 시 호스가 꺾이지 않도록 주의하고 호스의 반동력이 크므로 노즐을 도중에 내려놓거나 놓치지 않도록 주의한다.
비상코크 사용방법	1. 위치 확인	출입문 비상코크 위치를 확인하고 뚜껑을 연다.
	2. 비상코크 조작	비상코크를 잡고 몸 쪽으로 당긴다.
	3. 출입문 개방	출입문을 양손으로 잡고 당겨 연다.
	유의사항	• 출입문 비상코크는 객차 내 의자 양 옆 아래쪽에 위치해 있다. • 선로에 내릴 땐 다른 열차가 오는지 주의해야 한다.
비상 통화장치 사용방법	1. 커버 열기	커버를 열고 마이크를 꺼낸다.
	2. 통화	운전실에 비상경보음이 울리며, 마이크를 통해 승무원과 통화가 가능하다.
	기타사항	비상통화장치 설치위치 – 객실당 2개 설치 – 내장재 교체 차량에 설치

① 소화기를 잘못 사용하게 되면 화상 및 동상을 입을 수도 있다.

② 비상시에 출입문을 손으로 열기 위해서는 객차 양 끝의 장치를 조작해야만 한다.

③ 최소 2명이 있어야 사용할 수 있는 장치는 소화전뿐이다.

④ 소화기는 가급적 공기가 통하는 곳에서 사용하는 것이 안전하다.

⑤ 비상통화를 하기 위해서는 승차하고 있는 객실의 끝으로 이동해야 한다.

 ② 출입문을 개방하는 것은 비상코크를 작동함으로써 가능하다. 비상코크는 객차 내 의자 양 옆 아래쪽에 있다.

▌21~23▐ 다음 〈보기〉는 그래프 구성 명령어 실행 예시이다. 〈보기〉를 참고하여 다음 물음에 답하시오.

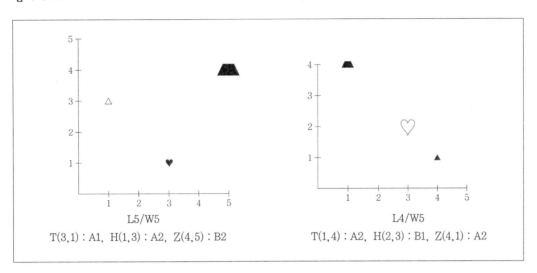

21 다음 그래프에 알맞은 명령어는 무엇인가?

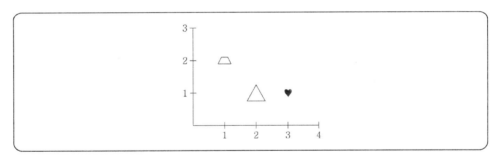

① L3/W4

  T(2,1) : B1, H(3,1) : A2, Z(1,2) : A1

② L3/W4

  T(1,2) : B1, H(1,3) : A2, Z(2,1) : A1

③ L4, W3

  T(2,1) : B1, H(3,1) : A2, Z(1,2) : A2

④ L4/W3

  T(1,2) : B2, H(1,3) : A1, Z(2,1) : A2

⑤ L4/W3

  T(2,1) : B1, H(3,1) : A2, Z(2,1) : A1

Answer↳ 20.② 21.②

• L은 세로축 눈금의 수, W는 가로축 눈금의 수
• T 는 삼각형, H는 하트, Z는 사다리꼴
• 괄호 안의 숫자는 (세로축 좌표, 가로축 좌표)
• 괄호 옆의 알파벳은 도형의 크기(A는 도형의 작은 모양, B는 큰 모양)
• 알파벳 옆의 수는 도형의 색깔(1은 흰색, 2는 검정색)
따라서 위의 그래프는 세로축 눈금 3, 가로축 눈금이 4이므로 L3/W4이고 삼각형 좌표는 세로축이 1, 가로축이 2, 큰 모양, 흰색이므로 T(1,2) : B1이다. 하트 좌표는 세로축이 1, 가로축이 3, 작은모양, 검정색이므로 H(1,3) : A2이다. 사다리꼴 좌표는 세로축이 2, 가로축이 1, 작은모양, 흰색이므로 Z(2,1) : A1이다.

22 L5/W6 T(3,2) : A1, H(2,6) : B1, Z(2,5) : A2의 그래프를 산출할 때, 오류가 발생하여 다음과 같은 그래프가 산출되었다. 다음 중 오류가 발생한 값은?

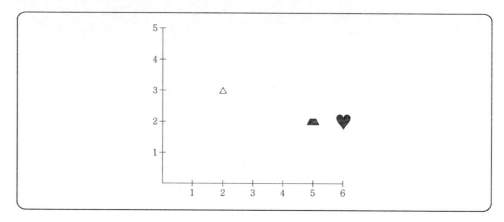

① L5/W6

② T(3,2) : A1

③ H(2,6) : B1

④ Z(2,5) : A2

⑤ 알 수 없음

 올바르게 산출된 그래프는 다음과 같다.

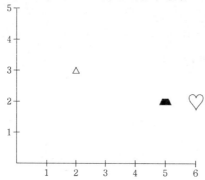

23 L5/W6 T(3,1) : A2, H(4,5) : A1, Z(2,4) : B1의 그래프를 산출할 때, 산출된 그래프의 형태로 옳은 것은?

①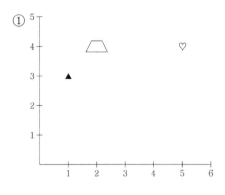

②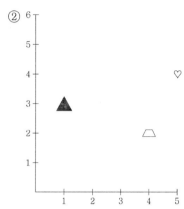

③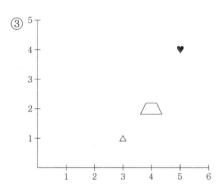

④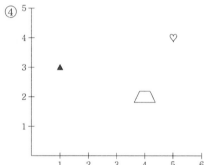

⑤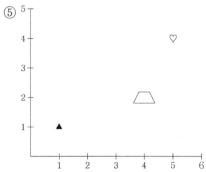

(Tip) ① Z(2,4) : B1의 출력이 잘못되었다.
② H(4,5) : A1의 출력만 옳고, 나머지의 출력이 잘못되었다.
③ T(3,1) : A2, H(4,5) : A1의 출력이 잘못되었다.
⑤ T(3,1) : A2의 출력이 잘못되었다.

Answer⌐→ 22.③ 23.④

스위치	기능
☆	1번, 2번 기계를 180° 회전함
★	1번, 3번 기계를 180° 회전함
◇	2번, 3번 기계를 180° 회전함
◆	2번, 4번 기계를 180° 회전함
◒	1번, 3번 기계의 작동상태를 바꿈 (동작 → 정지, 정지 → 동작)
◓	2번, 4번 기계의 작동상태를 바꿈
○	모든 기계의 작동상태를 바꿈

△(○) : 동작, △(●) : 정지

24 처음 상태에서 스위치를 세 번 눌렀더니 다음과 같이 바뀌었다. 어떤 스위치를 눌렀는가?

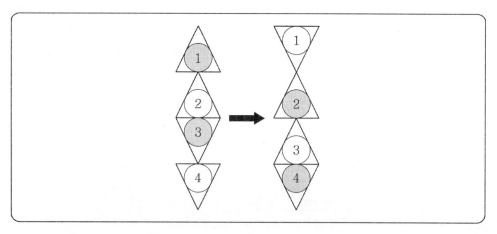

① ◆, ◒, ◓

② ★, ◇, ○

③ ◇, ◒, ◓

④ ☆, ◇, ○

⑤ ☆, ◇, ◓

처음 상태와 나중 상태를 비교해 보았을 때, 모든 기계의 작동상태가 변화했고, 1번, 3번 기계가 회전되어 있는 상태이다. 위와 같이 변화하기 위해서는 다음과 같은 두 가지 방법이 있다.

㉠ 1번, 3번 기계를 회전(★)시킨 후 ◓와 ◒으로 1~4번 기계의 작동 상태를 바꾸는 방법
㉡ 1번, 2번 기계를 회전(☆)시키고 2번, 3번 기계를 회전(◇)시킨 후 ○로 모든 기계의 작동 상태를 바꾸는 방법

25 처음 상태에서 스위치를 세 번 눌렀더니 다음과 같이 바뀌었다. 어떤 스위치를 눌렀는가?

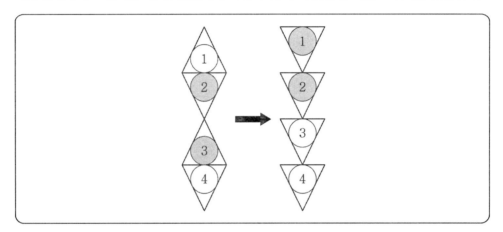

① ◓, ◆, ☆

② ◓, ○, ★

③ ◇, ◑, ◆

④ ★, ☆, ○

⑤ ◇, ☆, ◑

 처음 상태와 비교하였을 때 1번과 3번 기계는 180° 회전한 상태이며, 작동상태가 변했기 때문에, ★와 ◓가 눌린 것이지만 이는 두 번 누른 것이므로 1번과 3번의 작동상태가 변경되기 위해 ◓를 눌러 2번과 4번의 작동상태를 변경하고 ○를 눌러 모든 기계의 작동상태를 바꾸면 된다.

Answer ↪ 24.④ 25.②

05 정보능력

1 정보화사회와 정보능력

(1) 정보와 정보화사회

① 자료 · 정보 · 지식

구분	특징
자료 (Data)	객관적 실제의 반영이며, 그것을 전달할 수 있도록 기호화한 것
정보 (Information)	자료를 특정한 목적과 문제해결에 도움이 되도록 가공한 것
지식 (Knowledge)	정보를 집적하고 체계화하여 장래의 일반적인 사항에 대비해 보편성을 갖도록 한 것

② **정보화사회** : 필요로 하는 정보가 사회의 중심이 되는 사회

(2) 업무수행과 정보능력

① 컴퓨터의 활용 분야
   ㉠ 기업 경영 분야에서의 활용 : 판매, 회계, 재무, 인사 및 조직관리, 금융 업무 등
   ㉡ 행정 분야에서의 활용 : 민원처리, 각종 행정 통계 등
   ㉢ 산업 분야에서의 활용 : 공장 자동화, 산업용 로봇, 판매시점관리시스템(POS) 등
   ㉣ 기타 분야에서의 활용 : 교육, 연구소, 출판, 가정, 도서관, 예술 분야 등

② 정보처리과정
   ㉠ 정보 활용 절차 : 기획 → 수집 → 관리 → 활용
   ㉡ 5W2H : 정보 활용의 전략적 기획
   • WHAT(무엇을?) : 정보의 입수대상을 명확히 한다.
   • WHERE(어디에서?) : 정보의 소스(정보원)를 파악한다.
   • WHEN(언제까지) : 정보의 요구(수집)시점을 고려한다.
   • WHY(왜?) : 정보의 필요목적을 염두에 둔다.
   • WHO(누가?) : 정보활동의 주체를 확정한다.
   • HOW(어떻게) : 정보의 수집방법을 검토한다.

• HOW MUCH(얼마나?) : 정보수집의 비용성(효용성)을 중시한다.

예제 1

5W2H는 정보를 전략적으로 수집·활용할 때 주로 사용하는 방법이다. 5W2H에 대한 설명으로 옳지 않은 것은?

① WHAT : 정보의 수집방법을 검토한다.
② WHERE : 정보의 소스(정보원)를 파악한다.
③ WHEN : 정보의 요구(수집)시점을 고려한다.
④ HOW : 정보의 수집방법을 검토한다.

---

(3) 사이버공간에서 지켜야 할 예절

① 인터넷의 역기능
  ㉠ 불건전 정보의 유통
  ㉡ 개인 정보 유출
  ㉢ 사이버 성폭력
  ㉣ 사이버 언어폭력
  ㉤ 언어 훼손
  ㉥ 인터넷 중독
  ㉦ 불건전한 교제
  ㉧ 저작권 침해

② 네티켓(netiquette) : 네트워크(network) + 에티켓(etiquette)

(4) 정보의 유출에 따른 피해사례

① 개인정보의 종류

　㉠ **일반 정보** : 이름, 주민등록번호, 운전면허정보, 주소, 전화번호, 생년월일, 출생지, 본적지, 성별, 국적 등

　㉡ **가족 정보** : 가족의 이름, 직업, 생년월일, 주민등록번호, 출생지 등

　㉢ **교육 및 훈련 정보** : 최종학력, 성적, 기술자격증/전문면허증, 이수훈련 프로그램, 서클활동, 상벌사항, 성격/행태보고 등

　㉣ **병역 정보** : 군번 및 계급, 제대유형, 주특기, 근무부대 등

　㉤ **부동산 및 동산 정보** : 소유주택 및 토지, 자동차, 저축현황, 현금카드, 주식 및 채권, 수집품, 고가의 예술품 등

　㉥ **소득 정보** : 연봉, 소득의 원천, 소득세 지불 현황 등

　㉦ **기타 수익 정보** : 보험가입현황, 수익자, 회사의 판공비 등

　㉧ **신용 정보** : 대부상황, 저당, 신용카드, 담보설정 여부 등

　㉨ **고용 정보** : 고용주, 회사주소, 상관의 이름, 직무수행 평가 기록, 훈련기록, 상벌기록 등

　㉩ **법적 정보** : 전과기록, 구속기록, 이혼기록 등

　㉪ **의료 정보** : 가족병력기록, 과거 의료기록, 신체장애, 혈액형 등

　㉫ **조직 정보** : 노조가입, 정당가입, 클럽회원, 종교단체 활동 등

　㉬ **습관 및 취미 정보** : 흡연/음주량, 여가활동, 도박성향, 비디오 대여기록 등

② 개인정보 유출방지 방법

　㉠ 회원 가입 시 이용 약관을 읽는다.

　㉡ 이용 목적에 부합하는 정보를 요구하는지 확인한다.

　㉢ 비밀번호는 정기적으로 교체한다.

　㉣ 정체불명의 사이트는 멀리한다.

　㉤ 가입 해지 시 정보 파기 여부를 확인한다.

　㉥ 남들이 쉽게 유추할 수 있는 비밀번호는 자제한다.

2 정보능력을 구성하는 하위능력

(1) 컴퓨터활용능력

① 인터넷 서비스 활용

　ⓐ 전자우편(E-mail) 서비스 : 정보 통신망을 이용하여 다른 사용자들과 편지나 여러 정보를 주고받는 통신 방법

　ⓑ 인터넷 디스크/웹 하드 : 웹 서버에 대용량의 저장 기능을 갖추고 사용자가 개인용 컴퓨터의 하드디스크와 같은 기능을 인터넷을 통하여 이용할 수 있게 하는 서비스

　ⓒ 메신저 : 인터넷에서 실시간으로 메시지와 데이터를 주고받을 수 있는 소프트웨어

　ⓓ 전자상거래 : 인터넷을 통해 상품을 사고팔거나 재화나 용역을 거래하는 사이버 비즈니스

② 정보검색 : 여러 곳에 분산되어 있는 수많은 정보 중에서 특정 목적에 적합한 정보만을 신속하고 정확하게 찾아내어 수집, 분류, 축적하는 과정

　ⓐ 검색엔진의 유형

　　• 키워드 검색 방식 : 찾고자 하는 정보와 관련된 핵심적인 언어인 키워드를 직접 입력하여 이를 검색 엔진에 보내어 검색 엔진이 키워드와 관련된 정보를 찾는 방식

　　• 주제별 검색 방식 : 인터넷상에 존재하는 웹 문서들을 주제별, 계층별로 정리하여 데이터베이스를 구축한 후 이용하는 방식

　　• 통합형 검색방식 : 사용자가 입력하는 검색어들이 연계된 다른 검색 엔진에게 보내고 이를 통하여 얻어진 검색 결과를 사용자에게 보여주는 방식

　ⓑ 정보 검색 연산자

기호	연산자	검색조건
*, &	AND	두 단어가 모두 포함된 문서를 검색
|	OR	두 단어가 모두 포함되거나 두 단어 중에서 하나만 포함된 문서를 검색
-, !	NOT	'-' 기호나 '!' 기호 다음에 오는 단어는 포함하지 않는 문서를 검색
~, near	인접검색	앞/뒤의 단어가 가깝게 있는 문서를 검색

③ 소프트웨어의 활용

　ⓐ 워드프로세서

　　• 특징 : 문서의 내용을 화면으로 확인하면서 쉽게 수정 가능, 문서 작성 후 인쇄 및 저장 가능, 글이나 그림의 입력 및 편집 가능

　　• 기능 : 입력기능, 표시기능, 저장기능, 편집기능, 인쇄기능 등

ⓒ 스프레드시트

- 특징 : 쉽게 계산 수행, 계산 결과를 차트로 표시, 문서를 작성하고 편집 가능
- 기능 : 계산, 수식, 차트, 저장, 편집, 인쇄기능 등

예제 2

귀하는 커피 전문점을 운영하고 있다. 아래와 같이 엑셀 워크시트로 4개 지점의 원두 구매 수량과 단가를 이용하여 금액을 산출하고 있다. 귀하가 다음 중 D3셀에서 사용하고 있는 함수식으로 옳은 것은? (단, 금액 = 수량 × 단가)

	A	B	C	D	E
1	지점	원두	수량(100g)	금액	
2	A	케냐	15	150000	
3	B	콜롬비아	25	175000	
4	C	케냐	30	300000	
5	D	브라질	35	210000	
6					
7		원두	100g당 단가		
8		케냐	10,000		
9		콜롬비아	7,000		
10		브라질	6,000		
11					

① =C3*VLOOKUP(B3, $B$8:$C$10, 1, 1)

② =B3*HLOOKUP(C3, $B$8:$C$10, 2, 0)

③ =C3*VLOOKUP(B3, $B$8:$C$10, 2, 0)

④ =C3*HLOOKUP($B$8:$C$10, 2, B3)

[출제의도]
본 문항은 엑셀 워크시트 함수의 활용도를 확인하는 문제이다.
[해설]
"VLOOKUP(B3,$B$8:$C$10, 2, 0)"의 함수를 해설해보면 B3의 값(콜롬비아)을 B8:C10에서 찾은 후 그 영역의 2번째 열(C열, 100g당 단가)에 있는 값을 나타내는 함수이다. 금액은 "수량 × 단가"으로 나타내므로 D3셀에 사용되는 함수식은 "=C3*VLOOKUP(B3, $B$8: $C$10, 2, 0)"이다.
※ HLOOKUP과 VLOOKUP
  ㉠ HLOOKUP : 배열의 첫 행에서 값을 검색하여, 지정한 행의 같은 열에서 데이터를 추출
  ㉡ VLOOKUP : 배열의 첫 열에서 값을 검색하여, 지정한 열의 같은 행에서 데이터를 추출

답 ③

ⓒ 프레젠테이션

- 특징 : 각종 정보를 사용자 또는 대상자에게 쉽게 전달
- 기능 : 저장, 편집, 인쇄, 슬라이드 쇼 기능 등

ⓔ 유틸리티 프로그램 : 파일 압축 유틸리티, 바이러스 백신 프로그램

④ 데이터베이스의 필요성

㉠ 데이터의 중복을 줄인다.

㉡ 데이터의 무결성을 높인다.

㉢ 검색을 쉽게 해준다.

㉣ 데이터의 안정성을 높인다.

㉤ 개발기간을 단축한다.

(2) 정보처리능력

① **정보원** : 1차 자료는 원래의 연구성과가 기록된 자료이며, 2차 자료는 1차 자료를 효과적으로 찾아보기 위한 자료 또는 1차 자료에 포함되어 있는 정보를 압축·정리한 형태로 제공하는 자료이다.

- ㉠ 1차 자료 : 단행본, 학술지와 논문, 학술회의자료, 연구보고서, 학위논문, 특허정보, 표준 및 규격자료, 레터, 출판 전 배포자료, 신문, 잡지, 웹 정보자원 등
- ㉡ 2차 자료 : 사전, 백과사전, 편람, 연감, 서지데이터베이스 등

② **정보분석 및 가공**

- ㉠ 정보분석의 절차 : 분석과제의 발생 → 과제(요구)의 분석 → 조사항목의 선정 → 관련정보의 수집(기존자료 조사/신규자료 조사) → 수집정보의 분류 → 항목별 분석 → 종합·결론 → 활용·정리
- ㉡ 가공 : 서열화 및 구조화

③ **정보관리**

- ㉠ 목록을 이용한 정보관리
- ㉡ 색인을 이용한 정보관리
- ㉢ 분류를 이용한 정보관리

| 예제 3

인사팀에서 근무하는 J씨는 회사가 성장함에 따라 직원 수가 급증하기 시작하면서 직원들의 정보관리 방법을 모색하던 중 다음과 같은 A사의 직원 정보관리 방법을 보게 되었다. J씨는 A사가 하고 있는 이 방법을 회사에도 도입하고자 한다. 이 방법은 무엇인가?

> A사의 인사부서에 근무하는 H씨는 직원들의 개인정보를 관리하는 업무를 담당하고 있다. A사에서 근무하는 직원은 수천 명에 달하기 때문에 H씨는 주요 키워드나 주제어를 가지고 직원들의 정보를 구분하여 관리하여, 찾을 때도 쉽고 내용을 수정할 때도 이전보다 훨씬 간편할 수 있도록 했다.

① 목록을 활용한 정보관리
② 색인을 활용한 정보관리
③ 분류를 활용한 정보관리
④ 1:1 매칭을 활용한 정보관리

[출제의도]
본 문항은 정보관리 방법의 개념을 이해하고 있는가를 묻는 문제이다.
[해설]
주어진 자료의 A사에서 사용하는 정보관리는 주요 키워드나 주제어를 가지고 정보를 관리하는 방식인 색인을 활용한 정보관리이다. 디지털 파일에 색인을 저장할 경우 추가, 삭제, 변경 등이 쉽다는 점에서 정보관리에 효율적이다.

답 ②

출제예상문제

1 한컴오피스 ᄒᆞᆫ글 프로그램에서 단축키 Alt + V는 어떤 작업을 실행하는가?

① 불러오기 ② 모두 선택

③ 저장하기 ④ 다른 이름으로 저장하기

⑤ 붙이기

 단축키 Alt + V는 다른 이름으로 저장하기를 실행한다.
① 불러오기 : Alt + O
② 모두 선택 : Ctrl + A
③ 저장하기 : Alt + S
⑤ 붙이기 : Ctrl + V

2 다음은 엑셀 프로그램의 논리 함수에 대한 설명이다. 옳지 않은 것은?

① AND : 인수가 모두 TRUE이면 TRUE를 반환한다.

② OR : 인수가 하나라도 TRUE이면 TRUE를 반환한다.

③ NOT : 인수의 논리 역을 반환한다.

④ XOR : 모든 인수의 논리 배타적 AND를 반환한다.

⑤ IF : 조건식이 참이면 '참일 때 값', 거짓이면 '거짓일 때 값'을 출력한다.

 ④ XOR 또는 Exclusive OR라고도 하며, 모든 인수의 논리 배타적 OR을 반환한다.

┃3~4┃ S정보통신에 입사한 당신은 시스템 모니터링 업무를 담당하게 되었다. 다음의 시스템 매뉴얼을 확인한 후 제시된 상황에서 적절한 입력코드를 고르시오.

<S정보통신 시스템 매뉴얼>

☐ 항목 및 세부사항

항목	세부사항
Index@@ of Folder@@	• 오류 문자 : Index 뒤에 나타나는 문자 • 오류 발생 위치 : Folder 뒤에 나타나는 문자
Error Value	• 오류 문자와 오류 발생 위치를 의미하는 문자에 사용된 알파벳을 비교하여 오류 문자 중 오류 발생 위치의 문자와 일치하지 않는 알파벳의 개수 확인
Final Code	• Error Value를 통하여 시스템 상태 판단

☐ 판단 기준 및 처리코드(Final Code)

판단 기준	처리코드
일치하지 않는 알파벳의 개수 = 0	Qfgkdn
0 < 일치하지 않는 알파벳의 개수 ≤ 3	Wxmt
3 < 일치하지 않는 알파벳의 개수 ≤ 5	Atnih
5 < 일치하지 않는 알파벳의 개수 ≤ 7	Olyuz
7 < 일치하지 않는 알파벳의 개수 ≤ 10	Cenghk

Answer⌐→ 1.④ 2.④

3

System is processing requests...
System Code is X.
Run...

Error Found!
Index GHWDYC of Folder APPCOMPAT

Final Code? _____

① Qfgkdn   ② Wxmt
③ Atnih   ④ Olyuz
⑤ Cenghk

 Index 뒤에 나타나는 문자가 오류 문자이므로 이 상황에서 오류 문자는 'GHWDYC'이다.
오류 문자 중 오류 발생 위치의 문자와 일치하지 않는 알파벳은 G, H, W, D, Y 5개이므
로 처리코드는 'Atnih'이다.

4

System is processing requests...
System Code is X.
Run...

Error Found!
Index EFQLGSMXWYZ of Folder PWTUBOXMCLD

Final Code? _____

① Qfgkdn   ② Wxmt
③ Atnih   ④ Olyuz
⑤ Cenghk

 Index 뒤에 나타나는 anas자가 오류 문자이므로 이 상황에서 오류 문자는 '
EFQLGSMXWYZ'이다. 오류 문자 중 오류 발생 위치의 문자와 일치하지 않는 알파벳은
E,F,Q,G,S,Y,Z 7개이므로 처리코드는 'Olyuz'이다.

5 S회사에서 근무하고 있는 김 대리는 최근 업무 때문에 HTML을 배우고 있다. 아직 초보라서 신입사원 H씨로부터 도움을 많이 받고 있지만, H씨가 자리를 비운 사이 김 대리가 HTML에서 사용할 수 있는 tag를 써보았다. 잘못된 것은 무엇인가?

① 김 대리는 줄을 바꾸기 위해 ⟨br⟩를 사용하였다.

② 김 대리는 글자의 크기, 모양, 색상을 설정하기 위해 ⟨font⟩를 사용하였다.

③ 김 대리는 표를 만들기 위해 ⟨table⟩을 사용하였다.

④ 김 대리는 이미지를 삽입하기 위해 ⟨form⟩을 사용하였다.

⑤ 김 대리는 연락처 정보를 넣기 위해 ⟨address⟩를 사용하였다.

(Tip) ④ HTML에서 이미지를 삽입하기 위해서는 ⟨img⟩ 태그를 사용한다.

6 U회사의 보안과에서 근무하는 J 과장은 회사 내 컴퓨터 바이러스 예방 교육을 담당하고 있으며 한 달에 한 번 직원들을 교육시키고 있다. J 과장의 교육 내용으로 옳지 않은 것은?

① 중요한 자료나 프로그램은 항상 백업을 해두셔야 합니다.

② 램에 상주하는 바이러스 예방 프로그램을 설치하셔야 합니다.

③ 최신 백신프로그램을 사용하여 디스크검사를 수행하셔야 합니다.

④ 의심 가는 메일은 반드시 열어본 후 삭제하셔야 합니다.

⑤ 실시간 보호를 통해 맬웨어를 찾고 디바이스에서 설치되거나 실행하는 것을 방지해야 합니다.

(Tip) ④ 의심 가는 메일은 열어보지 않고 삭제해야 한다.

Answer ⟶ 3.③ 4.④ 5.④ 6.④

7 다음 중 아래 시트에서 야근일수를 구하기 위해 [B9] 셀에 입력할 함수로 옳은 것은?

	A	B	C	D	E
1	4월 야근 현황				
2	날짜	도준영	전아롱	이진주	강석현
3	4월15일		V		V
4	4월16일	V		V	
5	4월17일	V	V	V	
6	4월18일		V	V	V
7	4월19일	V		V	
8	4월20일	V			
9	야근일수				
10					

① =COUNTBLANK(B3:B8)　　　　② =COUNT(B3:B8)

③ =COUNTA(B3:B8)　　　　　　④ =SUM(B3:B8)

⑤ =SUMIF(B3:B8)

 COUNTBLANK 함수는 비어있는 셀의 개수를 세어준다. COUNT 함수는 숫자가 입력된 셀의 개수를 세어주는 반면 COUNTA 함수는 숫자는 물론 문자가 입력된 셀의 개수를 세어준다. 즉, 비어있지 않은 셀의 개수를 세어주기 때문에 이 문제에서는 COUNTA 함수를 사용해야 한다.

8 주기억장치 관리기법 중 "Best Fit" 기법 사용 시 8K의 프로그램은 주기억장치 영역 중 어느 곳에 할당되는가?

영역1	9K
영역2	15K
영역3	10K
영역4	30K
영역5	35K

① 영역1　　　　　　　　　　② 영역2

③ 영역3　　　　　　　　　　④ 영역4

⑤ 영역5

 "Best fit"은 가장 낭비가 적은 부분에 할당하기 때문에 영역1에 할당한다.

NS그룹의 오 대리는 상사로부터 스마트폰 신상품에 대한 기획안을 제출하라는 업무를 받았다. 이에 오 대리는 먼저 기획안을 작성하기 위해 필요한 정보가 무엇인지 생각을 하였는데 이번에 개발하고자 하는 신상품이 노년층을 주 고객층으로 한 실용적이면서도 조작이 간편한 제품이기 때문에 우선 50~60대의 취향을 파악할 필요가 있었다. 따라서 오 대리는 50~60대 고객들이 현재 사용하고 있는 스마트폰의 모델과 좋아하는 디자인, 사용하면서 불편해 하는 사항, 지불 가능한 액수 등에 대한 정보가 필요함을 깨달았고 이러한 정보는 사내에 저장된 고객정보를 통해 얻을 수 있음을 인식하였다. 오 대리는 다음 주까지 기획안을 작성하여 제출해야 하기 때문에 이번 주에 모든 정보를 수집하기로 마음먹었고 기획안 작성을 위해서는 방대한 고객정보 중에서도 특히 노년층에 대한 정보만 선별할 필요가 있었다. 이렇게 사내에 저장된 고객정보를 이용할 경우 따로 정보수집으로 인한 비용이 들지 않는다는 사실도 오 대리에게는 장점으로 작용하였다. 여기까지 생각이 미치자 오 대리는 고객정보를 얻기 위해 고객센터에 근무하는 조 대리에게 관련 자료를 요청하였고 가급적 연령에 따라 분류해 줄 것을 당부하였다.

9 다음 중 오 대리가 수집하고자 하는 고객정보 중에서 반드시 포함되어야 할 사항으로 옳지 않은 것은?

① 연령　　　　　　　　　　② 사용하고 있는 모델

③ 거주지　　　　　　　　　④ 사용 시 불편사항

⑤ 좋아하는 디자인

 오 대리가 수집하고자 하는 고객정보에는 고객의 연령과 현재 사용하고 있는 스마트폰의 모델, 좋아하는 디자인, 사용하면서 불편해 하는 사항, 지불 가능한 액수 등에 대한 정보가 반드시 필요하다.

Answer → 7.③　8.①　9.③

10 다음 〈보기〉의 사항들 중 위 사례에 포함된 사항은 모두 몇 개인가?

〈보기〉

- WHAT(무엇을?)
- WHEN(언제까지?)
- WHO(누가?)
- HOW MUCH(얼마나?)
- WHERE(어디에서?)
- WHY(왜?)
- HOW(어떻게?)

---

① 3개   ② 4개

③ 5개   ④ 6개

⑤ 7개

 정보활용의 전략적 기획(5W2H)

　ⓐ WHAT(무엇을?) : 50~60대 고객들이 현재 사용하고 있는 스마트폰의 모델과 좋아하는
　　　디자인, 사용하면서 불편해 하는 사항, 지불 가능한 액수 등에 대한 정보
　ⓑ WHERE(어디에서?) : 사내에 저장된 고객정보
　ⓒ WHEN(언제까지?) : 이번 주
　ⓓ WHY(왜?) : 스마트폰 신상품에 대한 기획안을 작성하기 위해
　ⓔ WHO(누가?) : 오 대리
　ⓕ HOW(어떻게?) : 고객센터에 근무하는 조 대리에게 관련 자료를 요청
　ⓖ HOW MUCH(얼마나?) : 따로 정보수집으로 인한 비용이 들지 않는다.

11 검색엔진을 사용하여 인터넷에서 이순신 장군이 지은 책이 무엇인지 알아보려고 한다. 정
보검색 연산자를 사용할 때 가장 적절한 검색식은 무엇인가? (단, 사용하려는 검색엔진은
AND 연산자로 '&', OR 연산자로 '+', NOT 연산자로 '!', 인접검색 연산자로 '~'을 사용한
다.)

① 이순신 + 책   ② 장군 & 이순신

③ 책 ! 장군   ④ 이순신 & 책

⑤ 장군 ~ 이순신

 이순신 장군이 지은 책을 검색하는 것이므로 많은 책들 중에서 이순신과 책이 동시에 들어
있는 웹문서를 검색해야 한다. 따라서 AND 연산자를 사용하면 된다.

12 다음은 K쇼핑몰의 날짜별 판매상품 정보 중 일부이다. 다음의 파일에 표시된 대분류 옆의 ▼를 누르면 많은 종류의 상품 중 보고 싶은 대분류(예를 들어, 셔츠)만을 한 눈에 볼 수 있다. 이 기능은 무엇인가?

	A	B	C	D	E	F	G
1	날짜 ▼	상품코드 ▼	대분류 ▼	상품명 ▼	사이즈 ▼	원가 ▼	판매가 ▼
2	2013-01-01	9E2S_NB4819	셔츠	플라워 슬리브리스 롱 셔츠	55	16,000	49,000
3	2013-01-01	9E2S_PT4845	팬츠	내추럴 스트링 배기 팬츠	44	20,000	57,800
4	2013-01-01	9E2S_OPS5089	원피스	뉴클래식컬러지퍼원피스	44	23,000	65,500
5	2013-01-01	9E2S_SK5085	스커트	더블플라운스밴딩스커트	44	12,000	41,500
6	2013-01-01	9E2S_VT4980	베스트	드로잉 포켓 베스트	44	19,000	55,500
7	2013-01-01	9E2S_PT5053	팬츠	라이트모드롤업9부팬츠	44	10,000	38,200
8	2013-01-02	9E2S_CD4943	가디건	라인 패턴 니트 볼레로	55	9,000	36,000
9	2013-01-02	9E2S_OPS4801	원피스	러블리 레이스 롱 체크 원피스	55	29,000	79,800
10	2013-01-02	9E2S_BL4906	블라우스	러블리 리본 플라워 블라우스	44	15,000	46,800
11	2013-01-02	9E2S_OPS4807	원피스	러블리 벌룬 쉬폰 원피스	55	25,000	70,000
12	2013-01-02	9E2S_OPS4789	원피스	러블리브이넥 레이스 원피스	55	25,000	70,000
13	2013-01-03	9E2S_OPS5088	원피스	레오파드사틴포켓원피스	44	21,000	60,500
14	2013-01-04	9E2S_OPS4805	원피스	로맨틱 언밸런스 티어드 원피스	55	19,000	55,500
15	2013-01-04	9E2S_BL4803	블라우스	로맨틱 셔링 베스트 블라우스	44	14,000	43,500
16	2013-01-04	9E2S_TS4808	티셔츠	루즈핏스트라이프슬리브리스	44	8,000	33,000

① 조건부 서식
② 찾기
③ 필터
④ 정렬
⑤ 가상 분석

 특정한 데이터만을 골라내는 기능을 필터라고 하며 이 작업을 필터링이라 부른다.
① 원하는 기준에 따라 서식을 변경하는 기능으로 특정 셀을 강조할 수 있다.
② 원하는 단어를 찾는 기능이다.
④ 무작위로 섞여있는 열을 기준에 맞춰 정렬하는 기능으로 오름차순 정렬, 내림차순 정렬 등이 있다.
⑤ 시트에서 수식에 대한 여러 값을 적용해 본다.

13 다음 중 아래의 설명에 해당하는 용어는?

• 정보의 형태나 형식을 변환하는 처리나 처리 방식이다.
• 파일의 용량을 줄이거나 화면크기를 변경하는 등 다양한 방법으로 활용된다.

① 인코딩(encoding)
② 리터칭(retouching)
③ 렌더링(rendering)
④ 디코더(decoder)
⑤ 레코딩(recording)

 파일의 용량을 줄이거나 화면크기를 변경하는 등 정보의 형태나 형식을 변환하는 처리 방식을 인코딩이라 한다.

Answer 10.⑤ 11.④ 12.③ 13.①

┃14~15┃ 다음의 알고리즘을 보고 물음에 답하시오.

14 다음의 알고리즘에서 인쇄되는 S는?

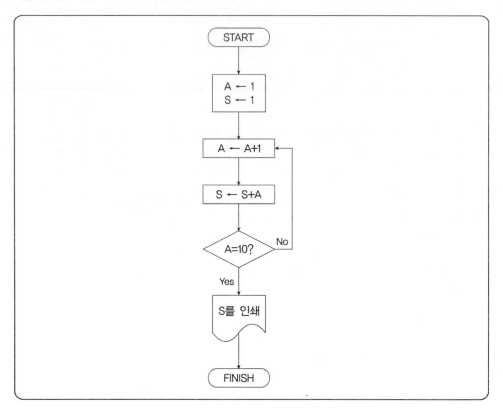

① 36 ② 45

③ 55 ④ 66

⑤ 75

 $A = 1, \ S = 1$

$A = 2, \ S = 1 + 2$

$A = 3, \ S = 1 + 2 + 3$

…

$A = 10, \ S = 1 + 2 + 3 + \cdots + 10$

∴ 출력되는 S의 값은 55이다.

15

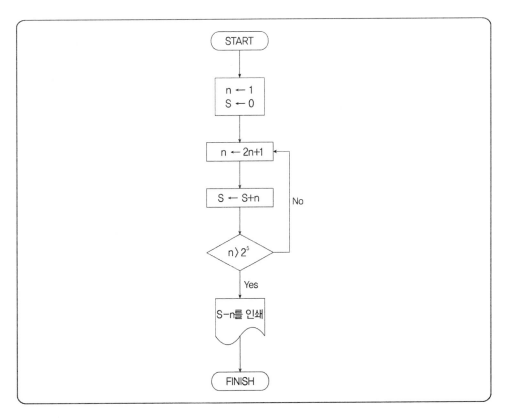

① 25

② 31

③ 56

④ 63

⑤ 119

 n=1, S=0

n=3, S=3

n=7, S=10

n=15, S=25

n=31, S=56

n=63, S=119

∴ 출력되는 S-n의 값은 119-63=56이다.

16 인터넷 상의 중앙 서버에 데이터를 저장해 두고, 인터넷 기능이 있는 모든 IT 기기를 사용하여 언제 어디서든지 정보를 이용할 수 있다는 개념으로, 컴퓨팅 자원을 필요한 만큼 빌려 쓰고 사용 요금을 지불하는 방식으로 사용되는 컴퓨팅 개념을 무엇이라고 하는가?

① 모바일 컴퓨팅(Mobile Computing)

② 분산 컴퓨팅(Distributed Computing)

③ 클라우드 컴퓨팅(Cloud Computing)

④ 그리드 컴퓨팅(Grid Computing)

⑤ 웨어러블 컴퓨팅(Wearable Computing)

 ① 모바일 컴퓨팅(Mobile Computing) : 휴대형 컴퓨터 등을 이용하여 자유로이 업무를 수행하는 것을 말한다.
② 분산 컴퓨팅(Distributed Computing) : 인터넷에 연결된 여러 컴퓨터들의 처리 능력을 이용하여 거대한 계산 문제를 해결하려는 분산처리 모델을 말한다.
④ 그리드 컴퓨팅(Grid Computing) : 컴퓨팅 기기를 하나의 초고속 네트워크로 연결하여, 컴퓨터의 계산능력을 극대화한 차세대 디지털 신경망 서비스를 말한다.
⑤ 웨어러블 컴퓨팅(Wearable Computing) : 컴퓨터를 옷이나 안경처럼 착용할 수 있게 해주는 기술로써, 컴퓨터를 인간의 몸의 일부로 여길 수 있도록 기여하는 기술을 말한다.

17 박 대리는 보고서를 작성하던 도중 모니터에 '하드웨어 충돌'이라는 메시지 창이 뜨자 혼란에 빠지고 말았다. 이 문제점을 해결하기 위해 할 수 있는 행동으로 옳은 것은?

① [F8]을 누른 후 메뉴가 표시되면 '부팅 로깅'을 선택한 후 문제의 원인을 찾는다.

② 사용하지 않는 Windows 구성 요소를 제거한다.

③ [Ctrl] + [Alt] + [Delete] 또는 [Ctrl] + [Shift] + [Esc]를 누른 후 [Windows 작업관리자]의 '응용 프로그램'탭에서 응답하지 않는 프로그램을 종료한다.

④ [시스템]→[하드웨어]에서 〈장치 관리자〉를 클릭한 후 '장치 관리자'창에서 확인하여 중복 설치된 장치를 제거 후 재설치한다.

⑤ 드라이브 조각모음 및 최적화를 실행한다.

 ① 부팅이 안 될 때 문제해결을 위한 방법이다.
② 디스크 용량 부족 시 대처하는 방법이다.
③ 응답하지 않는 프로그램 발생 시 대처방법이다.
⑤ 컴퓨터를 더 효율적으로 실행하고자 할 때 사용하는 방법이다.

18 다음은 오디오데이터에 대한 설명이다. ㈎, ㈏에 들어갈 용어를 바르게 짝지은 것은?

㈎	• 아날로그 형태의 소리를 디지털 형태로 변형하는 샘플링 과정을 통하여 작성된 데이터 • 실제 소리가 저장되어 재생이 쉽지만, 용량이 큼 • 파일의 크기 계산 : 샘플링 주기 × 샘플링 크기 × 시간 × 재생방식(모노 = 1, 스테레오 = 2)
MIDI	• 전자악기 간의 디지털 신호에 의한 통신이나 컴퓨터와 전자악기 간의 통신 규약 • 음성이나 효과음의 저장은 불가능하고, 연주 정보만 저장되므로 크기가 작음 • 시퀀싱 작업을 통해 작성되며, 16개 이상의 악기 동시 연주 가능
㈏	• 고음질 오디오 압축의 표준 형식 • MPEG-1의 압축 방식을 이용하여, 음반 CD 수준의 음질을 유지하면서 1/12 정도까지 압축

	㈎	㈏
①	WAVE	AVI
②	WAVE	MP3
③	MP3	WAVE
④	MP3	3AVI
⑤	MP3	AVI

(Tip) ㈎는 WAVE, ㈏는 MP3에 관한 설명이다.

19 다음 중 컴퓨터 범죄를 예방하기 위한 방법으로 옳지 않은 것은?

① 해킹 방지를 위한 보안 관련 프로그램을 보급하고, 보안 교육을 정기적으로 실시하여야 한다.

② 의심이 가는 메일이나 호기심을 자극하는 표현 등의 메일은 열어보지 않는다.

③ 백신 프로그램을 설치하고, 자동 업데이트 기능을 설정한다.

④ 사이버 공간 상에서 새로운 관계나 문화를 형성하지 않는다.

⑤ 하나의 컴퓨터에 2~3개의 백신 프로그램을 중복으로 설치하지 않는다.

 정보사회로 들어서면서 사회 전반의 능률과 생산성이 증대되거나 시간과 공간의 제약에서 벗어나 새로운 관계를 형성할 수 있게 되었지만 정보기술을 이용한 사생활 침해 및 새로운 범죄가 발생하게 되었다. 이러한 범죄를 예방하기 위해서는 보안 관련 프로그램 다운 및 백신 프로그램을 설치하고 의심이 가는 메일이나 호기심을 자극하는 표현 등의 메일은 열어보지 않아야 한다.
④ 사이버 공간 상에서 새로운 관계나 문화를 형성하는 것은 정보사회의 순기능이라 볼 수 있다.

20 T회사에 다니는 S대리는 직원들의 컴퓨터에 문제가 생기거나 할 때 잘 봐주곤 한다. 최근 신입사원으로 들어온 Y씨는 컴퓨터 네트워크 프린터를 공유하려고 하는데 이를 잘 몰라서 S대리에게 부탁을 했다. Y씨의 컴퓨터가 한글 Windows XP라고 할 때 공유 수행과정으로 옳은 것은?

> ㉠ 프린터 찾아보기
> ㉡ 프린터 추가 마법사 실행
> ㉢ 네트워크 프린터 또는 로컬 프린터의 선택
> ㉣ 기본 프린터 사용 여부

① ㉠→㉡→㉢→㉣   ② ㉡→㉢→㉠→㉣

③ ㉡→㉣→㉢→㉠   ④ ㉣→㉠→㉢→㉡

⑤ ㉣→㉡→㉠→㉢

 프린터 추가 마법사 실행→네트워크 프린터 또는 로컬 프린터 선택→프린터 찾아보기→기본 프린터 사용 여부

21 다음은 한글 바로가기 단축키이다. 다음 중 잘못된 내용은?

F1	도움말	Ctrl + A	전체 선택
F2	찾기 … ㉠	Ctrl + C	복사
F3	블록설정	Ctrl + X	잘라내기
Ctrl + Esc	[시작] 메뉴 표시	Ctrl + V	붙여넣기
Alt + Enter↵	등록 정보 표시		
Alt + F4	창 닫기, 프로그램 종료 … ㉡		
PrtSc *	화면 전체를 클립보드로 복사		
Alt + PrtSc *	실행 중인 프로그램을 순서대로 전환 … ㉢		
Alt + ⇥	실행 중인 프로그램 목록을 보여 주면서 프로그램 전환		
Ctrl + Alt + Del	'Windows 작업관리자' 대화상자 호출(Ctrl + Shift + Esc) … ㉣		
Shift	CD 삽입시 자동 실행 기능 정지 … ㉤		

① ㉠

② ㉡

③ ㉢

④ ㉣

⑤ ㉤

(Tip) Alt + PrtSc * : 활성창을 클립보드로 복사
Alt + Esc : 실행 중인 프로그램을 순서대로 전환

22 지민 씨는 회사 전화번호부를 1대의 핸드폰에 저장하였다. 핸드폰 전화번호부에서 검색을 했을 때 나타나는 결과로 옳은 것은? ('6'을 누르면 '5468', '7846' 등이 뜨고 'ㅌ'을 누르면 '전태승' 등이 뜬다.)

구분	이름	번호
총무팀	이서경	0254685554
마케팅팀	김민종	0514954554
인사팀	최찬웅	0324457846
재무팀	심빈우	0319485574
영업팀	민하린	01054892464
해외사업팀	김혜서	01099843432
전산팀	전태승	01078954654

① 'ㅎ'을 누르면 4명이 뜬다.

② '32'를 누르면 2명이 뜬다.

③ '55'를 누르면 2명이 뜬다.

④ 'ㅂ'을 누르면 아무도 나오지 않는다.

⑤ '4'를 누르면 5명의 번호 뒤의 네 자리가 뜬다.

 ① 'ㅎ'을 누르면 2명이 뜬다(민하린, 김혜서).
③ '55'를 누르면 3명이 뜬다(0254685554, 0514954554, 0319485574).
④ 'ㅂ'을 누르면 1명이 뜬다(심빈우).
⑤ '4'를 누르면 7명 모두의 번호 뒤의 네 자리가 뜬다.

Answer↪ 22.②

|23~24| 다음은 우리나라에 수입되는 물품의 코드이다. 다음 코드 목록을 보고 이어지는 물음에 답하시오.

생산연월	생산지역				상품종류			순서
	지역코드		고유번호		분류코드		고유번호	
• 1602 2016년 2월 • 1608 2016년 8월 • 1702 2017년 2월	1	유럽	A	프랑스	01	가공 식품류	001	소시지	00001부터 시작하여 수입된 물품 순서대로 5자리의 번호가 매겨짐
			B	영국			002	맥주	
			C	이탈리아			003	치즈	
			D	독일					
	2	남미	E	칠레	02	육류	004	돼지고기	
			F	볼리비아			005	소고기	
	3	동아시아	G	일본			006	닭고기	
			H	중국	03	농수산 식품류	007	파프리카	
	4	동남 아시아	I	말레이시아			008	바나나	
			J	필리핀			009	양파	
			K	태국			010	할라피뇨	
			L	캄보디아			011	후추	
	5	아프리카	M	이집트			012	파슬리	
			N	남아공	04	공산품류	013	의류	
	6	오세 아니아	O	뉴질랜드			014	장갑	
			P	오스트레일 리아			015	목도리	
							016	가방	
	7	중동 아시아	Q	이란			017	모자	
			H	터키			018	신발	

〈예시〉

2016년 3월 남미 칠레에서 생산되어 31번째로 수입된 농수산식품류 파프리카 코드

<u>1603</u> — <u>2E</u> — <u>03007</u> — <u>00031</u>

23 다음 중 2016년 5월 유럽 독일에서 생산되어 64번째로 수입된 가공식품류 소시지의 코드로 맞는 것은?

① 16051A0100100034

② 16051D0200500064

③ 16054K0100200064

④ 16051D0100100064

⑤ 16051D0100200064

 코드 1605(2016년 5월), 1D(유럽 독일), 01001(가공식품류 소시지) 00064(64번째로 수입)가 들어가야 한다.

24 다음 중 아시아 대륙에서 생산되지 않은 상품의 코드를 고르면?

① 16017Q0401800078

② 16054J0300800023

③ 14053G0401300041

④ 17035M0401400097

⑤ 17043H0100200001

 ④는 아프리카 이집트에서 생산된 장갑의 코드번호이다.
① 중동 이란에서 생산된 신발의 코드번호
② 동남아시아 필리핀에서 생산된 바나나의 코드번호
③ 일본에서 생산된 의류의 코드번호
⑤ 중국에서 생산된 맥주의 코드번호

25 다음은 워크시트에서 [A1:B2] 영역을 선택한 후 채우기 핸들을 사용하여 드래그 했을 때 [A7:B7] 영역 값으로 바르게 짝지은 것은?

	A	B
1	MON	0
2	SAT	4
3		

① WED − 28

② WED − 24

③ TUE − 28

④ TUE − 24

⑤ MON − 24

 A : MON(월) → SAT(토)로 2일씩 뒤로 가고 있다.

B : 0 → 4로 4씩 증가하고 있다.

	A	B
1	MON	0
2	SAT	4
3	THU	8
4	TUE	12
5	SUN	16
6	FRI	20
7	WED	24

Answer ⟶ 23.④ 24.④ 25.②

06 직업윤리

1 윤리와 직업

(1) 윤리의 의미

① 윤리적 인간 … 공동의 이익을 추구하고 도덕적 가치 신념을 기반으로 형성된다.

② 윤리규범의 형성 … 공동생활과 협력을 필요로 하는 인간생활에서 형성되는 공동행동의 룰을 기반으로 형성된다.

③ 윤리의 의미 … 인간과 인간 사이에서 지켜야 할 도리를 바르게 하는 것으로 인간 사회에 필요한 올바른 질서라고 할 수 있다.

예제 1

윤리에 대한 설명으로 옳지 않은 것은?

① 윤리는 인간과 인간 사이에서 지켜져야 할 도리를 바르게 하는 것으로 볼 수 있다.

② 동양적 사고에서 윤리는 인륜과 동일한 의미이며, 엄격한 규율이나 규범의 의미가 배어 있다.

③ 인간은 윤리를 존중하며 살아야 사회가 질서와 평화를 얻게 되고, 모든 사람이 안심하고 개인적 행복을 얻게 된다.

④ 윤리는 세상에 두 사람 이상이 있으면 존재하며, 반대로 혼자 있을 때도 지켜져야 한다.

[출제의도]
윤리의 의미와 윤리적 인간, 윤리규범의 형성 등에 대한 기본적인 이해를 평가는 문제이다.
[해설]
윤리는 인간과 인간 사이에서 지켜져야 할 도리를 바르게 하는 것으로서 이 세상에 두 사람 이상이 있으면 존재하고 반대로 혼자 있을 때에는 의미가 없는 말이 되기도 한다.

답 ④

---

(2) 직업의 의미

① 직업은 본인의 자발적 의사에 의한 장기적으로 지속하는 일로, 경제적 보상이 따라야 한다.

② **입신출세론** … 입신양명(立身揚名)이 입신출세(立身出世)로 바뀌면서 현대에 와서는 직업활동의 결과를 출세에 비중을 두는 경향이 짙어졌다.

③ **3D 기피현상** … 힘들고(Difficult), 더럽고(Dirty), 위험한(Dangerous) 일은 하지 않으려고 하는 현상

(3) 직업윤리

① 직업윤리란 직업인이라면 반드시 지켜야 할 공통적인 윤리규범으로 어느 직장에 다니느냐를 구분하지 않는다.

② 직업윤리와 개인윤리의 조화

    ㉠ 업무상 행해지는 개인의 판단과 행동이 사회적 파급력이 큰 기업시스템을 통하여 다수의 이해관계자와 관련된다.

    ㉡ 많은 사람의 고도화된 협력을 요구하므로 맡은 역할에 대한 책임완수와 투명한 일 처리가 필요하다.

    ㉢ 규모가 큰 공동 재산 · 정보 등을 개인이 관리하므로 높은 윤리의식이 요구된다.

    ㉣ 직장이라는 특수 상황에서 갖는 집단적 인간관계는 가족관계, 친분관계와는 다른 배려가 요구된다.

    ㉤ 기업은 경쟁을 통하여 사회적 책임을 다하고, 보다 강한 경쟁력을 키우기 위하여 조직원인의 역할과 능력을 꾸준히 향상시켜야 한다.

    ㉥ 직무에 따른 특수한 상황에서는 개인 차원의 일반 상식과 기준으로는 규제할 수 없는 경우가 많다.

■ 예제 2

직업윤리에 대한 설명으로 옳지 않은 것은?

① 개인윤리를 바탕으로 각자가 직업에 종사하는 과정에서 요구되는 특수한 윤리규범이다.

② 직업에 종사하는 현대인으로서 누구나 공통적으로 지켜야 할 윤리기준을 직업윤리라 한다.

③ 개인윤리의 기본 덕목인 사랑, 자비 등과 공동발전의 추구, 장기적 상호이익 등의 기본은 직업윤리도 동일하다.

④ 직업을 가진 사람이라면 반드시 지켜야 할 윤리규범이며, 중소기업 이상의 직장에 다니느냐에 따라 구분된다.

[출제의도]
직업윤리의 정의와 내용에 대한 올바른 이해를 요구하는 문제이다.
[해설]
직업윤리란 직업을 가진 사람이라면 반드시 지켜야 할 공통적인 윤리규범을 말하는 것으로 어느 직장에 다니느냐를 구분하지 않는다.

답 ④

2 　직업윤리를 구성하는 하위능력

(1) 근로윤리

① 근면한 태도
  ㉠ 근면이란 게으르지 않고 부지런한 것으로 근면하기 위해서는 일에 임할 때 적극적이고 능동적인 자세가 필요하다.
  ㉡ 근면의 종류
    • 외부로부터 강요당한 근면
    • 스스로 자진해서 하는 근면

② 정직한 행동
  ㉠ 정직은 신뢰를 형성하고 유지하는 데 기본적이고 필수적인 규범이다.
  ㉡ 정직과 신용을 구축하기 위한 지침
    • 정직과 신뢰의 자산을 매일 조금씩 쌓아가자.
    • 잘못된 것도 정직하게 밝히자.
    • 타협하거나 부정직을 눈감아 주지 말자.
    • 부정직한 관행은 인정하지 말자.

③ 성실한 자세 … 성실은 일관하는 마음과 정성의 덕으로 자신의 일에 최선을 다하고자 하는 마음자세를 가지고 업무에 임하는 것이다.

예제 3

우리 사회에서 정직과 신용을 구축하기 위한 지침으로 볼 수 없는 것은?

① 정직과 신뢰의 자산을 매일 조금씩 쌓아가도록 한다.
② 잘못된 것도 정직하게 밝혀야 한다.
③ 작은 실수는 눈 감아주고 때론 타협을 하여야 한다.
④ 부정직한 관행은 인정하지 말아야 한다.

[출제의도]
근로윤리 중에서도 정직한 행동과 성실한 자세에 대해 올바르게 이해하고 있는지 평가하는 문제이다.
[해설]
타협하거나 부정직한 일에 대해서는 눈 감아주지 말아야 한다.

답 ③

---

(2) 공동체윤리

① 봉사(서비스)의 의미
  ㉠ 직업인에게 봉사란 자신보다 고객의 가치를 최우선으로 하는 서비스 개념이다.

ⓛ SERVICE의 7가지 의미
- S(Smile & Speed) : 서비스는 미소와 함께 신속하게 하는 것
- E(Emotion) : 서비스는 감동을 주는 것
- R(Respect) : 서비스는 고객을 존중하는 것
- V(Value) : 서비스는 고객에게 가치를 제공하는 것
- I(Image) : 서비스는 고객에게 좋은 이미지를 심어 주는 것
- C(Courtesy) : 서비스는 예의를 갖추고 정중하게 하는 것
- E(Excellence) : 서비스는 고객에게 탁월하게 제공되어져야 하는 것

ⓒ 고객접점서비스 : 고객과 서비스 요원 사이에서 15초 동안의 짧은 순간에 이루어지는 서비스로, 이 순간을 진실의 순간(MOT ; Moment of Truth) 또는 결정적 순간이라고 한다.

② **책임의 의미** … 책임은 모든 결과는 나의 선택으로 인한 결과임을 인식하는 태도로, 상황을 회피하지 않고 맞닥뜨려 해결하는 자세가 필요하다.

③ **준법의 의미** … 준법은 민주 시민으로서 기본적으로 지켜야 하는 의무이며 생활 자세이다.

④ **예절의 의미** … 예절은 일정한 생활문화권에서 오랜 생활습관을 통해 하나의 공통된 생활방법으로 정립되어 관습적으로 행해지는 사회계약적 생활규범으로, 언어문화권에 따라 다르고 같은 언어문화권이라도 지방에 따라 다를 수 있다.

⑤ **직장에서의 예절**
ⓖ **직장에서의 인사예절**
- 악수
  - 악수를 하는 동안에는 상대에게 집중하는 의미로 반드시 눈을 맞추고 미소를 짓는다.
  - 악수를 할 때는 오른손을 사용하고, 너무 강하게 쥐어짜듯이 잡지 않는다.
  - 악수는 힘 있게 해야 하지만 상대의 뼈를 부수듯이 손을 잡지 말아야 한다.
  - 악수는 서로의 이름을 말하고 간단한 인사 몇 마디를 주고받는 정도의 시간 안에 끝내야 한다.
- 소개
  - 나이 어린 사람을 연장자에게 소개한다.
  - 내가 속해 있는 회사의 관계자를 타 회사의 관계자에게 소개한다.
  - 신참자를 고참자에게 소개한다.
  - 동료임원을 고객, 손님에게 소개한다.
  - 비임원을 임원에게 소개한다.
  - 소개받는 사람의 별칭은 그 이름이 비즈니스에서 사용되는 것이 아니라면 사용하지 않는다.
  - 반드시 성과 이름을 함께 말한다.

-상대방이 항상 사용하는 경우라면, Dr. 또는 Ph.D. 등의 칭호를 함께 언급한다.

-정부 고관의 직급명은 퇴직한 경우라도 항상 사용한다.

-천천히 그리고 명확하게 말한다.

-각각의 관심사와 최근의 성과에 대하여 간단한 언급을 한다.

• 명함 교환

-명함은 반드시 명함 지갑에서 꺼내고 상대방에게 받은 명함도 명함 지갑에 넣는다.

-상대방에게서 명함을 받으면 받은 즉시 호주머니에 넣지 않는다.

-명함은 하위에 있는 사람이 먼저 꺼내는데 상위자에 대해서는 왼손으로 가볍게 받쳐
  내는 것이 예의이며, 동위자, 하위자에게는 오른손으로만 쥐고 건넨다.

-명함을 받으면 그대로 집어넣지 말고 명함에 관해서 한두 마디 대화를 건네 본다.

-쌍방이 동시에 명함을 꺼낼 때는 왼손으로 서로 교환하고 오른손으로 옮겨진다.

ⓛ 직장에서의 전화예절

• 전화걸기

-전화를 걸기 전에 먼저 준비를 한다. 정보를 얻기 위해 전화를 하는 경우라면 얻고자
  하는 내용을 미리 메모하도록 한다.

-전화를 건 이유를 숙지하고 이와 관련하여 대화를 나눌 수 있도록 준비한다.

-전화는 정상적인 업무가 이루어지고 있는 근무 시간에 걸도록 한다.

-당신이 통화를 원하는 상대와 통화할 수 없을 경우에 대비하여 비서나 다른 사람에게
  메시지를 남길 수 있도록 준비한다.

-전화는 직접 걸도록 한다.

-전화를 해달라는 메시지를 받았다면 가능한 한 48시간 안에 답해주도록 한다.

• 전화받기

-전화벨이 3~4번 울리기 전에 받는다.

-당신이 누구인지를 즉시 말한다.

-천천히, 명확하게 예의를 갖추고 말한다.

-밝은 목소리로 말한다.

-말을 할 때 상대방의 이름을 함께 사용한다.

-메시지를 받아 적을 수 있도록 펜과 메모지를 곁에 둔다.

-주위의 소음을 최소화한다.

-긍정적인 말로서 전화 통화를 마치고 전화를 건 상대방에게 감사를 표시한다.

• 휴대전화

-당신이 어디에서 휴대전화로 전화를 하든지 간에 상대방에게 통화를 강요하지 않는다.

-상대방이 장거리 요금을 지불하게 되는 휴대전화의 사용은 피한다.

-운전하면서 휴대전화를 하지 않는다.

－친구의 휴대전화를 빌려 달라고 부탁하지 않는다.

　　－비상시에만 휴대전화를 사용하는 친구에게는 휴대전화로 전화하지 않는다.

　ⓒ 직장에서의 E-mail 예절

　　• E-mail 보내기

　　－상단에 보내는 사람의 이름을 적는다.

　　－메시지에는 언제나 제목을 넣도록 한다.

　　－메시지는 간략하게 만든다.

　　－요점을 빗나가지 않는 제목을 잡도록 한다.

　　－올바른 철자와 문법을 사용한다.

　　• E-mail 답하기

　　－원래 이-메일의 내용과 관련된 일관성 있는 답을 하도록 한다.

　　－다른 비즈니스 서신에서와 마찬가지로 화가 난 감정의 표현을 보내는 것은 피한다.

　　－답장이 어디로, 누구에게로 보내는지 주의한다.

⑥ 성예절을 지키기 위한 자세 … 직장에서 여성의 특징을 살린 한정된 업무를 담당하던 과거
　와는 달리 여성과 남성이 대등한 동반자 관계로 동등한 역할과 능력발휘를 한다는 인식을
　가질 필요가 있다.

　　㉠ 직장 내에서 여성이 남성과 동등한 지위를 보장 받기 위해서 그만한 책임과 역할을
　　다해야 하며, 조직은 그에 상응하는 여건을 조성해야 한다.

　　㉡ 성희롱 문제를 사전에 예방하고 효과적으로 처리하는 방안이 필요한 것이다.

　　㉢ 남성 위주의 가부장적 문화와 성 역할에 대한 과거의 잘못된 인식을 타파하고 남녀공
　　존의 직장문화를 정착하는 노력이 필요하다.

▌예제 4

예절에 대한 설명으로 옳지 않은 것은?

① 예절은 일정한 생활문화권에서 오랜 생활습관을 통해 하나의 공통된 생활방식으
　로 정립되어 관습적으로 행해지는 사회계약적인 생활규범이라 할 수 있다.
② 예절은 언어문화권에 따라 다르나 동일한 언어문화권일 경우에는 모두 동일하다.
③ 무리를 지어 하나의 문화를 형성하여 사는 일정한 지역을 생활문화권이라 하
　며, 이 문화권에 사는 사람들이 가장 편리하고 바람직한 방법이라고 여겨 그
　렇게 행하는 생활방법이 예절이다.
④ 예절은 한 나라에서 통일되어야 국민들이 생활하기가 수월하며, 올바른 예절
　을 지키는 것이 바른 삶을 사는 것이라 할 수 있다.

[출제의도]
공동체윤리에 속하는 여러 항목
중 예절의 의미와 특성에 대한 이
해능력을 평가하는 문제이다.
[해설]
예절은 언어문화권에 따라 다르고,
동일한 언어문화권이라도 지방에
따라 다를 수 있다. 예를 들면 우
리나라의 경우 서울과 지방에 따
라 예절이 조금씩 다르다.

답 ②

1 다음은 직업윤리의 덕목에 대한 설명이다. 내용이 바르게 짝지어진 것은?

① 소명의식 : 자신의 일이 자신의 능력과 적성에 꼭 맞는다 여기고 그 일에 열성을 가지고 성실히 임하는 태도

② 천직의식 : 자신이 맡은 일은 하늘에 의해 맡겨진 일이라고 생각하는 태도

③ 직분의식 : 자신의 일이 누구나 할 수 있는 것이 아니라 해당 분야의 지식과 교육을 바탕으로 성실히 수행해야만 가능한 것이라 믿고 수행하는 태도

④ 봉사의식 : 자신이 하고 있는 일이 사회나 기업을 위해 중요한 역할을 하고 있다고 믿고 자신의 활동을 수행하는 태도

⑤ 책임의식 : 직업에 대한 사회적 역할과 책무를 충실히 수행하고 책임을 다하는 태도

 직업윤리의 덕목

ㄱ 소명의식 : 자신이 맡은 일은 하늘에 의해 맡겨진 일이라고 생각하는 태도

ㄴ 천직의식 : 자신의 일이 자신의 능력과 적성에 꼭 맞는다 여기고 그 일에 열성을 가지고 성실히 임하는 태도

ㄷ 직분의식 : 자신이 하고 있는 일이 사회나 기업을 위해 중요한 역할을 하고 있다고 믿고 자신의 활동을 수행하는 태도

ㄹ 책임의식 : 직업에 대한 사회적 역할과 책무를 충실히 수행하고 책임을 다하는 태도

ㅁ 전문가의식 : 자신의 일이 누구나 할 수 있는 것이 아니라 해당 분야의 지식과 교육을 바탕으로 성실히 수행해야만 가능한 것이라 믿고 수행하는 태도

ㅂ 봉사의식 : 직업 활동을 통해 다른 사람과 공동체에 대해 봉사하는 정신을 갖추고 실천하는 태도

2 다음 기사의 내용을 보고 'A씨'에게 필요한 업무 수행의 자세로 알맞은 것은?

> **부실 공사 눈감아준 공무원 입건**
>
> 강남경찰서는 부실공사를 알고도 준공검사를 해준 혐의로 공무원 A씨를 불구속 입건했다. 그는 수백 억 원의 예산이 투입되는 주택 건설 사업과 관련해 기존 설계도면에 문제가 있다는 것을 알면서도 설계 변경 없이 공사를 진행하도록 하고 준공검사까지 내주었다. 특히 A씨는 준공검사 때에도 현장에 가지 않고 준공검사 조서를 작성한 것으로 드러났다.

① 많은 성과를 내기 위해 관행에 따라 일을 처리해야 한다.

② 사실 확인보다는 문서의 정확성을 위해 노력해야 한다.

③ 정명(正名) 정신에 따라 사회적 책임을 완수해야 한다.

④ 인정(人情)에 의거해 업무를 처리해야 한다.

⑤ 효율적인 업무 처리를 위해 현장 방문을 생략할 수 있다.

 사회적으로 문제가 되는 공직자의 비리, 부정부패는 책임 윤리의 부재에서 비롯된 것이다. 이러한 문제를 해결하기 위해서는 사회적 지위에 맞게 역할을 수행해야 한다는 정명(正名) 정신이 필요하다.

Answer ⇒ 1.⑤ 2.③

3 다음과 같은 입장에서 긍정의 대답을 할 질문으로 알맞은 것은?

> 기업의 존재는 공공적이며, 사회적 목표에 이바지하는 한에서 정당화된다. 기업이 성장하고 발전하는 것은 기업 혼자만의 힘이 아니므로, 일방적으로 이익을 추구해서는 안 되며 사회에 대해서도 일정한 책임을 져야 한다. 따라서 기업은 사회에 긍정적 영향을 미치는 다양한 활동들에 관심을 가지고 이를 지속적으로 실천해 나가야 한다.

① 기업 활동의 목적은 이윤 추구에 국한되어야 하는가?
② 기업의 이윤 추구와 사회적 책임의 실천이 병행되어야 하는가?
③ 기업은 공동선의 실현보다 경제적 효율성을 우선해야 하는가?
④ 기업의 사익 추구는 자연스럽게 공익 실현으로 이어지는가?
⑤ 재벌 기업의 사유화는 과연 옳은 길인가?

 제시문은 기업이 이윤 추구뿐만 아니라 사회적 책임에 대해서 관심을 가져야 한다고 보고 있는 입장이다. 따라서 기업은 이윤을 얻기 위한 활동과 함께 사회의 공익을 증진할 수 있는 활동도 실천해야 한다.

4 다음 대화의 빈칸에 들어갈 말로 가장 알맞은 것은?

> A : 공직자로서 갖추어야 할 가장 중요한 덕목은 무엇인가요?
> B : 공직자는 국민의 봉사자이므로 청렴이 가장 중요하다고 생각합니다.
> A : 그럼 경제적 사정이 어려운 친인척들이 공공 개발 계획의 정보를 미리 알려달라고 할 때에는 어떻게 해야 할까요?
> B : _____

① 국민의 요청이므로 알 권리를 충족시켜 주여야 합니다.
② 어려운 친인척들에게 경제적 이익을 주어야 합니다.
③ 정보를 알려주되 대가를 요구하지 않아야 합니다.
④ 사익을 배제하고 공명정대하게 행동해야 합니다.
⑤ 인정에 따라 정보를 알려주고 보상을 받아야 합니다.

 청렴은 성품과 행실이 고결하고 탐욕이 없다는 뜻으로 국민의 봉사자인 공직자가 지녀야 할 중요한 덕목이다. 공직자는 어떠한 상황에서도 사익을 배제하고 공명정대하게 행동해야 한다.

5 다음과 같은 상황에 대하여 A에게 해줄 수 있는 조언으로 가장 알맞은 것은?

> 대학을 졸업한 A는 여러 차례 구직 활동을 하였지만 마땅한 직업을 찾지 못하고 있다. A는 힘들고, 더럽고, 위험한 일에는 종사하고 싶은 마음이 없기 때문이다.

> ㉠ 명예와 부를 획득하기 위해서 어떠한 직업도 마다해선 안 된다.
> ㉡ 생업이 없으면 도덕적 마음도 생길 수 없다.
> ㉢ 예(禮)를 통해 나누어지는 사회적 신분에 성실히 응해야 한다.
> ㉣ 힘든 일이라도 소명 의식을 갖고 신의 부름에 응해야 한다.

① ㉠㉡ ② ㉠㉢
③ ㉡㉢ ④ ㉡㉣
⑤ ㉢㉣

 ㉠ 직업은 명예와 부를 획득하기 위한 수단적 행위로 보기 어렵다.
㉢ 예(禮)를 통해 나누어지는 사회적 역할을 강조하는 것은 주어진 상황의 A에 대한 조언으로 적절치 않다.

6 다음에서 A가 지니고 있는 직업관으로 알맞은 것은?

> 바나나 재배법 발명 특허로 신지식 농업인에 선정된 A는 국내 최대 규모의 시설을 갖춘 농장을 운영하고 있다. 그는 수많은 시행착오를 거쳐 자연 상태와 가장 유사한 생육 환경을 찾아내 인공적으로 바나나를 재배할 수 있는 방법을 개발하였다. 바나나 재배에 대한 끊임없는 도전과 노력 속에서 그는 무엇인가 새로운 것을 찾아내는 것이 재미있으며, 그때마다 자신이 가지고 있는 그 무언가가 성장하고 있는 느낌이 든다고 하였다.

① 직업은 부와 명예를 획득하는 수단이다.
② 직업은 다른 사람들과 국가에 대한 봉사이다.
③ 직업은 일차적으로 생계를 유지하기 위한 것이다.
④ 직업은 자신의 능력과 소질을 계발하기 위한 것이다.
⑤ 직업은 하늘에서 정해주는 것이다.

주어진 내용에서 A는 바나나 재배에 관한 끊임없는 도전과 노력 그 자체에서 직업 생활의 보람을 찾고 있다.

Answer 3.② 4.④ 5.④ 6.④

7 다음 대화의 빈칸에 들어갈 말로 알맞은 것은?

A : 직업인으로서 지켜야 할 기본 윤리는 무엇인가요?
B : 직업인이라면 일반적으로 정직과 성실, 신의, 책임, 의무 등의 덕목을 준수해야 합니다.
A : 선생님께서 말씀하신 덕목은 모든 사람들에게 요구되는 윤리와 부합하는데, 그 이유는 무엇인가요?
B : _____

㉠ 모든 직업인은 직업인이기 전에 인간이기 때문입니다.
㉡ 직업은 사회적 역할 분담의 성격을 지니고 있기 때문입니다.
㉢ 직장 생활에서 사람들과 관계를 맺어야 하기 때문입니다.
㉣ 특수한 윤리가 필요한 직업은 존재하지 않기 때문입니다.

---

① ㉠㉢
② ㉡㉣
③ ㉠㉡㉢
④ ㉠㉢㉣
⑤ ㉠㉡㉢㉣

 ㉣ 주어진 내용은 직업윤리의 일반성과는 거리가 멀다. 사회구조의 변화와 정보 사회로의 진전에 따른 전문 직종의 증가와 분화로 해당 직업의 특성에 알맞은 윤리가 요구되고 있는데, 이를 직업윤리의 특수성이라 한다. 특수한 윤리가 필요한 직업은 점점 늘어나고 있는 추세이나 이런 특수성은 보편적인 윤리의 토대 위에 정립되어야 한다.

8 다음 내용에 부합하는 명장(名匠)의 요건으로 알맞은 것은?

> 우리나라는 명장(名匠) 제도를 실시하고 있다. 장인 정신이 투철하고 그 분야에서 최고 수준의 기능을 보유한 사람을 명장으로 선정함으로써 기능인이 긍지와 자부심을 가지고 맡은 분야에 계속 정진할 수 있도록 유도하여 국가 산업 발전에 이바지하고자 한다. 명장 제도는 기술과 품성을 모두 갖춘 훌륭하고 모범적인 기능인이 사회의 귀감이 되도록 하는 역할을 하고 있다.

① 육체노동보다 정신노동에 종사하는 사람이다.
② 사회에 기여한 바는 없지만 기술력이 탁월하다.
③ 자본주의 사회에서 효율적인 가치를 창출하는 직업에 매진한다.
④ 자신의 재능을 기부하여 지역 주민의 삶을 풍요롭게 한다.
⑤ 최고 수준의 기능을 보유하고 있지만 다른 일에 종사한다.

 명장은 자신의 재능을 기부하여 지역 주민의 삶을 풍요롭게 하는 등 사회적 책임감을 수행하는 사람이다.

9 다음 빈 칸에 들어갈 말로 알맞은 것은?

> 우리는 고아들과 병든 노인들을 헌신적으로 돌보는 의사나 교육에 대한 긍지를 가지고 산골이나 도서 벽지에서 학생 지도에 전념하는 교사들의 삶을 가치 있는 삶이라고 생각한다. 왜냐하면, 그들은 직업 생활을 통해 _____을 살았기 때문이다.

① 희생과 헌신 속에서 보람을 느끼는 삶
② 직업에 귀천을 따지지 않는 삶
③ 자신의 전문성을 탁월하게 발휘하는 삶
④ 사회와 국가를 위해 자신을 포기하는 삶
⑤ 자기만족을 느끼는 삶

 의사와 교사는 자신의 직업 생활을 통해 인간에 대한 사랑을 실천하고 희생과 헌신 속에서 보람을 느끼는 삶을 살았다.

Answer ↱ 7.③ 8.④ 9.①

10 ㈎의 입장에서 ㈏의 A에게 해야 할 충고로 알맞은 것은?

> ㈎ 한 집을 봉양하기 위해서만 벼슬을 구하는 것은 옳지 않다. 예로부터 지혜가 깊은 목
>   민관은 청렴을 교훈으로 삼고, 탐욕을 경계하였다.
> ㈏ 공무원 A는 연고지의 재개발 업무를 담당하면서 관련 사업 내용을 미리 알게 되었다.
>   그는 이 내용을 친인척에게 제공하여 돈을 벌게 해주고 싶은 생각에 고민하고 있다.

① 어려움에 처한 친인척을 우선적으로 도와야 한다.
② 시민의 재산권보다 업무 성과를 더 중시해야 한다.
③ 공직 생활로 얻은 재물은 사회에 환원해야 한다.
④ 업무 수행에서 얻은 정보는 공동선을 위해 사용해야 한다.
⑤ 기회가 왔을 때 반드시 잡아야 한다.

 ㈎ 공직자들이 갖추어야 할 덕목의 하나로 청렴을 강조한 내용이다.
공직자는 국민보다 우월한 지위를 가지므로, 그런 권위와 권한을 이용하여 사익을 추구하
려는 유혹에 빠질 수 있기 때문이다. 따라서 ㈏의 공무원 A에게는 업무 수행에서 얻은 정
보는 공동선을 위해 사용해야 한다는 충고가 알맞다.

11 회사의 아이디어 공모전에 평소 당신이 생각했던 것을 알고 있던 동료가 자기 이름으로 제
안을 하여 당선이 된 경우 당신의 행동으로 가장 적절한 것은?

① 동료에게 나의 아이디어였음을 솔직히 말하라고 설득한다.
② 모른 척 그냥 넘어간다.
③ 회사에 대대적으로 고발하여 동료를 곤경에 빠뜨린다.
④ 동료에게 감정적으로 대응하여 다시는 그러한 행동을 하지 못하도록 한다.
⑤ 사내 인터넷 게시판에 익명으로 동료가 남의 아이디어를 훔쳤다고 글을 쓴다.

 기업윤리와 직장생활의 안정으로 도모하기 위해 동료에게 나의 아이디어였음을 솔직히 말
하라고 설득하는 것이 가장 적절하다.

12 다음의 사례를 보고 직업윤리에 벗어나는 행동을 바르게 지적한 것은?

> 직장 상사인 A는 항상 회사에서 주식이나 펀드 등 자신만의 사적인 업무로 대단히 분주하다. 사적인 업무의 성과가 좋으면 부하직원들에게 친절히 대하지만, 그렇지 않은 경우 회사의 분위기는 매우 엄숙해지고 부하직원을 호되게 꾸짖는다.

① 주식을 하는 A는 한탕주의를 선호하는 사람이므로 직업윤리에 어긋난다.
② 사무실에서 사적인 재테크를 하는 행위는 직업윤리에 어긋난다.
③ 작은 것의 소중함을 잃고 살아가는 사람이므로 직업윤리에 어긋난다.
④ 자신의 기분에 따라 사원들이 조심해야 하므로 직업윤리에 어긋난다.
⑤ 감정의 기복이 큰 사람으로 직업윤리에 어긋난다.

(Tip) A가 직장에서 사적인 업무로 컴퓨터를 사용하고, 업무시간에 개인적인 용무를 보는 행위는 직업윤리에 어긋난다.

13 상사의 실수로 인하여 영업상 큰 손해를 보게 되었다. 그런데 부하직원인 A에게 책임을 전가하려고 한다. 당신은 평소 A와 가장 가까운 사이이며, A는 이러한 상사의 행동에 아무런 대응도 하지 않고 있다. 이럴 때 당신의 행동으로 가장 적절한 것은?

① A에게 왜 아무런 대응도 하지 않는지에 대해 따지고 화를 낸다.
② 상사가 A에게 책임을 전가하지 못하도록 A를 대신하여 상사와 맞대응을 한다.
③ 상사의 부적절한 책임전가 행위를 회사에 대대적으로 알린다.
④ A에게 대응하지 않는 이유를 물어보고 A가 갖고 있는 어려움에 대해 의논하여 도움을 줄 수 있도록 한다.
⑤ A에게 상사에게 맞대응하라고 적극적으로 부추긴다.

(Tip) 가까운 동료가 가지고 있는 어려움을 파악하여 스스로 원만한 해결을 이룰 수 있도록 돕는 것이 가장 적절하다.

Answer → 10.④ 11.① 12.② 13.④

14 귀하는 새로운 통신망의 개발을 위한 프로젝트에 합류하게 되었는데. 이 개발을 위해서는 마케팅 부서의 도움이 절실히 필요하다. 그러나 귀하는 입사한 지 얼마 되지 않았기 때문에 마케팅 부서의 사람들을 한 명도 제대로 알지 못한다. 이런 상황을 아는지 모르는지 팀장은 귀하에게 이 개발의 모든 부분을 일임하였다. 이럴 때 귀하의 행동으로 가장 적절한 것은?

① 팀장에게 다짜고짜 프로젝트를 못하겠다고 보고한다.

② 팀장에게 자신의 상황을 보고한 후 마케팅 부서의 도움을 받을 수 있는 방법을 찾는다.

③ 마케팅 부서의 팀장을 찾아가 도와달라고 직접 부탁한다.

④ 마케팅 부서의 도움 없이도 프로젝트를 수행할 수 있다는 것을 보여주기 위해 그냥 진행한다.

⑤ 회사 외부에서 마케팅에 대해 도움을 받을 수 있는 곳을 알아본다.

 자신이 처한 상황에 대한 판단이 우선서 되어야 하며, 혼자서 해결하기 어려운 업무에 대해서는 상사에게 문의하여 조언을 얻거나 도움을 받을 수 있는 방법을 찾는 것이 적절하다.

15 귀하는 ○○기업의 지원팀 과장으로 협력업체를 관리하는 감독관이다. 새로운 제품의 출시가 임박하여 제대로 상품이 생산되는지를 확인하기 위하여 협력업체를 내방하였다. 그런데 생산현장에서 담당자의 작업지침이 ○○기업에서 보낸 작업지침서와 많이 달라 불량품이 발생할 조짐이 현저하다. 이번 신제품에 ○○기업은 사활을 걸고 있다. 이러한 상황에서 귀하가 할 행동으로 가장 적절한 것은?

① 협력업체 대표를 불러 작업지침에 대한 사항을 직접 물어본다.

② 곧바로 회사로 복귀하여 협력업체의 무분별한 작업을 고발하고 거래를 중지해야 한다고 보고한다.

③ 협력업체 대표를 불러 작업을 중단시키고 계약을 취소한다고 말한다.

④ 협력업체 현장 담당자에게 왜 지침이 다른지 물어보고 잘못된 부분을 지적하도록 한다.

⑤ 작업을 중단시키고 다른 협력업체를 찾아본다.

 계열사 또는 협력업체와의 관계는 일방적이기보다는 상호보완적인 형태가 바람직하다. 따라서 협력업체 현장 담당자에게 작업지침에 대한 사항을 문의하고 해결방안을 찾도록 하는 것이 적절하다.

16 다음 글을 읽고 ⑺와 ⑻에 들어갈 말이 알맞게 짝지어 진 것을 고르시오.

> ⑺가(이) 기본적으로 ⑻를(을) 바탕으로 성립되는 규범이기는 하지만, 상황에 따라 양자는 서로 충돌하거나 배치되는 경우도 발생한다. 이러한 상황에서 직업인이라면 ⑺를(을) 우선하여야 한다.

① 직업윤리, 개인윤리
② 개인윤리, 직업윤리
③ 직업윤리, 실천규범
④ 원리규범, 개인윤리
⑤ 원리규범, 실천규범

 직업윤리가 기본적으로 개인윤리를 바탕으로 성립되는 규범이기는 하지만, 상황에 따라 양자는 서로 충돌하거나 배치되는 경우도 발생한다. 개인윤리가 보통 상황에서의 일반적 원리규범이라고 한다면 직업윤리는 좀 더 구체적 상황에서의 실천규범이라고 이해하여야 한다.

17 직업윤리의 기본 원칙으로 알맞은 것은?

> ㉠ 사회적 책임   ㉡ 연대의식의 해체
> ㉢ 전문성 제고   ㉣ 천직·소명 의식
> ㉤ 협회의 강령 비판

① ㉠㉡㉢   ② ㉠㉢㉣
③ ㉡㉢㉣   ④ ㉡㉢㉤
⑤ ㉢㉣㉤

 ㉡ 연대의식의 해체는 직장에서의 인간관계를 어렵게 하고, 직업의 사회적 의미를 퇴색시킨다.
㉤ 협회의 강령을 잘 준수하는 것도 훌륭한 직업인의 자세이다.

Answer → 14.② 15.④ 16.① 17.②

18 A씨는 현재 한 기업의 경력 20년차 부장으로서 근무하고 있다. 최근 상부에서 기업문화 개선을 위한 방안으로 전화응대 시 서로 자신의 신분을 먼저 알리도록 하라는 지시사항이 내려왔다. 경력과 회사 내의 위치를 고려하였을 때, 전화 상대가 대부분 자신의 후배인 경우가 많은 A씨에게는 못마땅한 상황이다. 이러한 상황에서 A씨에게 해줄 수 있는 조언으로 가장 적절한 것은?

① 직장 내에서 전화를 걸거나 받는 경우 자신의 신분을 먼저 알리는 것은 부끄럽거나 체면을 구기는 일이 아니다. 또한 전화 상대가 후배일 가능성만 높을 뿐, 선배일 수도 있고 외부 고객의 전화일 수도 있다.

② 전화응대 시 서로 자신의 신분을 먼저 알림으로써 친목도모 및 사내 분위기 향상의 효과가 있으며, 직원들 간의 원활한 의사소통에도 도움이 된다.

③ 비록 직급이 높은 간부들에게는 못마땅한 부분이 있을 수 있으나, 상부의 지시사항을 잘 이해함으로써 발생하는 부수적인 효과도 기대할 수 있다.

④ 직장 내 상사로서 솔선수범하여 기업문화 개선에 앞장서는 모습을 보인다면 후배 직원들에게 좋은 본보기가 되어 회사의 위계질서를 세우는 데 큰 도움이 될 수 있다.

⑤ 상부의 지시사항이니 못마땅하더라도 따라야 한다. 후배들에게 모범이 되는 모습을 보여야 한다.

> (Tip) 높은 직급의 간부로서 이행해야 하는 불편하고 번거로운 지시사항에 대해 불만스러움이 있는 상황이므로 이를 해결해줄 수 있는 조언으로 적절한 것은 ①이다.

19 다음은 인터넷 검색을 통하여 얻은 내용을 나타낸 것이다. 주어진 내용에 해당하는 사례들을 〈보기〉에서 알맞게 고른 것은?

> 기업이 생산 및 영업 활동을 하면서 환경경영, 윤리경영, 사회공헌과 노동자를 비롯한 지역 사회 등 사회 전체의 이익을 동시에 추구하며 그에 따라 의사결정 및 활동을 하는 것

> 〈보기〉
> ㉠ 장난감 제조업체는 A사는 자사 공장에서의 아동 노동을 금지하는 규정을 제정하고 시행하였다.
> ㉡ 가공식품 회사인 B사는 생산 원가를 낮추기 위해 공장을 해외로 이전하기로 하였다.
> ㉢ 무역회사인 C사는 매년 소재지의 학교와 문화 시설에 상당액을 기부하고 있다.
> ㉣ 자동차 회사인 D사는 구조 조정을 명분으로 상당수의 직원을 해고하였다.

① ㉠㉡
② ㉠㉢
③ ㉡㉢
④ ㉡㉣
⑤ ㉢㉣

 ㉠ 기업이 인권을 보호하기 위해 노력한 활동으로 사회적 책임을 수행한 사례에 해당한다.
㉢ 지역 사회의 이익을 함께 추구하는 기업 활동으로 기업의 사회적 책임을 수행한 사례에 해당한다.
㉡㉣ 기업이 이윤을 확대하기 위해 취한 행동으로 기업의 사회적 책임 수행과는 거리가 멀다.

20 다음 대화의 빈칸에 들어갈 내용으로 적절하지 못한 것은?

> 교사 : '노블레스 오블리주'가 무슨 뜻인가요?
> 학생 : 사회 지도층이 공동체를 위해 지켜야 할 도덕성을 의미합니다.
> 교사 : 그렇다면 그 구체적인 예로 어떤 것이 있을까요?
> 학생 : _____ 등이 있습니다.

① 법관이 은퇴한 후 무료 변호 활동을 하는 것
② 전문직 종사자가 사회에 대한 부채 의식을 버리는 것
③ 의사가 낙후된 지역에서 의료 봉사활동을 하는 것
④ 교수가 재능 기부에 참여하여 지식을 나누는 것
⑤ 기업에서 소외지역 아동을 위한 장학금을 기부하는 것

 사회 지도층으로서의 도덕적 의무를 이행하기 위해서 고위공직자 및 전문직 종사자는 사회에 대한 책임감을 가져야 한다.

21 다음 사례에서 파악할 수 있는 민수씨의 직업의식으로 적절한 것을 〈보기〉에서 고른 것은?

> 신발 회사의 대표를 맡고 있는 민수씨는 최고의 구두를 만들겠다는 일념으로 세계 유명 구두 디자인에 대한 사례 연구를 통해 독창적인 모델을 출시하여 대성공을 거두었다. 또한 민수씨는 회사 경영에 있어서도 인화와 협동을 중시하여 직원들을 대상으로 가족 초청 어버이날 행사, 단체 체육대회 등 노사가 함께하는 행사를 개최하여 유대를 강화하고 있다.

〈보기〉
㉠ 전문 의식   ㉡ 귀속 의식
㉢ 연대 의식   ㉣ 귀천 의식

① ㉠, ㉡   ② ㉠, ㉢
③ ㉡, ㉢   ④ ㉡, ㉣
⑤ ㉢, ㉣

 전문 의식이란 전문적인 기술과 지식을 갖기 위해 노력하는 자세이고, 연대 의식이란 직업에 종사하는 구성원이 상호 간에 믿음으로 서로 의존하는 의식이다.

22 다음 수철씨의 진로 선택 사례에서 알 수 있는 내용으로 옳은 것을 모두 고른 것은?

> 특성화 고등학교 출신인 A씨는 자신의 진로 유형 검사가 기계적 기술이나 신체적 운동을 요구하는 업무에 적합한 유형으로 나온 것을 고려하여 ○○ 기업 항공기 정비원으로 입사하였다. 또한 A씨는 보수나 지위에 상관없이 사회 구성원의 일원으로서 긍지와 자부심을 갖고 최선을 다해 일하고 있다.

> ㉠ 직업에 대해 소명 의식을 가지고 있다.
> ㉡ 홀랜드의 직업 흥미 유형 중 관습적 유형에 해당한다.
> ㉢ 직업의 개인적 의의보다 경제적 의의를 중요시하고 있다.
> ㉣ 한국 표준 직업 분류 중 기능원 및 관련 기능 종사자에 해당한다.

① ㉠, ㉡   ② ㉠, ㉣

③ ㉡, ㉢   ④ ㉡, ㉣

⑤ ㉢, ㉣

 Tip ㉠ '긍지와 자부심을 갖고'는 소명 의식을 의미한다.
㉡ 홀랜드의 직업 흥미 유형은 실재적 유형이다.
㉢ 직업의 경제적 의의보다 개인적 의의를 중요시하고 있다.
㉣ 항공기 정비원은 한국 표준 직업 분류 중 기능원 및 관련 기능 종사자에 해당한다.

23 귀하는 대구도시철도공사 입사 지원자이다. 서류전형 통과 후, NCS 기반의 면접을 보기 위해 면접장에 들어가 있는데, 면접관이 귀하에게 다음과 같은 질문을 하였다. 다음 중 면접관의 질문에 대한 귀하의 대답으로 가장 적절한 것은?

> 면접관 : 최근 많은 회사들이 윤리경영을 핵심 가치로 내세우며, 개혁을 단행하고 있습니다. 그건 저희 회사도 마찬가지입니다. 윤리경영을 단행하고 있는 저희 회사에 도움이 될 만한 개인 사례를 말씀해 주시기 바랍니다.
>
> 귀　하 : (　　　　　　　　　　　　　　　　　　　　　　　　　　)

① 저는 시간관념이 철저하므로 회의에 늦은 적이 한 번도 없습니다.

② 저는 총학생회장을 역임하면서, 맡은 바 책임이라는 것이 무엇인지 잘 알고 있습니다.

③ 저는 상담사를 준비한 적이 있어서, 타인의 말을 귀 기울여 듣는 것이 얼마나 중요한지 알고 있습니다.

④ 저는 동아리 생활을 할 때, 항상 동아리를 사랑하는 마음으로 남들보다 먼저 동아리실을 청소하고, 시설을 유지하기 위해 노력했습니다.

⑤ 저는 모든 일이 투명하게 이뤄져야 한다고 생각합니다. 그래서 어린 시절 반에서 괴롭힘을 당하는 친구가 있으면 일단 선생님께 말씀드리곤 했습니다.

① 근면에 대한 내용이다.
② 책임감에 대한 내용이다.
③ 경청에 대한 내용이다.
④ 솔선수범에 대한 내용이다.

24 (개), (내)의 사례에 나타난 직업관의 유형으로 옳은 것은?

> (개) 힘들고, 위험한 일을 기피하는 현상 때문에 노동력은 풍부하지만 생산인력은 부족한 실정이다. 하지만 주운발씨는 개인의 소질, 능력, 성취도를 최우선으로 하고 있어 생산직 사원 모집 광고를 보고 원서를 제출하였다.
>
> (내) 사장은 장비씨의 연로한 나이와 그의 성실성을 고려하여 근무시간을 줄여 주고 월급도 50 % 인상해 주었다. 그러자 장비씨는 회사에 사표를 내고 다른 직장으로 이직을 원하였다. 이에 사장이 그만두는 이유를 묻자 "저는 돈을 벌기 위하여 일을 하는 것이 아니라 남은 인생을 될 수 있는 한 많은 사람을 위해 일하고 싶은 것인데, 근무시간이 줄어들었으니 그만둘 수밖에 없습니다."라고 대답하였다.

	(개)	(내)
①	업적주의적 직업관	개인중심적 직업관
②	업적주의적 직업관	귀속주의적 직업관
③	귀속주의적 직업관	결과지향적 직업관
④	귀속주의적 직업관	개인중심적 직업관
⑤	개인중심적 직업관	결과지향적 직업관

 (개) 개인의 소질, 능력, 성취도를 최우선으로 하여 직업을 선택하는 업적주의적 직업관이다.
(내) 개인의 욕구 충족을 중요시하는 개인중심적 직업관이다.

25 다음 중 개인윤리와 직업윤리의 조화로운 상황을 바르게 묶은 것은?

> (개) 업무상 개인의 판단과 행동은 직장 내 다수의 이해관계자와 관련되게 된다.
> (내) 개인윤리를 기반으로 공동의 협력을 추구한다.
> (대) 규모가 큰 재산, 정보 등을 개인의 권한 하에 위임하는 것이다.
> (래) 팔은 안으로 굽는다는 속담이 있듯이, 직장내에서도 활용된다.
> (매) 각 직무에서 오는 특수한 상황에서는 개인윤리와 충동하는 경우도 있다.

① (개),(내)

② (개),(래),

③ (내),(대),(래)

④ (개),(내),(대),(매)

⑤ (내),(대),(래),(매)

 팔은 안으로 굽는다는 속담은 공과 사를 구분하지 못한 것이므로 올바른 직업윤리라고 할 수 없다.

Answer → 23.⑤ 24.① 25.④

PART

III

인성검사

01 인성검사의 개요

1 인성(성격)검사의 개념과 목적

인성(성격)이란 개인을 특징짓는 평범하고 일상적인 사회적 이미지, 즉 지속적이고 일관된 공적 성격(Public – personality)이며, 환경에 대응함으로써 선천적 · 후천적 요소의 상호작용으로 결정화된 심리적 · 사회적 특성 및 경향을 의미한다.

인성검사는 직무적성검사를 실시하는 대부분의 기업체에서 병행하여 실시하고 있으며, 인성검사만 독자적으로 실시하는 기업도 있다.

기업체에서는 인성검사를 통하여 각 개인이 어떠한 성격 특성이 발달되어 있고, 어떤 특성이 얼마나 부족한지, 그것이 해당 직무의 특성 및 조직문화와 얼마나 맞는지를 알아보고 이에 적합한 인재를 선발하고자 한다. 또한 개인에게 적합한 직무 배분과 부족한 부분을 교육을 통해 보완하도록 할 수 있다.

인성검사의 측정요소는 검사방법에 따라 차이가 있다. 또한 각 기업체들이 사용하고 있는 인성검사는 기존에 개발된 인성검사방법에 각 기업체의 인재상을 적용하여 자신들에게 적합하게 재개발하여 사용하는 경우가 많다. 그러므로 기업체에서 요구하는 인재상을 파악하여 그에 따른 대비책을 준비하는 것이 바람직하다. 본서에서 제시된 인성검사는 크게 '특성'과 '유형'의 측면에서 측정하게 된다.

2 성격의 특성

(1) 정서적 측면

정서적 측면은 평소 마음의 당연시하는 자세나 정신상태가 얼마나 안정되어 있는지 또는 불안정한지를 측정한다.

정서의 상태는 직무수행이나 대인관계와 관련하여 태도나 행동으로 드러난다. 그러므로 정서적 측면을 측정하는 것에 의해, 장래 조직 내의 인간관계에 어느 정도 잘 적응할 수 있을까 (또는 적응하지 못할까)를 예측하는 것이 가능하다.

그렇기 때문에, 정서적 측면의 결과는 채용 시에 상당히 중시된다. 아무리 능력이 좋아도 장기적으로 조직 내의 인간관계에 잘 적응할 수 없다고 판단되는 인재는 기본적으로는 채용되지 않는다.

　일반적으로 인성(성격)검사는 채용과는 관계없다고 생각하나 정서적으로 조직에 적응하지 못하는 인재는 채용단계에서 가려내지는 것을 유의하여야 한다.

① 민감성(신경도) … 꼼꼼함, 섬세함, 성실함 등의 요소를 통해 일반적으로 신경질적인지 또는 자신의 존재를 위협받는다는 불안을 갖기 쉬운지를 측정한다.

질문	전혀 그렇지 않다	그렇지 않다	그렇다	매우 그렇다
• 배려적이라고 생각한다. • 어지러진 방에 있으면 불안하다. • 실패 후에는 불안하다. • 세세한 것까지 신경쓴다. • 이유 없이 불안할 때가 있다.				

▶측정결과

㉠ '그렇다'가 많은 경우(상처받기 쉬운 유형) : 사소한 일에 신경 쓰고 다른 사람의 사소한 한마디 말에 상처를 받기 쉽다.
　• 면접관의 심리 : '동료들과 잘 지낼 수 있을까?', '실패할 때마다 위축되지 않을까?'
　• 면접대책 : 다소 신경질적이라도 능력을 발휘할 수 있다는 평가를 얻도록 한다. 주변과 충분한 의사소통이 가능하고, 결정한 것을 실행할 수 있다는 것을 보여주어야 한다.

㉡ '그렇지 않다'가 많은 경우(정신적으로 안정적인 유형) : 사소한 일에 신경 쓰지 않고 금방 해결하며, 주위 사람의 말에 과민하게 반응하지 않는다.
　• 면접관의 심리 : '계약할 때 필요한 유형이고, 사고 발생에도 유연하게 대처할 수 있다.'
　• 면접대책 : 일반적으로 '민감성'의 측정치가 낮으면 플러스 평가를 받으므로 더욱 자신감 있는 모습을 보여준다.

② **자책성(과민도)** … 자신을 비난하거나 책망하는 정도를 측정한다.

질문	전혀 그렇지 않다	그렇지 않다	그렇다	매우 그렇다
• 후회하는 일이 많다. • 자신이 하찮은 존재라 생각된다. • 문제가 발생하면 자기의 탓이라고 생각한다. • 무슨 일이든지 끙끙대며 진행하는 경향이 있다. • 온순한 편이다.				

▶측정결과

㉠ '그렇다'가 많은 경우(자책하는 유형) : 비관적이고 후회하는 유형이다.
  • 면접관의 심리 : '끙끙대며 괴로워하고, 일을 진행하지 못할 것 같다.'
  • 면접대책 : 기분이 저조해도 항상 의욕을 가지고 생활하는 것과 책임감이 강하다는 것을 보여준다.
㉡ '그렇지 않다'가 많은 경우(낙천적인 유형) : 기분이 항상 밝은 편이다.
  • 면접관의 심리 : '안정된 대인관계를 맺을 수 있고, 외부의 압력에도 흔들리지 않는다.'
  • 면접대책 : 일반적으로 '자책성'의 측정치가 낮아야 좋은 평가를 받는다.

③ **기분성(불안도)** … 기분의 굴곡이나 감정적인 면의 미숙함이 어느 정도인지를 측정하는 것이다.

질문	전혀 그렇지 않다	그렇지 않다	그렇다	매우 그렇다
• 다른 사람의 의견에 자신의 결정이 흔들리는 경우가 많다. • 기분이 쉽게 변한다. • 종종 후회한다. • 다른 사람보다 의지가 약한 편이라고 생각한다. • 금방 싫증을 내는 성격이라는 말을 자주 듣는다.				

▶측정결과

㉠ '그렇다'가 많은 경우(감정의 기복이 많은 유형) : 의지력보다 기분에 따라 행동하기 쉽다.
  • 면접관의 심리 : '감정적인 것에 약하며, 상황에 따라 생산성이 떨어지지 않을까?'
  • 면접대책 : 주변 사람들과 항상 협조한다는 것을 강조하고 한결같은 상태로 일할 수 있다는 평가를 받도록 한다.
㉡ '그렇지 않다'가 많은 경우(감정의 기복이 적은 유형) : 감정의 기복이 없고, 안정적이다.
  • 면접관의 심리 : '안정적으로 업무에 임할 수 있다.'
  • 면접대책 : 기분성의 측정치가 낮으면 플러스 평가를 받으므로 자신감을 가지고 면접에 임한다.

④ **독자성**(개인도) … 주변에 대한 견해나 관심, 자신의 견해나 생각에 어느 정도의 속박감을 가지고 있는지를 측정한다.

질문	전혀 그렇지 않다	그렇지 않다	그렇다	매우 그렇다
• 창의적 사고방식을 가지고 있다. • 융통성이 있는 편이다. • 혼자 있는 편이 많은 사람과 있는 것보다 편하다. • 개성적이라는 말을 듣는다. • 교제는 번거로운 것이라고 생각하는 경우가 많다.				

▶측정결과

㉠ '그렇다'가 많은 경우 : 자기의 관점을 중요하게 생각하는 유형으로, 주위의 상황보다 자신의 느낌과 생각을 중시한다.
  • 면접관의 심리 : '제멋대로 행동하지 않을까?'
  • 면접대책 : 주위 사람과 협조하여 일을 진행할 수 있다는 것과 상식에 얽매이지 않는다는 인상을 심어준다.

㉡ '그렇지 않다'가 많은 경우 : 상식적으로 행동하고 주변 사람의 시선에 신경을 쓴다.
  • 면접관의 심리 : '다른 직원들과 협조하여 업무를 진행할 수 있겠다.'
  • 면접대책 : 협조성이 요구되는 기업체에서는 플러스 평가를 받을 수 있다.

⑤ **자신감**(자존심도) … 자기 자신에 대해 얼마나 긍정적으로 평가하는지를 측정한다.

질문	전혀 그렇지 않다	그렇지 않다	그렇다	매우 그렇다
• 다른 사람보다 능력이 뛰어나다고 생각한다. • 다소 반대의견이 있어도 나만의 생각으로 행동할 수 있다. • 나는 다른 사람보다 기가 센 편이다. • 동료가 나를 모욕해도 무시할 수 있다. • 대개의 일을 목적한 대로 헤쳐나갈 수 있다고 생각한다.				

▶측정결과

㉠ '그렇다'가 많은 경우 : 자기 능력이나 외모 등에 자신감이 있고, 비판당하는 것을 좋아하지 않는다.
　• 면접관의 심리 : '자만하여 지시에 잘 따를 수 있을까?'
　• 면접대책 : 다른 사람의 조언을 잘 받아들이고, 겸허하게 반성하는 면이 있다는 것을 보여주고, 동료들과 잘 지내며 리더의 자질이 있다는 것을 강조한다.

㉡ '그렇지 않다'가 많은 경우 : 자신감이 없고 다른 사람의 비판에 약하다.
　• 면접관의 심리 : '패기가 부족하지 않을까?', '쉽게 좌절하지 않을까?'
　• 면접대책 : 극도의 자신감 부족으로 평가되지는 않는다. 그러나 마음이 약한 면은 있지만 의욕적으로 일을 하겠다는 마음가짐을 보여준다.

⑥ **고양성**(분위기에 들뜨는 정도) … 자유분방함, 명랑함과 같이 감정(기분)의 높고 낮음의 정도를 측정한다.

질문	전혀 그렇지 않다	그렇지 않다	그렇다	매우 그렇다
• 침착하지 못한 편이다. • 다른 사람보다 쉽게 우쭐해진다. • 모든 사람이 아는 유명인사가 되고 싶다. • 모임이나 집단에서 분위기를 이끄는 편이다. • 취미 등이 오랫동안 지속되지 않는 편이다.				

▶측정결과

㉠ '그렇다'가 많은 경우 : 자극이나 변화가 있는 일상을 원하고 기분을 들뜨게 하는 사람과 친밀하게 지내는 경향이 강하다.

- 면접관의 심리 : '일을 진행하는 데 변덕스럽지 않을까?'
- 면접대책 : 밝은 태도는 플러스 평가를 받을 수 있지만, 착실한 업무능력이 요구되는 직종에서는 마이너스 평가가 될 수 있다. 따라서 자기조절이 가능하다는 것을 보여준다.

㉡ '그렇지 않다'가 많은 경우 : 감정이 항상 일정하고, 속을 드러내 보이지 않는다.

- 면접관의 심리 : '안정적인 업무 태도를 기대할 수 있겠다.'
- 면접대책 : '고양성'의 낮음은 대체로 플러스 평가를 받을 수 있다. 그러나 '무엇을 생각하고 있는지 모르겠다' 등의 평을 듣지 않도록 주의한다.

⑦ 허위성(진위성) … 필요 이상으로 자기를 좋게 보이려 하거나 기업체가 원하는 '이상형'에 맞춘 대답을 하고 있는지, 없는지를 측정한다.

질문	전혀 그렇지 않다	그렇지 않다	그렇다	매우 그렇다
• 약속을 깨뜨린 적이 한 번도 없다. • 다른 사람을 부럽다고 생각해 본 적이 없다. • 꾸지람을 들은 적이 없다. • 사람을 미워한 적이 없다. • 화를 낸 적이 한 번도 없다.				

▶측정결과

㉠ '그렇다'가 많은 경우 : 실제의 자기와는 다른, 말하자면 원칙으로 해답할 가능성이 있다.

- 면접관의 심리 : '거짓을 말하고 있다.'
- 면접대책 : 조금이라도 좋게 보이려고 하는 '거짓말쟁이'로 평가될 수 있다. '거짓을 말하고 있다.'는 마음 따위가 전혀 없다 해도 결과적으로는 정직하게 답하지 않는다는 것이 되어 버린다. '허위성'의 측정 질문은 구분되지 않고 다른 질문 중에 섞여 있다. 그러므로 모든 질문에 솔직하게 답하여야 한다. 또한 자기 자신과 너무 동떨어진 이미지로 답하면 좋은 결과를 얻지 못한다. 그리고 면접에서 '허위성'을 기본으로 한 질문을 받게 되므로 당황하거나 또다른 모순된 답변을 하게 된다. 겉치레를 하거나 무리한 욕심을 부리지 말고 '이런 사회인이 되고 싶다.'는 현재의 자신보다, 조금 성장한 자신을 표현하는 정도가 적당하다.

㉡ '그렇지 않다'가 많은 경우 : 냉정하고 정직하며, 외부의 압력과 스트레스에 강한 유형이다. '대쪽 같음'의 이미지가 굳어지지 않도록 주의한다.

(2) 행동적인 측면

행동적 측면은 인격 중에 특히 행동으로 드러나기 쉬운 측면을 측정한다. 사람의 행동 특징 자체에는 선도 악도 없으나, 일반적으로는 일의 내용에 의해 원하는 행동이 있다. 때문에 행동적 측면은 주로 직종과 깊은 관계가 있는데 자신의 행동 특성을 살려 적합한 직종을 선택한다면 플러스가 될 수 있다.

행동 특성에서 보여 지는 특징은 면접장면에서도 드러나기 쉬운데 본서의 모의 TEST의 결과를 참고하여 자신의 태도, 행동이 면접관의 시선에 어떻게 비치는지를 점검하도록 한다.

① 사회적 내향성 … 대인관계에서 나타나는 행동경향으로 '낯가림'을 측정한다.

질문	선택
A : 파티에서는 사람을 소개받은 편이다. B : 파티에서는 사람을 소개하는 편이다.	
A : 처음 보는 사람과는 어색하게 시간을 보내는 편이다. B : 처음 보는 사람과는 즐거운 시간을 보내는 편이다.	
A : 친구가 적은 편이다. B : 친구가 많은 편이다.	
A : 자신의 의견을 말하는 경우가 적다. B : 자신의 의견을 말하는 경우가 많다.	
A : 사교적인 모임에 참석하는 것을 좋아하지 않는다. B : 사교적인 모임에 항상 참석한다.	

▶측정결과

㉠ 'A'가 많은 경우 : 내성적이고 사람들과 접하는 것에 소극적이다. 자신의 의견을 말하지 않고 조심스러운 편이다.
  • 면접관의 심리 : '소극적인데 동료와 잘 지낼 수 있을까?'
  • 면접대책 : 대인관계를 맺는 것을 싫어하지 않고 의욕적으로 일을 할 수 있다는 것을 보여준다.
㉡ 'B'가 많은 경우 : 사교적이고 자기의 생각을 명확하게 전달할 수 있다.
  • 면접관의 심리 : '사교적이고 활동적인 것은 좋지만, 자기주장이 너무 강하지 않을까?'
  • 면접대책 : 협조성을 보여주고, 자기주장이 너무 강하다는 인상을 주지 않도록 주의한다.

② 내성성(침착도) … 자신의 행동과 일에 대해 침착하게 생각하는 정도를 측정한다.

질문	선택
A : 시간이 걸려도 침착하게 생각하는 경우가 많다. B : 짧은 시간에 결정을 하는 경우가 많다.	
A : 실패의 원인을 찾고 반성하는 편이다. B : 실패를 해도 그다지(별로) 개의치 않는다.	
A : 결론이 도출되어도 몇 번 정도 생각을 바꾼다. B : 결론이 도출되면 신속하게 행동으로 옮긴다.	
A : 여러 가지 생각하는 것이 능숙하다. B : 여러 가지 일을 재빨리 능숙하게 처리하는 데 익숙하다.	
A : 여러 가지 측면에서 사물을 검토한다. B : 행동한 후 생각을 한다.	

▶측정결과

㉠ 'A'가 많은 경우 : 행동하기 보다는 생각하는 것을 좋아하고 신중하게 계획을 세워 실행한다.
 • 면접관의 심리 : '행동으로 실천하지 못하고, 대응이 늦은 경향이 있지 않을까?'
 • 면접대책 : 발로 뛰는 것을 좋아하고, 일을 더디게 한다는 인상을 주지 않도록 한다.

㉡ 'B'가 많은 경우 : 차분하게 생각하는 것보다 우선 행동하는 유형이다.
 • 면접관의 심리 : '생각하는 것을 싫어하고 경솔한 행동을 하지 않을까?'
 • 면접대책 : 계획을 세우고 행동할 수 있는 것을 보여주고 '사려깊다'라는 인상을 남기도록 한다.

③ **신체활동성** … 몸을 움직이는 것을 좋아하는가를 측정한다.

질문	선택
A : 민첩하게 활동하는 편이다. B : 준비행동이 없는 편이다.	
A : 일을 척척 해치우는 편이다. B : 일을 더디게 처리하는 편이다.	
A : 활발하다는 말을 듣는다. B : 얌전하다는 말을 듣는다.	
A : 몸을 움직이는 것을 좋아한다. B : 가만히 있는 것을 좋아한다.	
A : 스포츠를 하는 것을 즐긴다. B : 스포츠를 보는 것을 좋아한다.	

▶측정결과

㉠ 'A'가 많은 경우 : 활동적이고, 몸을 움직이게 하는 것이 컨디션이 좋다.
  • 면접관의 심리 : '활동적으로 활동력이 좋아 보인다.'
  • 면접대책 : 활동하고 얻은 성과 등과 주어진 상황의 대응능력을 보여준다.
㉡ 'B'가 많은 경우 : 침착한 인상으로, 차분하게 있는 타입이다.
  • 면접관의 심리 : '좀처럼 행동하려 하지 않아 보이고, 일을 빠르게 처리할 수 있을까?'

④ **지속성(노력성)** … 무슨 일이든 포기하지 않고 끈기 있게 하려는 정도를 측정한다.

질문	선택
A : 일단 시작한 일은 시간이 걸려도 끝까지 마무리한다. B : 일을 하다 어려움에 부딪히면 단념한다.	
A : 끈질긴 편이다. B : 바로 단념하는 편이다.	
A : 인내가 강하다는 말을 듣는다. B : 금방 싫증을 낸다는 말을 듣는다.	
A : 집념이 깊은 편이다. B : 담백한 편이다.	
A : 한 가지 일에 구애되는 것이 좋다고 생각한다. B : 간단하게 체념하는 것이 좋다고 생각한다.	

▶측정결과

㉠ 'A'가 많은 경우 : 시작한 것은 어려움이 있어도 포기하지 않고 인내심이 높다.
- 면접관의 심리 : '한 가지의 일에 너무 구애되고, 업무의 진행이 원활할까?'
- 면접대책 : 인내력이 있는 것은 플러스 평가를 받을 수 있지만 집착이 강해 보이기도 한다.

㉡ 'B'가 많은 경우 : 뒤끝이 없고 조그만 실패로 일을 포기하기 쉽다.
- 면접관의 심리 : '질리는 경향이 있고, 일을 정확히 끝낼 수 있을까?'
- 면접대책 : 지속적인 노력으로 성공했던 사례를 준비하도록 한다.

⑤ 신중성(주의성) … 자신이 처한 주변상황을 즉시 파악하고 자신의 행동이 어떤 영향을 미치는지를 측정한다.

질문	선택
A : 여러 가지로 생각하면서 완벽하게 준비하는 편이다. B : 행동할 때부터 임기응변적인 대응을 하는 편이다.	
A : 신중해서 타이밍을 놓치는 편이다. B : 준비 부족으로 실패하는 편이다.	
A : 자신은 어떤 일에도 신중히 대응하는 편이다. B : 순간적인 충동으로 활동하는 편이다.	
A : 시험을 볼 때 끝날 때까지 재검토하는 편이다. B : 시험을 볼 때 한 번에 모든 것을 마치는 편이다.	
A : 일에 대해 계획표를 만들어 실행한다. B : 일에 대한 계획표 없이 진행한다.	

▶측정결과

㉠ 'A'가 많은 경우 : 주변 상황에 민감하고, 예측하여 계획 있게 일을 진행한다.
- 면접관의 심리 : '너무 신중해서 적절한 판단을 할 수 있을까?', '앞으로의 상황에 불안을 느끼지 않을까?'
- 면접대책 : 예측을 하고 실행을 하는 것은 플러스 평가가 되지만, 너무 신중하면 일의 진행이 정체될 가능성을 보이므로 추진력이 있다는 강한 의욕을 보여준다.

㉡ 'B'가 많은 경우 : 주변 상황을 살펴보지 않고 착실한 계획 없이 일을 진행시킨다.
- 면접관의 심리 : '사려 깊지 않고, 실패하는 일이 많지 않을까?', '판단이 빠르고 유연한 사고를 할 수 있을까?'
- 면접대책 : 사전준비를 중요하게 생각하고 있다는 것 등을 보여주고, 경솔한 인상을 주지 않도록 한다. 또한 판단력이 빠르거나 유연한 사고 덕분에 일 처리를 잘 할 수 있다는 것을 강조한다.

(3) 의욕적인 측면

의욕적인 측면은 의욕의 정도, 활동력의 유무 등을 측정한다. 여기서의 의욕이란 우리들이 보통 말하고 사용하는 '하려는 의지'와는 조금 뉘앙스가 다르다. '하려는 의지'란 그 때의 환경이나 기분에 따라 변화하는 것이지만, 여기에서는 조금 더 변화하기 어려운 특징, 말하자면 정신적 에너지의 양으로 측정하는 것이다.

의욕적 측면은 행동적 측면과는 다르고, 전반적으로 어느 정도 점수가 높은 쪽을 선호한다. 모의검사의 의욕적 측면의 결과가 낮다면, 평소 일에 몰두할 때 조금 의욕 있는 자세를 가지고 서서히 개선하도록 노력해야 한다.

① **달성의욕** … 목적의식을 가지고 높은 이상을 가지고 있는지를 측정한다.

질문	선택
A : 경쟁심이 강한 편이다. B : 경쟁심이 약한 편이다.	
A : 어떤 한 분야에서 제1인자가 되고 싶다고 생각한다. B : 어느 분야에서든 성실하게 임무를 진행하고 싶다고 생각한다.	
A : 규모가 큰 일을 해보고 싶다. B : 맡은 일에 충실히 임하고 싶다.	
A : 아무리 노력해도 실패한 것은 아무런 도움이 되지 않는다. B : 가령 실패했을 지라도 나름대로의 노력이 있었으므로 괜찮다.	
A : 높은 목표를 설정하여 수행하는 것이 의욕적이다. B : 실현 가능한 정도의 목표를 설정하는 것이 의욕적이다.	

▶측정결과

㉠ 'A'가 많은 경우 : 큰 목표와 높은 이상을 가지고 승부욕이 강한 편이다.
  • 면접관의 심리 : '열심히 일을 해줄 것 같은 유형이다.'
  • 면접대책 : 달성의욕이 높다는 것은 어떤 직종이라도 플러스 평가가 된다.
㉡ 'B'가 많은 경우 : 현재의 생활을 소중하게 여기고 비약적인 발전을 위하여 기를 쓰지 않는다.
  • 면접관의 심리 : '외부의 압력에 약하고, 기획입안 등을 하기 어려울 것이다.'
  • 면접대책 : 일을 통하여 하고 싶은 것들을 구체적으로 어필한다.

② **활동의욕** … 자신에게 잠재된 에너지의 크기로, 정신적인 측면의 활동력이라 할 수 있다.

질문	선택
A : 하고 싶은 일을 실행으로 옮기는 편이다. B : 하고 싶은 일을 좀처럼 실행할 수 없는 편이다.	
A : 어려운 문제를 해결해 가는 것이 좋다. B : 어려운 문제를 해결하는 것을 잘하지 못한다.	
A : 일반적으로 결단이 빠른 편이다. B : 일반적으로 결단이 느린 편이다.	
A : 곤란한 상황에도 도전하는 편이다. B : 사물의 본질을 깊게 관찰하는 편이다.	
A : 시원시원하다는 말을 잘 듣는다. B : 꼼꼼하다는 말을 잘 듣는다.	

▶측정결과

㉠ 'A'가 많은 경우 : 꾸물거리는 것을 싫어하고 재빠르게 결단해서 행동하는 타입이다.
  • 면접관의 심리 : '일을 처리하는 솜씨가 좋고, 일을 척척 진행할 수 있을 것 같다.'
  • 면접대책 : 활동의욕이 높은 것은 플러스 평가가 된다. 사교성이나 활동성이 강하다는 인상을 준다.
㉡ 'B'가 많은 경우 : 안전하고 확실한 방법을 모색하고 차분하게 시간을 아껴서 일에 임하는 타입이다.
  • 면접관의 심리 : '재빨리 행동을 못하고, 일의 처리속도가 느린 것이 아닐까?'
  • 면접대책 : 활동성이 있는 것을 좋아하고 움직임이 더디다는 인상을 주지 않도록 한다.

3 성격의 유형

(1) 인성검사유형의 4가지 척도

정서적인 측면, 행동적인 측면, 의욕적인 측면의 요소들은 성격 특성이라는 관점에서 제시된 것들로 각 개인의 장·단점을 파악하는 데 유용하다. 그러나 전체적인 개인의 인성을 이해하는 데는 한계가 있다.

성격의 유형은 개인의 '성격적인 특색'을 가리키는 것으로, 사회인으로서 적합한지, 아닌지를 말하는 관점과는 관계가 없다. 따라서 채용의 합격 여부에는 사용되지 않는 경우가 많으며, 입사 후의 적정 부서 배치의 자료가 되는 편이라 생각하면 된다. 그러나 채용과 관계가 없다고 해서 아무런 준비도 필요없는 것은 아니다. 자신을 아는 것은 면접 대책의 밑거름이 되므로 모의검사 결과를 충분히 활용하도록 하여야 한다.

본서에서는 4개의 척도를 사용하여 기본적으로 16개의 패턴으로 성격의 유형을 분류하고 있다. 각 개인의 성격이 어떤 유형인지 재빨리 파악하기 위해 사용되며, '적성'에 맞는지, 맞지 않는지의 관점에 활용된다.

- 흥미·관심의 방향 : 내향형 ←————→ 외향형
- 사물에 대한 견해 : 직관형 ←————→ 감각형
- 판단하는 방법 : 감정형 ←————→ 사고형
- 환경에 대한 접근방법 : 지각형 ←————→ 판단형

(2) 성격유형

① 흥미·관심의 방향(내향⇆외향) … 흥미·관심의 방향이 자신의 내면에 있는지, 주위환경 등 외면에 향하는 지를 가리키는 척도이다.

질문	선택
A : 내성적인 성격인 편이다. B : 개방적인 성격인 편이다.	
A : 항상 신중하게 생각을 하는 편이다. B : 바로 행동에 착수하는 편이다.	
A : 수수하고 조심스러운 편이다. B : 자기 표현력이 강한 편이다.	
A : 다른 사람과 함께 있으면 침착하지 않다. B : 혼자서 있으면 침착하지 않다.	

▶측정결과

㉠ 'A'가 많은 경우(내향) : 관심의 방향이 자기 내면에 있으며, 조용하고 낯을 가리는 유형이다. 행동력은 부족하나 집중력이 뛰어나고 신중하고 꼼꼼하다.

㉡ 'B'가 많은 경우(외향) : 관심의 방향이 외부환경에 있으며, 사교적이고 활동적인 유형이다. 꼼꼼함이 부족하여 대충하는 경향이 있으나 행동력이 있다.

② 일(사물)을 보는 방법(직감⇆감각) … 일(사물)을 보는 법이 직감적으로 형식에 얽매이는지, 감각적으로 상식적인지를 가리키는 척도이다.

질문	선택
A : 현실주의적인 편이다. B : 상상력이 풍부한 편이다.	
A : 정형적인 방법으로 일을 처리하는 것을 좋아한다. B : 만들어진 방법에 변화가 있는 것을 좋아한다.	
A : 경험에서 가장 적합한 방법으로 선택한다. B : 지금까지 없었던 새로운 방법을 개척하는 것을 좋아한다.	
A : 성실하다는 말을 듣는다. B : 호기심이 강하다는 말을 듣는다.	

▶측정결과

㉠ 'A'가 많은 경우(감각) : 현실적이고 경험주의적이며 보수적인 유형이다.

㉡ 'B'가 많은 경우(직관) : 새로운 주제를 좋아하며, 독자적인 시각을 가진 유형이다.

③ 판단하는 방법(감정⇆사고) … 일을 감정적으로 판단하는지, 논리적으로 판단하는지를 가리키는 척도이다.

질문	선택
A : 인간관계를 중시하는 편이다. B : 일의 내용을 중시하는 편이다.	
A : 결론을 자기의 신념과 감정에서 이끌어내는 편이다. B : 결론을 논리적 사고에 의거하여 내리는 편이다.	
A : 다른 사람보다 동정적이고 눈물이 많은 편이다. B : 다른 사람보다 이성적이고 냉정하게 대응하는 편이다.	
A : 남의 이야기를 듣고 감정몰입이 빠른 편이다. B : 고민 상담을 받으면 해결책을 제시해주는 편이다.	

▶측정결과

㉠ 'A'가 많은 경우(감정) : 일을 판단할 때 마음·감정을 중요하게 여기는 유형이다. 감정이 풍부하고 친절하나 엄격함이 부족하고 우유부단하며, 합리성이 부족하다.

㉡ 'B'가 많은 경우(사고) : 일을 판단할 때 논리성을 중요하게 여기는 유형이다. 이성적이고 합리적이나 타인에 대한 배려가 부족하다.

④ 환경에 대한 접근방법 … 주변상황에 어떻게 접근하는지, 그 판단기준을 어디에 두는지를 측정한다.

질문	선택
A : 사전에 계획을 세우지 않고 행동한다. B : 반드시 계획을 세우고 그것에 의거해서 행동한다.	
A : 자유롭게 행동하는 것을 좋아한다. B : 조직적으로 행동하는 것을 좋아한다.	
A : 조직성이나 관습에 속박당하지 않는다. B : 조직성이나 관습을 중요하게 여긴다.	
A : 계획 없이 낭비가 심한 편이다. B : 예산을 세워 물건을 구입하는 편이다.	

▶측정결과

㉠ 'A'가 많은 경우(지각) : 일의 변화에 융통성을 가지고 유연하게 대응하는 유형이다. 낙관적이며 질서보다는 자유를 좋아하나 임기응변식의 대응으로 무계획적인 인상을 줄 수 있다.

㉡ 'B'가 많은 경우(판단) : 일의 진행시 계획을 세워서 실행하는 유형이다. 순차적으로 진행하는 일을 좋아하고 끈기가 있으나 변화에 대해 적절하게 대응하지 못하는 경향이 있다.

4 인성검사의 대책

(1) 미리 알아두어야 할 점

① 출제 문항 수 … 인성검사의 출제 문항 수는 특별히 정해진 것이 아니며 각 기업체의 기준에 따라 달라질 수 있다. 보통 100문항 이상에서 500문항까지 출제된다고 예상하면 된다.

② 출제형식

㉠ 1Set로 묶인 세 개의 문항 중 자신에게 가장 가까운 것(Most)과 가장 먼 것(Least)을 하나씩 고르는 유형

다음 세 가지 문항 중 자신에게 가장 가까운 것은 Most, 가장 먼 것은 Least에 체크하시오.

질문	Most	Least
① 자신의 생각이나 의견은 좀처럼 변하지 않는다. ② 구입한 후 끝까지 읽지 않은 책이 많다. ③ 여행가기 전에 계획을 세운다.	✔	✔

ⓛ '예' 아니면 '아니오'의 유형

다음 문항을 읽고 자신에게 해당되는지 안 되는지를 판단하여 해당될 경우 '예'를, 해당되지 않을 경우 '아니오'를 고르시오.

질문	예	아니오
① 걱정거리가 있어서 잠을 못 잘 때가 있다.	✔	
② 시간에 쫓기는 것이 싫다.		✔

ⓒ 그 외의 유형

다음 문항에 대해서 평소에 자신이 생각하고 있는 것이나 행동하고 있는 것에 체크하시오.

질문	전혀 그렇지 않다	그렇지 않다	그렇다	매우 그렇다
① 머리를 쓰는 것보다 땀을 흘리는 일이 좋다.			✔	
② 자신은 사교적이 아니라고 생각한다.	✔			

(2) 임하는 자세

① 솔직하게 있는 그대로 표현한다 … 인성검사는 평범한 일상생활 내용들을 다룬 짧은 문장과 어떤 대상이나 일에 대한 선로를 선택하는 문장으로 구성되었으므로 평소에 자신이 생각한 바를 너무 골똘히 생각하지 말고 문제를 보는 순간 떠오른 것을 표현한다.

② 모든 문제를 신속하게 대답한다 … 인성검사는 시간 제한이 없는 것이 원칙이지만 기업체들은 일정한 시간 제한을 두고 있다. 인성검사는 개인의 성격과 자질을 알아보기 위한 검사이기 때문에 정답이 없다. 다만, 기업체에서 바람직하게 생각하거나 기대되는 결과가 있을 뿐이다. 따라서 시간에 쫓겨서 대충 대답을 하는 것은 바람직하지 못하다.

③ 일관성 있게 대답한다 … 간혹 반복되는 문제들이 출제되기 때문에 일관성 있게 답하지 않으면 감점될 수 있으므로 유의한다. 실제로 공기업 인사부 직원의 인터뷰에 따르면 일관성이 없게 대답한 응시자들이 감점을 받아 탈락했다고 한다. 거짓된 응답을 하다보면 일관성 없는 결과가 나타날 수 있으므로, 위에서 언급한 대로 신속하고 솔직하게 답해 일관성 있는 응답을 하는 것이 중요하다.

④ 마지막까지 집중해서 검사에 임한다 … 장시간 진행되는 검사에 지치지 않고 마지막까지 집중해서 정확히 답할 수 있도록 해야 한다.

02 실전 인성검사

┃1~210┃ 다음 (   ) 안에 당신에게 적합하다면 YES, 그렇지 않다면 NO를 선택하시오. (인성검사는 응시자의 인성을 파악하기 위한 자료이므로 정답이 존재하지 않습니다)

	YES	NO
1. 조금이라도 나쁜 소식은 절망의 시작이라고 생각해버린다. ·····(	)	( )
2. 언제나 실패가 걱정이 되어 어쩔 줄 모른다. ·····(	)	( )
3. 다수결의 의견에 따르는 편이다. ·····(	)	( )
4. 혼자서 식당에 들어가는 것은 전혀 두려운 일이 아니다. ·····(	)	( )
5. 승부근성이 강하다. ·····(	)	( )
6. 자주 흥분해서 침착하지 못하다. ·····(	)	( )
7. 지금까지 살면서 타인에게 폐를 끼친 적이 없다. ·····(	)	( )
8. 소곤소곤 이야기하는 것을 보면 자기에 대해 험담하고 있는 것으로 생각된다. ··(	)	( )
9. 무엇이든지 자기가 나쁘다고 생각하는 편이다. ·····(	)	( )
10. 자신을 변덕스러운 사람이라고 생각한다. ·····(	)	( )
11. 고독을 즐기는 편이다. ·····(	)	( )
12. 자존심이 강하다고 생각한다. ·····(	)	( )
13. 금방 흥분하는 성격이다. ·····(	)	( )
14. 거짓말을 한 적이 없다. ·····(	)	( )
15. 신경질적인 편이다. ·····(	)	( )
16. 끙끙대며 고민하는 타입이다. ·····(	)	( )
17. 감정적인 사람이라고 생각한다. ·····(	)	( )
18. 자신만의 신념을 가지고 있다. ·····(	)	( )
19. 다른 사람을 바보 같다고 생각한 적이 있다. ·····(	)	( )
20. 금방 말해버리는 편이다. ·····(	)	( )
21. 싫어하는 사람이 없다. ·····(	)	( )

YES　NO

22. 대재앙이 오지 않을까 항상 걱정을 한다. ·······································( )( )

23. 쓸데없는 고생을 하는 일이 많다. ···( )( )

24. 자주 생각이 바뀌는 편이다. ···( )( )

25. 문제점을 해결하기 위해 여러 사람과 상의한다. ·······················( )( )

26. 내 방식대로 일을 한다. ···( )( )

27. 영화를 보고 운 적이 많다. ···( )( )

28. 어떤 것에 대해서도 화낸 적이 없다. ···( )( )

29. 사소한 충고에도 걱정을 한다. ···( )( )

30. 자신은 도움이 안되는 사람이라고 생각한다. ·····························( )( )

31. 금방 싫증을 내는 편이다. ···( )( )

32. 개성적인 사람이라고 생각한다. ···( )( )

33. 자기 주장이 강한 편이다. ···( )( )

34. 뒤숭숭하다는 말을 들은 적이 있다. ··( )( )

35. 학교를 쉬고 싶다고 생각한 적이 한 번도 없다. ·······················( )( )

36. 사람들과 관계맺는 것을 보면 잘하지 못한다. ··························( )( )

37. 사려깊은 편이다. ··( )( )

38. 몸을 움직이는 것을 좋아한다. ···( )( )

39. 끈기가 있는 편이다. ···( )( )

40. 신중한 편이라고 생각한다. ···( )( )

41. 인생의 목표는 큰 것이 좋다. ··( )( )

42. 어떤 일이라도 바로 시작하는 타입이다. ·····································( )( )

43. 낯가림을 하는 편이다. ···( )( )

44. 생각하고 나서 행동하는 편이다. ···( )( )

45. 쉬는 날은 밖으로 나가는 경우가 많다. ·····································( )( )

46. 시작한 일은 반드시 완성시킨다. ···( )( )

47. 면밀한 계획을 세운 여행을 좋아한다. ··( )( )

48. 야망이 있는 편이라고 생각한다. ···( )( )

49. 활동력이 있는 편이다. ···( )( )

YES NO

50. 많은 사람들과 왁자지껄하게 식사하는 것을 좋아하지 않는다. ······················( )( )

51. 돈을 허비한 적이 없다. ··( )( )

52. 운동회를 아주 좋아하고 기대했다. ···( )( )

53. 하나의 취미에 열중하는 타입이다. ···( )( )

54. 모임에서 회장에 어울린다고 생각한다. ··( )( )

55. 입신출세의 성공이야기를 좋아한다. ···( )( )

56. 어떠한 일도 의욕을 가지고 임하는 편이다. ··( )( )

57. 학급에서는 존재가 희미했다. ··( )( )

58. 항상 무언가를 생각하고 있다. ··( )( )

59. 스포츠는 보는 것보다 하는 게 좋다. ···( )( )

60. '참 잘했네요'라는 말을 듣는다. ···( )( )

61. 흐린 날은 반드시 우산을 가지고 간다. ··( )( )

62. 주연상을 받을 수 있는 배우를 좋아한다. ··( )( )

63. 공격하는 타입이라고 생각한다. ··( )( )

64. 리드를 받는 편이다. ··( )( )

65. 너무 신중해서 기회를 놓친 적이 있다. ··( )( )

66. 시원시원하게 움직이는 타입이다. ··( )( )

67. 야근을 해서라도 업무를 끝낸다. ···( )( )

68. 누군가를 방문할 때는 반드시 사전에 확인한다. ··································( )( )

69. 노력해도 결과가 따르지 않으면 의미가 없다. ·····································( )( )

70. 무조건 행동해야 한다. ··( )( )

71. 유행에 둔감하다고 생각한다. ··( )( )

72. 정해진대로 움직이는 것은 시시하다. ··( )( )

73. 꿈을 계속 가지고 있고 싶다. ··( )( )

74. 질서보다 자유를 중요시하는 편이다. ··( )( )

75. 혼자서 취미에 몰두하는 것을 좋아한다. ···( )( )

76. 직관적으로 판단하는 편이다. ··( )( )

77. 영화나 드라마를 보면 등장인물의 감정에 이입된다. ·····························( )( )

YES NO

78. 시대의 흐름에 역행해서라도 자신을 관철하고 싶다. ································( )( )

79. 다른 사람의 소문에 관심이 없다. ································( )( )

80. 창조적인 편이다. ································( )( )

81. 비교적 눈물이 많은 편이다. ································( )( )

82. 융통성이 있다고 생각한다. ································( )( )

83. 친구의 휴대전화 번호를 잘 모른다. ································( )( )

84. 스스로 고안하는 것을 좋아한다. ································( )( )

85. 정이 두터운 사람으로 남고 싶다. ································( )( )

86. 조직의 일원으로 별로 안 어울린다. ································( )( )

87. 세상의 일에 별로 관심이 없다. ································( )( )

88. 변화를 추구하는 편이다. ································( )( )

89. 업무는 인간관계로 선택한다. ································( )( )

90. 환경이 변하는 것에 구애되지 않는다. ································( )( )

91. 불안감이 강한 편이다. ································( )( )

92. 인생은 살 가치가 없다고 생각한다. ································( )( )

93. 의지가 약한 편이다. ································( )( )

94. 다른 사람이 하는 일에 별로 관심이 없다. ································( )( )

95. 사람을 설득시키는 것은 어렵지 않다. ································( )( )

96. 심심한 것을 못 참는다. ································( )( )

97. 다른 사람을 욕한 적이 한 번도 없다. ································( )( )

98. 다른 사람에게 어떻게 보일지 신경을 쓴다. ································( )( )

99. 금방 낙심하는 편이다. ································( )( )

100. 다른 사람에게 의존하는 경향이 있다. ································( )( )

101. 그다지 융통성이 있는 편이 아니다. ································( )( )

102. 다른 사람이 내 의견에 간섭하는 것이 싫다. ································( )( )

103. 낙천적인 편이다. ································( )( )

104. 숙제를 잊어버린 적이 한 번도 없다. ································( )( )

105. 밤길에는 발소리가 들리기만 해도 불안하다. ································( )( )

YES NO

106. 상냥하다는 말을 들은 적이 있다. ··( )( )

107. 자신은 유치한 사람이다. ···( )( )

108. 잡담을 하는 것보다 책을 읽는게 낫다. ···································( )( )

109. 나는 영업에 적합한 타입이라고 생각한다. ·····························( )( )

110. 술자리에서 술을 마시지 않아도 흥을 돋울 수 있다. ···············( )( )

111. 한 번도 병원에 간 적이 없다. ··( )( )

112. 나쁜 일은 걱정이 되어서 어쩔 줄을 모른다. ·························( )( )

113. 쉽게 무기력해지는 편이다. ···( )( )

114. 비교적 고분고분한 편이라고 생각한다. ·································( )( )

115. 독자적으로 행동하는 편이다. ···( )( )

116. 적극적으로 행동하는 편이다. ···( )( )

117. 금방 감격하는 편이다. ··( )( )

118. 어떤 것에 대해서는 불만을 가진 적이 없다. ·························( )( )

119. 밤에 못 잘 때가 많다. ··( )( )

120. 자주 후회하는 편이다. ··( )( )

121. 뜨거워지기 쉽고 식기 쉽다. ···( )( )

122. 자신만의 세계를 가지고 있다. ···( )( )

123. 많은 사람 앞에서도 긴장하는 일은 없다. ····························( )( )

124. 말하는 것을 아주 좋아한다. ···( )( )

125. 인생을 포기하는 마음을 가진 적이 한 번도 없다. ················( )( )

126. 어두운 성격이다. ··( )( )

127. 금방 반성한다. ··( )( )

128. 활동범위가 넓은 편이다. ··( )( )

129. 자신을 끈기있는 사람이라고 생각한다. ·······························( )( )

130. 좋다고 생각하더라도 좀 더 검토하고 나서 실행한다. ············( )( )

131. 위대한 인물이 되고 싶다. ···( )( )

132. 한 번에 많은 일을 떠맡아도 힘들지 않다. ···························( )( )

133. 사람과 만날 약속은 부담스럽다. ··( )( )

YES   NO

134. 질문을 받으면 충분히 생각하고 나서 대답하는 편이다. ·····················( )( )

135. 머리를 쓰는 것보다 땀을 흘리는 일이 좋다. ·····························( )( )

136. 결정한 것에는 철저히 구속받는다. ···································( )( )

137. 외출 시 문을 잠그었는지 몇 번을 확인한다. ·····························( )( )

138. 이왕 할 거라면 일등이 되고 싶다. ···································( )( )

139. 과감하게 도전하는 타입이다. ·····································( )( )

140. 자신은 사교적이 아니라고 생각한다. ·································( )( )

141. 무심코 도리에 대해서 말하고 싶어진다. ·······························( )( )

142. '항상 건강하네요'라는 말을 듣는다. ·································( )( )

143. 단념하면 끝이라고 생각한다. ·····································( )( )

144. 예상하지 못한 일은 하고 싶지 않다. ·································( )( )

145. 파란만장하더라도 성공하는 인생을 걷고 싶다. ·························( )( )

146. 활기찬 편이라고 생각한다. ·······································( )( )

147. 소극적인 편이라고 생각한다. ·····································( )( )

148. 무심코 평론가가 되어 버린다. ·····································( )( )

149. 자신은 성급하다고 생각한다. ·····································( )( )

150. 꾸준히 노력하는 타입이라고 생각한다. ·······························( )( )

151. 내일의 계획이라도 메모한다. ·····································( )( )

152. 리더십이 있는 사람이 되고 싶다. ···································( )( )

153. 열정적인 사람이라고 생각한다. ····································( )( )

154. 다른 사람 앞에서 이야기를 잘 하지 못한다. ·····························( )( )

155. 통찰력이 있는 편이다. ···( )( )

156. 엉덩이가 가벼운 편이다. ··( )( )

157. 여러 가지로 구애됨이 있다. ······································( )( )

158. 돌다리도 두들겨 보고 건너는 쪽이 좋다. ·······························( )( )

159. 자신에게는 권력욕이 있다. ······································( )( )

160. 업무를 할당받으면 기쁘다. ······································( )( )

161. 사색적인 사람이라고 생각한다. ····································( )( )

YES NO

162. 비교적 개혁적이다. ···( )( )

163. 좋고 싫음으로 정할 때가 많다. ···( )( )

164. 전통에 구애되는 것은 버리는 것이 적절하다. ···············( )( )

165. 교제 범위가 좁은 편이다. ···( )( )

166. 발상의 전환을 할 수 있는 타입이라고 생각한다. ··········( )( )

167. 너무 주관적이어서 실패한다. ···( )( )

168. 현실적이고 실용적인 면을 추구한다. ·······························( )( )

169. 내가 어떤 배우의 팬인지 아무도 모른다. ·······················( )( )

170. 현실보다 가능성이다. ···( )( )

171. 마음이 담겨 있으면 선물은 아무 것이나 좋다. ·············( )( )

172. 여행은 마음대로 하는 것이 좋다. ·····································( )( )

173. 추상적인 일에 관심이 있는 편이다. ·································( )( )

174. 일은 대담히 하는 편이다. ···( )( )

175. 괴로워하는 사람을 보면 우선 동정한다. ·························( )( )

176. 가치기준은 자신의 안에 있다고 생각한다. ·····················( )( )

177. 조용하고 조심스러운 편이다. ···( )( )

178. 상상력이 풍부한 편이라고 생각한다. ·······························( )( )

179. 의리, 인정이 두터운 상사를 만나고 싶다. ·····················( )( )

180. 인생의 앞날을 알 수 없어 재미있다. ·······························( )( )

181. 밝은 성격이다. ···( )( )

182. 별로 반성하지 않는다. ···( )( )

183. 활동범위가 좁은 편이다. ···( )( )

184. 자신을 시원시원한 사람이라고 생각한다. ·······················( )( )

185. 좋다고 생각하면 바로 행동한다. ·······································( )( )

186. 좋은 사람이 되고 싶다. ···( )( )

187. 한 번에 많은 일을 떠맡는 것은 골칫거리라고 생각한다. ·············( )( )

188. 사람과 만날 약속은 즐겁다. ···( )( )

189. 질문을 받으면 그때의 느낌으로 대답하는 편이다. ···········( )( )

YES NO

190. 땀을 흘리는 것보다 머리를 쓰는 일이 좋다. ·····························( )( )

191. 결정한 것이라도 그다지 구속받지 않는다. ·····························( )( )

192. 외출 시 문을 잠갔는지 별로 확인하지 않는다. ·····················( )( )

193. 지위에 어울리면 된다. ···( )( )

194. 안전책을 고르는 타입이다. ··( )( )

195. 자신은 사교적이라고 생각한다. ···( )( )

196. 도리는 상관없다. ···( )( )

197. 침착하다는 말을 듣는다. ··( )( )

198. 단념이 중요하다고 생각한다. ··( )( )

199. 예상하지 못한 일도 해보고 싶다. ·······································( )( )

200. 평범하고 평온하게 행복한 인생을 살고 싶다. ······················( )( )

201. 몹시 귀찮아하는 편이라고 생각한다. ···································( )( )

202. 특별히 소극적이라고 생각하지 않는다. ································( )( )

203. 이것저것 평하는 것이 싫다. ···( )( )

204. 자신은 성급하지 않다고 생각한다. ·····································( )( )

205. 꾸준히 노력하는 것을 잘 하지 못한다. ······························( )( )

206. 내일의 계획은 머릿속에 기억한다. ·····································( )( )

207. 협동성이 있는 사람이 되고 싶다. ·······································( )( )

208. 열정적인 사람이라고 생각하지 않는다. ·······························( )( )

209. 다른 사람 앞에서 이야기를 잘한다. ····································( )( )

210. 행동력이 있는 편이다. ···( )( )

PART

IV

면접

01 면접의 기본

1 면접준비

(1) 면접의 기본 원칙

① **면접의 의미** … 면접이란 다양한 면접기법을 활용하여 지원한 직무에 필요한 능력을 지원자가 보유하고 있는지를 확인하는 절차라고 할 수 있다. 즉, 지원자의 입장에서는 채용 직무수행에 필요한 요건들과 관련하여 자신의 환경, 경험, 관심사, 성취 등에 대해 기업에 직접 어필할 수 있는 기회를 제공받는 것이며, 기업의 입장에서는 서류전형만으로 알 수 없는 지원자에 대한 정보를 직접적으로 수집하고 평가하는 것이다.

② **면접의 특징** … 면접은 기업의 입장에서 서류전형이나 필기전형에서 드러나지 않는 지원자의 능력이나 성향을 볼 수 있는 기회로, 면대면으로 이루어지며 즉흥적인 질문들이 포함될 수 있기 때문에 지원자가 완벽하게 준비하기 어려운 부분이 있다. 하지만 지원자 입장에서도 서류전형이나 필기전형에서 모두 보여주지 못한 자신의 능력 등을 기업의 인사담당자에게 어필할 수 있는 추가적인 기회가 될 수도 있다.

[서류·필기전형과 차별화되는 면접의 특징]

- 직무수행과 관련된 다양한 지원자 행동에 대한 관찰이 가능하다.
- 면접관이 알고자 하는 정보를 심층적으로 파악할 수 있다.
- 서류상의 미비한 사항과 의심스러운 부분을 확인할 수 있다.
- 커뮤니케이션 능력, 대인관계 능력 등 행동·언어적 정보도 얻을 수 있다.

③ **면접의 유형**

　㉠ **구조화 면접**: 구조화 면접은 사전에 계획을 세워 질문의 내용과 방법, 지원자의 답변 유형에 따른 추가 질문과 그에 대한 평가 역량이 정해져 있는 면접 방식으로 표준화 면접이라고도 한다.

　　• 표준화된 질문이나 평가요소가 면접 전 확정되며, 지원자는 편성된 조나 면접관에 영향을 받지 않고 동일한 질문과 시간을 부여받을 수 있다.

- 조직 또는 직무별로 주요하게 도출된 역량을 기반으로 평가요소가 구성되어, 조직 또는 직무에서 필요한 역량을 가진 지원자를 선발할 수 있다.
- 표준화된 형식을 사용하는 특성 때문에 비구조화 면접에 비해 신뢰성과 타당성, 객관성이 높다.

ⓛ 비구조화 면접 : 비구조화 면접은 면접 계획을 세울 때 면접 목적만을 명시하고 내용이나 방법은 면접관에게 전적으로 일임하는 방식으로 비표준화 면접이라고도 한다.
- 표준화된 질문이나 평가요소 없이 면접이 진행되며, 편성된 조나 면접관에 따라 지원자에게 주어지는 질문이나 시간이 다르다.
- 면접관의 주관적인 판단에 따라 평가가 이루어져 평가 오류가 빈번히 일어난다.
- 상황 대처나 언변이 뛰어난 지원자에게 유리한 면접이 될 수 있다.

④ 경쟁력 있는 면접 요령

㉠ 면접 전에 준비하고 유념할 사항
- 예상 질문과 답변을 미리 작성한다.
- 작성한 내용을 문장으로 외우지 않고 키워드로 기억한다.
- 지원한 회사의 최근 기사를 검색하여 기억한다.
- 지원한 회사가 속한 산업군의 최근 기사를 검색하여 기억한다.
- 면접 전 1주일간 이슈가 되는 뉴스를 기억하고 자신의 생각을 반영하여 정리한다.
- 찬반토론에 대비한 주제를 목록으로 정리하여 자신의 논리를 내세운 예상답변을 작성한다.

㉡ 면접장에서 유념할 사항
- 질문의 의도 파악 : 답변을 할 때에는 질문 의도를 파악하고 그에 충실한 답변이 될 수 있도록 질문사항을 유념해야 한다. 많은 지원자가 하는 실수 중 하나로 답변을 하는 도중 자기 말에 심취되어 질문의 의도와 다른 답변을 하거나 자신이 알고 있는 지식만을 나열하는 경우가 있는데, 이럴 경우 의사소통능력이 부족한 사람으로 인식될 수 있으므로 주의하도록 한다.
- 답변은 두괄식 : 답변을 할 때에는 두괄식으로 결론을 먼저 말하고 그 이유를 설명하는 것이 좋다. 미괄식으로 답변을 할 경우 용두사미의 답변이 될 가능성이 높으며, 결론을 이끌어 내는 과정에서 논리성이 결여될 우려가 있다. 또한 면접관이 결론을 듣기 전에 말을 끊고 다른 질문을 추가하는 예상치 못한 상황이 발생될 수 있으므로 답변은 자신이 전달하고자 하는 바를 먼저 밝히고 그에 대한 설명을 하는 것이 좋다.

- 지원한 회사의 기업정신과 인재상을 기억 : 답변을 할 때에는 회사가 원하는 인재라는 인상을 심어주기 위해 지원한 회사의 기업정신과 인재상 등을 염두에 두고 답변을 하는 것이 좋다. 모든 회사에 해당되는 두루뭉술한 답변보다는 지원한 회사에 맞는 맞춤형 답변을 하는 것이 좋다.
- 나보다는 회사와 사회적 관점에서 답변 : 답변을 할 때에는 자기중심적인 관점을 피하고 좀 더 넓은 시각으로 회사와 국가, 사회적 입장까지 고려하는 인재임을 어필하는 것이 좋다. 자기중심적 시각을 바탕으로 자신의 출세만을 위해 회사에 입사하려는 인상을 심어줄 경우 면접에서 불이익을 받을 가능성이 높다.
- 난처한 질문은 정직한 답변 : 난처한 질문에 답변을 해야 할 때에는 피하기보다는 정면 돌파로 정직하고 솔직하게 답변하는 것이 좋다. 난처한 부분을 감추고 드러내지 않으려 회피하려는 지원자의 모습은 인사담당자에게 입사 후에도 비슷한 상황에 처했을 때 회피할 수도 있다는 우려를 심어줄 수 있다. 따라서 직장생활에 있어 중요한 덕목 중 하나인 정직을 바탕으로 솔직하게 답변을 하도록 한다.

(2) 면접의 종류 및 준비 전략

① 인성면접

　㉠ 면접 방식 및 판단기준

- 면접 방식 : 인성면접은 면접관이 가지고 있는 개인적 면접 노하우나 관심사에 의해 질문을 실시한다. 주로 입사지원서나 자기소개서의 내용을 토대로 지원동기, 과거의 경험, 미래 포부 등을 이야기하도록 하는 방식이다.
- 판단기준 : 면접관의 개인적 가치관과 경험, 해당 역량의 수준, 경험의 구체성·진실성 등

　㉡ 특징 : 인성면접은 그 방식으로 인해 역량과 무관한 질문들이 많고 지원자에게 주어지는 면접질문, 시간 등이 다를 수 있다. 또한 입사지원서나 자기소개서의 내용을 토대로 하기 때문에 지원자별 질문이 달라질 수 있다.

ⓒ 예시 문항 및 준비전략

• 예시 문항

> • 3분 동안 자기소개를 해 보십시오.
> • 자신의 장점과 단점을 말해 보십시오.
> • 학점이 좋지 않은데 그 이유가 무엇입니까?
> • 최근에 인상 깊게 읽은 책은 무엇입니까?
> • 회사를 선택할 때 중요시하는 것은 무엇입니까?
> • 일과 개인생활 중 어느 쪽을 중시합니까?
> • 10년 후 자신은 어떤 모습일 것이라고 생각합니까?
> • 휴학 기간 동안에는 무엇을 했습니까?

• 준비전략 : 인성면접은 입사지원서나 자기소개서의 내용을 바탕으로 하는 경우가 많으므로 자신이 작성한 입사지원서와 자기소개서의 내용을 충분히 숙지하도록 한다. 또한 최근 사회적으로 이슈가 되고 있는 뉴스에 대한 견해를 묻거나 시사상식 등에 대한 질문을 받을 수 있으므로 이에 대한 대비도 필요하다. 자칫 부담스러워 보이지 않는 질문으로 가볍게 대답하지 않도록 주의하고 모든 질문에 입사 의지를 담아 성실하게 답변하는 것이 중요하다.

② 발표면접

㉠ 면접 방식 및 판단기준

• 면접 방식 : 지원자가 특정 주제와 관련된 자료를 검토하고 그에 대한 자신의 생각을 면접관 앞에서 주어진 시간 동안 발표하고 추가 질의를 받는 방식으로 진행된다.

• 판단기준 : 지원자의 사고력, 논리력, 문제해결력 등

㉡ 특징 : 발표면접은 지원자에게 과제를 부여한 후, 과제를 수행하는 과정과 결과를 관찰·평가한다. 따라서 과제수행 결과뿐 아니라 수행과정에서의 행동을 모두 평가할 수 있다.

ⓒ 예시 문항 및 준비전략

• 예시 문항

[신입사원 조기 이직 문제]

※ 지원자는 아래에 제시된 자료를 검토한 뒤, 신입사원 조기 이직의 원인을 크게 3가지로 정리하고 이에 대한 구체적인 개선안을 도출하여 발표해 주시기 바랍니다.

※ 본 과제에 정해진 정답은 없으나 논리적 근거를 들어 개선안을 작성해 주십시오.

• A기업은 동종업계 유사기업들과 비교해 볼 때, 비교적 높은 재무안정성을 유지하고 있으며 업무강도가 그리 높지 않은 것으로 외부에 알려져 있음.

• 최근 조사결과, 동종업계 유사기업들과 연봉을 비교해 보았을 때 연봉 수준도 그리 나쁘지 않은 편이라는 것이 확인되었음.

• 그러나 지난 3년간 1~2년차 직원들의 이직률이 계속해서 증가하고 있는 추세이며, 경영진 회의에서 최우선 해결과제 중 하나로 거론되었음.

• 이에 따라 인사팀에서 현재 1~2년차 사원들을 대상으로 개선되어야 하는 A기업의 조직문화에 대한 설문조사를 실시한 결과, '상명하복식의 의사소통'이 36.7%로 1위를 차지했음.

• 이러한 설문조사와 함께, 신입사원 조기 이직에 대한 원인을 분석한 결과 파랑새 증후군, 셀프홀릭 증후군, 피터팬 증후군 등 3가지로 분류할 수 있었음.

〈동종업계 유사기업들과의 연봉 비교〉 　〈우리 회사 조직문화 중 개선되었으면 하는 것〉

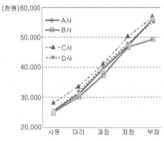

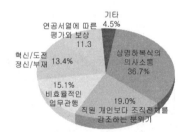

〈신입사원 조기 이직의 원인〉

• 파랑새 증후군
- 현재의 직장보다 더 좋은 직장이 있을 것이라는 막연한 기대감으로 끊임없이 새로운 직장을 탐색함.
- 학력 수준과 맞지 않는 '하향지원', 전공과 적성을 고려하지 않고 일단 취업하고 보자는 '묻지마 지원'이 파랑새 증후군을 초래함.

• 셀프홀릭 증후군
- 본인의 역량에 비해 가치가 낮은 일을 주로 하면서 갈등을 느낌.

• 피터팬 증후군
- 기성세대의 문화를 무조건 수용하기보다는 자유로움과 변화를 추구함.
- 상명하복, 엄격한 규율 등 기성세대가 당연시하는 관행에 거부감을 가지며 직장에 답답함을 느낌.

- 준비전략 : 발표면접의 시작은 과제 안내문과 과제 상황, 과제 자료 등을 정확하게 이해하는 것에서 출발한다. 과제 안내문을 침착하게 읽고 제시된 주제 및 문제와 관련된 상황의 맥락을 파악한 후 과제를 검토한다. 제시된 기사나 그래프 등을 충분히 활용하여 주어진 문제를 해결할 수 있는 해결책이나 대안을 제시하며, 발표를 할 때에는 명확하고 자신 있는 태도로 전달할 수 있도록 한다.

③ 토론면접

　㉠ 면접 방식 및 판단기준

- 면접 방식 : 상호갈등적 요소를 가진 과제 또는 공통의 과제를 해결하는 내용의 토론 과제를 제시하고, 그 과정에서 개인 간의 상호작용 행동을 관찰하는 방식으로 면접이 진행된다.
- 판단기준 : 팀워크, 적극성, 갈등 조정, 의사소통능력, 문제해결능력 등

　㉡ 특징 : 토론을 통해 도출해 낸 최종안의 타당성도 중요하지만, 결론을 도출해 내는 과정에서의 의사소통능력이나 갈등상황에서 의견을 조정하는 능력 등이 중요하게 평가되는 특징이 있다.

　㉢ 예시 문항 및 준비전략

- 예시 문항

> - 군 가산점제 부활에 대한 찬반토론
> - 담뱃값 인상에 대한 찬반토론
> - 비정규직 철폐에 대한 찬반토론
> - 대학의 영어 강의 확대 찬반토론
> - 워크숍 장소 선정을 위한 토론

- 준비전략 : 토론면접은 무엇보다 팀워크와 적극성이 강조된다. 따라서 토론과정에 적극적으로 참여하며 자신의 의사를 분명하게 전달하며, 갈등상황에서 자신의 의견만 내세울 것이 아니라 다른 지원자의 의견을 경청하고 배려하는 모습도 중요하다. 갈등상황을 일목요연하게 정리하여 조정하는 등의 의사소통능력을 발휘하는 것도 좋은 전략이 될 수 있다.

④ 상황면접

　㉠ 면접 방식 및 판단기준

- 면접 방식 : 상황면접은 직무 수행 시 접할 수 있는 상황들을 제시하고, 그러한 상황에서 어떻게 행동할 것인지를 이야기하는 방식으로 진행된다.
- 판단기준 : 해당 상황에 적절한 역량의 구현과 구체적 행동지표

ⓒ 특징 : 실제 직무 수행 시 접할 수 있는 상황들을 제시하므로 입사 이후 지원자의 업무수행능력을 평가하는 데 적절한 면접 방식이다. 또한 지원자의 가치관, 태도, 사고 방식 등의 요소를 통합적으로 평가하는 데 용이하다.

ⓒ 예시 문항 및 준비전략

• 예시 문항

> 당신은 생산관리팀의 팀원으로, 생산팀이 기한에 맞춰 효율적으로 제품을 생산할 수 있도록 관리하는 역할을 맡고 있습니다. 3개월 뒤에 제품A를 정상적으로 출시하기 위해 생산팀의 생산 계획을 수립한 상황입니다. 그러나 원가가 곧 실적으로 이어지는 구매팀에서는 최대한 원가를 줄여 전반적 단가를 낮추려고 원가절감을 위한 제안을 하였으나, 연구개발팀에서는 구매팀이 제안한 방식으로 제품을 생산할 경우 대부분이 구매팀의 실적으로 산정될 것이므로 제대로 확인도 해보지 않은 채 적합하지 않은 방식이라고 판단하고 있습니다. 당신은 어떻게 하겠습니까?

• 준비전략 : 상황면접은 먼저 주어진 상황에서 핵심이 되는 문제가 무엇인지를 파악하는 것에서 시작한다. 주질문과 세부질문을 통하여 질문의 의도를 파악하였다면, 그에 대한 구체적인 행동이나 생각 등에 대해 응답할수록 높은 점수를 얻을 수 있다.

⑤ 역할면접

㉠ 면접 방식 및 판단기준

• 면접 방식 : 역할면접 또는 역할연기 면접은 기업 내 발생 가능한 상황에서 부딪히게 되는 문제와 역할을 가상적으로 설정하여 특정 역할을 맡은 사람과 상호작용하고 문제를 해결해 나가도록 하는 방식으로 진행된다. 역할연기 면접에서는 면접관이 직접 역할연기를 하면서 지원자를 관찰하기도 하지만, 역할연기 수행만 전문적으로 하는 사람을 투입할 수도 있다.

• 판단기준 : 대처능력, 대인관계능력, 의사소통능력 등

㉡ 특징 : 역할면접은 실제 상황과 유사한 가상 상황에서의 행동을 관찰함으로서 지원자의 성격이나 대처 행동 등을 관찰할 수 있다.

㉢ 예시 문항 및 준비전략

• 예시 문항

> [금융권 역할면접의 예]
> 당신은 ○○은행의 신입 텔러이다. 사람이 많은 월말 오전 한 할아버지(면접관 또는 역할담당자)께서 ○○은행을 사칭한 보이스피싱으로 500만 원을 피해 보았다며 소란을 일으키고 있다. 실제 업무상황이라고 생각하고 상황에 대처해 보시오.

- 준비전략 : 역할연기 면접에서 측정하는 역량은 주로 갈등의 원인이 되는 문제를 해결 하고 제시된 해결방안을 상대방에게 설득하는 것이다. 따라서 갈등해결, 문제해결, 조정 · 통합, 설득력과 같은 역량이 중요시된다. 또한 갈등을 해결하기 위해서 상대방에 대한 이해도 필수적인 요소이므로 고객 지향을 염두에 두고 상황에 맞게 대처해야 한다.

  역할면접에서는 변별력을 높이기 위해 면접관이 압박적인 분위기를 조성하는 경우가 많기 때문에 스트레스 상황에서 불안해하지 않고 유연하게 대처할 수 있도록 시간과 노력을 들여 충분히 연습하는 것이 좋다.

2 면접 이미지 메이킹

(1) 성공적인 이미지 메이킹 포인트

① 복장 및 스타일

㉠ 남성

> - 양복 : 양복은 단색으로 하며 넥타이나 셔츠로 포인트를 주는 것이 효과적이다. 짙은 회색이나 감청색이 가장 단정하고 품위 있는 인상을 준다.
> - 셔츠 : 흰색이 가장 선호되나 자신의 피부색에 맞추는 것이 좋다. 푸른색이나 베이지색은 산뜻한 느낌을 줄 수 있다. 양복과의 배색도 고려하도록 한다.
> - 넥타이 : 의상에 포인트를 줄 수 있는 아이템이지만 너무 화려한 것은 피한다. 지원자의 피부색은 물론, 정장과 셔츠의 색을 고려하며, 체격에 따라 넥타이 폭을 조절하는 것이 좋다.
> - 구두 & 양말 : 구두는 검정색이나 짙은 갈색이 어느 양복에나 무난하게 어울리며 깔끔하게 닦아 준비한다. 양말은 정장과 동일한 색상이나 검정색을 착용한다.
> - 헤어스타일 : 머리스타일은 단정한 느낌을 주는 짧은 헤어스타일이 좋으며 앞머리가 있다면 이마나 눈썹을 가리지 않는 선에서 정리하는 것이 좋다.

ⓛ 여성

- 의상 : 단정한 스커트 투피스 정장이나 슬랙스 슈트가 무난하다. 블랙이나 그레이, 네이비, 브라운 등 차분해 보이는 색상을 선택하는 것이 좋다.
- 소품 : 구두, 핸드백 등은 같은 계열로 코디하는 것이 좋으며 구두는 너무 화려한 디자인이나 굽이 높은 것을 피한다. 스타킹은 의상과 구두에 맞춰 단정한 것으로 선택한다.
- 액세서리 : 액세서리는 너무 크거나 화려한 것은 좋지 않으며 과하게 많이 하는 것도 좋은 인상을 주지 못한다. 착용하지 않거나 작고 깔끔한 디자인으로 포인트를 주는 정도가 적당하다.
- 메이크업 : 화장은 자연스럽고 밝은 이미지를 표현하는 것이 좋으며 진한 색조는 인상이 강해 보일 수 있으므로 피한다.
- 헤어스타일 : 커트나 단발처럼 짧은 머리는 활동적이면서도 단정한 이미지를 줄 수 있도록 정리한다. 긴 머리의 경우 하나로 묶거나 단정한 머리망으로 정리하는 것이 좋으며, 짙은 염색이나 화려한 웨이브는 피한다.

② 인사

ㄱ 인사의 의미 : 인사는 예의범절의 기본이며 상대방의 마음을 여는 기본적인 행동이라고 할 수 있다. 인사는 처음 만나는 면접관에게 호감을 살 수 있는 가장 쉬운 방법이 될 수 있기도 하지만 제대로 예의를 지키지 않으면 지원자의 인성 전반에 대한 평가로 이어질 수 있으므로 각별히 주의해야 한다.

ㄴ 인사의 핵심 포인트

- 인사말 : 인사말을 할 때에는 밝고 친근감 있는 목소리로 하며, 자신의 이름과 수험번호 등을 간략하게 소개한다.
- 시선 : 인사는 상대방의 눈을 보며 하는 것이 중요하며 너무 빤히 쳐다본다는 느낌이 들지 않도록 주의한다.
- 표정 : 인사는 마음에서 우러나오는 존경이나 반가움을 표현하고 예의를 차리는 것이므로 살짝 미소를 지으며 하는 것이 좋다.
- 자세 : 인사를 할 때에는 가볍게 목만 숙인다거나 흐트러진 상태에서 인사를 하지 않도록 주의하며 절도 있고 확실하게 하는 것이 좋다.

③ 시선처리와 표정, 목소리

    ㉠ 시선처리와 표정 : 표정은 면접에서 지원자의 첫인상을 결정하는 중요한 요소이다. 얼굴표정은 사람의 감정을 가장 잘 표현할 수 있는 의사소통 도구로 표정 하나로 상대방에게 호감을 주거나, 비호감을 사기도 한다. 호감이 가는 인상의 특징은 부드러운 눈썹, 자연스러운 미간, 적당히 볼록한 광대, 올라간 입 꼬리 등으로 가볍게 미소를 지을 때의 표정과 일치한다. 따라서 면접 중에는 밝은 표정으로 미소를 지어 호감을 형성할 수 있도록 한다. 시선은 면접관과 고르게 맞추되 생기 있는 눈빛을 띄도록 하며, 너무 빤히 쳐다본다는 인상을 주지 않도록 한다.

    ㉡ 목소리 : 면접은 주로 면접관과 지원자의 대화로 이루어지므로 목소리가 미치는 영향이 상당하다. 답변을 할 때에는 부드러우면서도 활기차고 생동감 있는 목소리로 하는 것이 면접관에게 호감을 줄 수 있으며 적당한 제스처가 더해진다면 상승효과를 얻을 수 있다. 그러나 적절한 답변을 하였음에도 불구하고 콧소리나 날카로운 목소리, 자신감 없는 작은 목소리는 답변의 신뢰성을 떨어뜨릴 수 있으므로 주의하도록 한다.

④ 자세

    ㉠ 걷는 자세

- 면접장에 입실할 때에는 상체를 곧게 유지하고 발끝은 평행이 되게 하며 무릎을 스치듯 11자로 걷는다.
- 시선은 정면을 향하고 턱은 가볍게 당기며 어깨나 엉덩이가 흔들리지 않도록 주의한다.
- 발바닥 전체가 닿는 느낌으로 안정감 있게 걸으며 발소리가 나지 않도록 주의한다.
- 보폭은 어깨넓이만큼이 적당하지만, 스커트를 착용했을 경우 보폭을 줄인다.
- 걸을 때도 미소를 유지한다.

    ㉡ 서있는 자세

- 몸 전체를 곧게 펴고 가슴을 자연스럽게 내민 후 등과 어깨에 힘을 주지 않는다.
- 정면을 바라본 상태에서 턱을 약간 당기고 아랫배에 힘을 주어 당기며 바르게 선다.
- 양 무릎과 발뒤꿈치는 붙이고 발끝은 11자 또는 V형을 취한다.
- 남성의 경우 팔을 자연스럽게 내리고 양손을 가볍게 쥐어 바지 옆선에 붙이고, 여성의 경우 공수자세를 유지한다.

ⓒ 앉은 자세

• 남성

> • 의자 깊숙이 앉고 등받이와 등 사이에 주먹 1개 정도의 간격을 두며 기대듯 앉지 않도록 주의한다. (남녀 공통 사항)
> • 무릎 사이에 주먹 2개 정도의 간격을 유지하고 발끝은 11자를 취한다.
> • 시선은 정면을 바라보며 턱은 가볍게 당기고 미소를 짓는다. (남녀 공통 사항)
> • 양손은 가볍게 주먹을 쥐고 무릎 위에 올려놓는다.
> • 앉고 일어날 때에는 자세가 흐트러지지 않도록 주의한다. (남녀 공통 사항)

• 여성

> • 스커트를 입었을 경우 왼손으로 뒤쪽 스커트 자락을 누르고 오른손으로 앞쪽 자락을 누르며 의자에 앉는다.
> • 무릎은 붙이고 발끝을 가지런히 하며, 다리를 왼쪽으로 비스듬히 기울이면 여성스러워 보이는 효과가 있다.
> • 양손을 모아 무릎 위에 모아 놓으며 스커트를 입었을 경우 스커트 위를 가볍게 누르듯이 올려놓는다.

(2) 면접 예절

① 행동 관련 예절

ⓐ 지각은 절대금물 : 시간을 지키는 것은 예절의 기본이다. 지각을 할 경우 면접에 응시할 수 없거나, 면접 기회가 주어지더라도 불이익을 받을 가능성이 높아진다. 따라서 면접장소가 결정되면 교통편과 소요시간을 확인하고 가능하다면 사전에 미리 방문해 보는 것도 좋다. 면접 당일에는 서둘러 출발하여 면접 시간 20~30분 전에 도착하여 회사를 둘러보고 환경에 익숙해지는 것도 성공적인 면접을 위한 요령이 될 수 있다.

ⓑ 면접 대기 시간 : 지원자들은 대부분 면접장에서의 행동과 답변 등으로만 평가를 받는다고 생각하지만 그렇지 않다. 면접관이 아닌 면접진행자 역시 대부분 인사실무자이며 면접관이 면접 후 지원자에 대한 평가에 있어 확신을 위해 면접진행자의 의견을 구한다면 면접진행자의 의견이 당락에 영향을 줄 수 있다. 따라서 면접 대기 시간에도 행동과 말을 조심해야 하며, 면접을 마치고 돌아가는 순간까지도 긴장을 늦춰서는 안 된다. 면접 중 압박적인 질문에 답변을 잘 했지만, 면접장을 나와 흐트러진 모습을 보이거나 욕설을 한다면 면접 탈락의 요인이 될 수 있으므로 주의해야 한다.

ⓒ 입실 후 태도 : 본인의 차례가 되어 호명되면 또렷하게 대답하고 들어간다. 만약 면접 장 문이 닫혀 있다면 상대에게 소리가 들릴 수 있을 정도로 노크를 두세 번 한 후 대 답을 듣고 나서 들어가야 한다. 문을 여닫을 때에는 소리가 나지 않게 조용히 하며 공손한 자세로 인사한 후 성명과 수험번호를 말하고 면접관의 지시에 따라 자리에 앉 는다. 이 경우 착석하라는 말이 없는데 먼저 의자에 앉으면 무례한 사람으로 보일 수 있으므로 주의한다. 의자에 앉을 때에는 끝에 앉지 말고 무릎 위에 양손을 가지런히 얹는 것이 예절이라고 할 수 있다.

ⓔ 옷매무새를 자주 고치지 마라. : 일부 지원자의 경우 옷매무새 또는 헤어스타일을 자주 고치거나 확인하기도 하는데 이러한 모습은 과도하게 긴장한 것 같아 보이거나 면접 에 집중하지 못하는 것으로 보일 수 있다. 남성 지원자의 경우 넥타이를 자꾸 고쳐 맨다거나 정장 상의 끝을 너무 자주 만지작거리지 않는다. 여성 지원자는 머리를 계 속 쓸어 올리지 않고, 특히 짧은 치마를 입고서 신경이 쓰여 치마를 끌어 내리는 행 동은 좋지 않다.

ⓜ 다리를 떨거나 산만한 시선은 면접 탈락의 지름길 : 자신도 모르게 다리를 떨거나 손가락 을 만지는 등의 행동을 하는 지원자가 있는데, 이는 면접관의 주의를 끌 뿐만 아니라 불안하고 산만한 사람이라는 느낌을 주게 된다. 따라서 가능한 한 바른 자세로 앉아 있는 것이 좋다. 또한 면접관과 시선을 맞추지 못하고 여기저기 둘러보는 듯한 산만 한 시선은 지원자가 거짓말을 하고 있다고 여겨지거나 신뢰할 수 없는 사람이라고 생 각될 수 있다.

② 답변 관련 예절

ⓐ 면접관이나 다른 지원자와 가치 논쟁을 하지 않는다. : 질문을 받고 답변하는 과정에서 면 접관 또는 다른 지원자의 의견과 다른 의견이 있을 수 있다. 특히 평소 지원자가 관 심이 많은 문제이거나 잘 알고 있는 문제인 경우 자신과 다른 의견에 대해 이의가 있 을 수 있다. 하지만 주의할 것은 면접에서 면접관이나 다른 지원자와 가치 논쟁을 할 필요는 없다는 것이며 오히려 불이익을 당할 수도 있다. 정답이 정해져 있지 않은 경 우에는 가치관이나 성장배경에 따라 문제를 받아들이는 태도에서 답변까지 충분히 차 이가 있을 수 있으므로 굳이 면접관이나 다른 지원자의 가치관을 지적하고 고치려 드 는 것은 좋지 않다.

ⓛ 답변은 항상 정직해야 한다. : 면접이라는 것이 아무리 지원자의 장점을 부각시키고 단점을 축소시키는 것이라고 해도 절대로 거짓말을 해서는 안 된다. 거짓말을 하게 되면 지원자는 불안하거나 꺼림칙한 마음이 들게 되어 면접에 집중을 하지 못하게 되고 수많은 지원자를 상대하는 면접관은 그것을 놓치지 않는다. 거짓말은 그 지원자에 대한 신뢰성을 떨어뜨리며 이로 인해 다른 스펙이 아무리 훌륭하다고 해도 채용에서 탈락하게 될 수 있음을 명심하도록 한다.

ⓒ 경력직을 경우 전 직장에 대해 험담하지 않는다. : 지원자가 전 직장에서 무슨 업무를 담당했고 어떤 성과를 올렸는지는 면접관이 관심을 둘 사항일 수 있지만, 이전 직장의 기업문화나 상사들이 어땠는지는 그다지 궁금해 하는 사항이 아니다. 전 직장에 대해 험담을 늘어놓는다든가, 동료와 상사에 대한 악담을 하게 된다면 오히려 지원자에 대한 부정적인 이미지만 심어줄 수 있다. 만약 전 직장에 대한 말을 해야 할 경우가 생긴다면 가능한 한 객관적으로 이야기하는 것이 좋다.

ⓔ 자기 자신이나 배경에 대해 자랑하지 않는다. : 자신의 성취나 부모 형제 등 집안사람들이 사회·경제적으로 어떠한 위치에 있는지에 대한 자랑은 면접관으로 하여금 지원자에 대해 오만한 사람이거나 배경에 의존하려는 나약한 사람이라는 이미지를 갖게 할 수 있다. 따라서 자기 자신이나 배경에 대해 자랑하지 않도록 하고, 자신이 한 일에 대해서 너무 자세하게 얘기하지 않도록 주의해야 한다.

3 면접 질문 및 답변 포인트

(1) 가족 및 대인관계에 관한 질문

① 당신의 가정은 어떤 가정입니까?

면접관들은 지원자의 가정환경과 성장과정을 통해 지원자의 성향을 알고 싶어 이와 같은 질문을 한다. 비록 가정 일과 사회의 일이 완전히 일치하는 것은 아니지만 '가화만사성'이라는 말이 있듯이 가정이 화목해야 사회에서도 화목하게 지낼 수 있기 때문이다. 그러므로 답변 시에는 가족사항을 정확하게 설명하고 집안의 분위기와 특징에 대해 이야기하는 것이 좋다.

② 아버지의 직업은 무엇입니까?

아주 기본적인 질문이지만 지원자는 아버지의 직업과 내가 무슨 관련성이 있을까 생각하기 쉬워 포괄적인 답변을 하는 경우가 많다. 그러나 이는 바람직하지 않은 것으로 단답형으로 답변하면 세부적인 직종 및 근무연한 등을 물을 수 있으므로 모든 걸 한 번에 대답하는 것이 좋다.

③ 친구 관계에 대해 말해 보십시오.

지원자의 인간성을 판단하는 질문으로 교우관계를 통해 답변자의 성격과 대인관계능력을 파악할 수 있다. 새로운 환경에 적응을 잘하여 새로운 친구들이 많은 것도 좋지만, 깊고 오래 지속되어온 인간관계를 말하는 것이 더욱 바람직하다.

(2) 성격 및 가치관에 관한 질문

① 당신의 PR포인트를 말해 주십시오.

PR포인트를 말할 때에는 지나치게 겸손한 태도는 좋지 않으며 적극적으로 자기를 주장하는 것이 좋다. 앞으로 입사 후 하게 될 업무와 관련된 자기의 특성을 구체적인 일화를 더하여 이야기하도록 한다.

② 당신의 장·단점을 말해 보십시오.

지원자의 구체적인 장·단점을 알고자 하기 보다는 지원자가 자기 자신에 대해 얼마나 알고 있으며 어느 정도의 객관적인 분석을 하고 있나, 그리고 개선의 노력 등을 시도하는지를 파악하고자 하는 것이다. 따라서 장점을 말할 때는 업무와 관련된 장점을 뒷받침할 수 있는 근거와 함께 제시하며, 단점을 이야기할 때에는 극복을 위한 노력을 반드시 포함해야 한다.

③ 가장 존경하는 사람은 누구입니까?

존경하는 사람을 말하기 위해서는 우선 그 인물에 대해 알아야 한다. 잘 모르는 인물에 대해 존경한다고 말하는 것은 면접관에게 바로 지적당할 수 있으므로, 추상적이라도 좋으니 평소에 존경스럽다고 생각했던 사람에 대해 그 사람의 어떤 점이 좋고 존경스러운지 대답하도록 한다. 또한 자신에게 어떤 영향을 미쳤는지도 언급하면 좋다.

(3) 학교생활에 관한 질문

① 지금까지의 학교생활 중 가장 기억에 남는 일은 무엇입니까?

가급적 직장생활에 도움이 되는 경험을 이야기하는 것이 좋다. 또한 경험만을 간단하게 말하지 말고 그 경험을 통해서 얻을 수 있었던 교훈 등을 예시와 함께 이야기하는 것이 좋으나 너무 상투적인 답변이 되지 않도록 주의해야 한다.

② 성적은 좋은 편이었습니까?

면접관은 이미 서류심사를 통해 지원자의 성적을 알고 있다. 그럼에도 불구하고 이 질문을 하는 것은 지원자가 성적에 대해서 어떻게 인식하느냐를 알고자 하는 것이다. 성적이 나빴던 이유에 대해서 변명하려 하지 말고 담백하게 받아드리고 그것에 대한 개선노력을 했음을 밝히는 것이 적절하다.

③ 학창시절에 시위나 집회 등에 참여한 경험이 있습니까?

기업에서는 노사분규를 기업의 사활이 걸린 중대한 문제로 인식하고 거시적인 차원에서 접근한다. 이러한 기업문화를 제대로 인식하지 못하여 학창시절의 시위나 집회 참여 경험을 자랑스럽게 답변할 경우 감점요인이 되거나 심지어는 탈락할 수 있다는 사실에 주의한다. 시위나 집회에 참가한 경험을 말할 때에는 타당성과 정도에 유의하여 답변해야 한다.

(4) 지원동기 및 직업의식에 관한 질문

① 왜 우리 회사를 지원했습니까?

이 질문은 어느 회사나 가장 먼저 물어보고 싶은 것으로 지원자들은 기업의 이념, 대표의 경영능력, 재무구조, 복리후생 등 외적인 부분을 설명하는 경우가 많다. 이러한 답변도 적절하지만 지원 회사의 주력 상품에 관한 소비자의 인지도, 경쟁사 제품과의 시장점유율을 비교하면서 입사동기를 설명한다면 상당히 주목 받을 수 있을 것이다.

② 만약 이번 채용에 불합격하면 어떻게 하겠습니까?

불합격할 것을 가정하고 회사에 응시하는 지원자는 거의 없을 것이다. 이는 지원자를 궁지로 몰아넣고 어떻게 대응하는지를 살펴보며 입사 의지를 알아보려고 하는 것이다. 이 질문은 너무 깊이 들어가지 말고 침착하게 답변하는 것이 좋다.

③ 당신이 생각하는 바람직한 사원상은 무엇입니까?

직장인으로서 또는 조직의 일원으로서의 자세를 묻는 질문으로 지원하는 회사에서 어떤 인재상을 요구하는 가를 알아두는 것이 좋으며, 평소에 자신의 생각을 미리 정리해 두어 당황하지 않도록 한다.

④ 직무상의 적성과 보수의 많음 중 어느 것을 택하겠습니까?

이런 질문에서 회사 측에서 원하는 답변은 당연히 직무상의 적성에 비중을 둔다는 것이다. 그러나 적성만을 너무 강조하다 보면 오히려 솔직하지 못하다는 인상을 줄 수 있으므로 어느 한 쪽을 너무 강조하거나 경시하는 태도는 바람직하지 못하다.

⑤ 상사와 의견이 다를 때 어떻게 하겠습니까?

과거와 다르게 최근에는 상사의 명령에 무조건 따르겠다는 수동적인 자세는 바람직하지 않다. 회사에서는 때에 따라 자신이 판단하고 행동할 수 있는 직원을 원하기 때문이다. 그러나 지나치게 자신의 의견만을 고집한다면 이는 팀원 간의 불화를 야기할 수 있으며 팀 체제에 악영향을 미칠 수 있으므로 선호하지 않는다는 것에 유념하여 답해야 한다.

⑥ 근무지가 지방인데 근무가 가능합니까?

근무지가 지방 중에서도 특정 지역은 되고 다른 지역은 안 된다는 답변은 바람직하지 않다. 직장에서는 순환 근무라는 것이 있으므로 처음에 지방에서 근무를 시작했다고 해서 계속 지방에만 있는 것은 아님을 유의하고 답변하도록 한다.

(5) 여가 활용에 관한 질문

① 취미가 무엇입니까?

기초적인 질문이지만 특별한 취미가 없는 지원자의 경우 대답이 애매할 수밖에 없다. 그래서 가장 많이 대답하게 되는 것이 독서, 영화감상, 혹은 음악감상 등과 같은 흔한 취미를 말하게 되는데 이런 취미는 면접관의 주의를 끌기 어려우며 설사 정말 위와 같은 취미를 가지고 있다하더라도 제대로 답변하기는 힘든 것이 사실이다. 가능하면 독특한 취미를 말하는 것이 좋으며 이제 막 시작한 것이라도 열의를 가지고 있음을 설명할 수 있으면 그것을 취미로 답변하는 것도 좋다.

② 술자리를 좋아합니까?

이 질문은 정말로 술자리를 좋아하는 정도를 묻는 것이 아니다. 우리나라에서는 대부분 술자리가 친교의 자리로 인식되기 때문에 그것에 얼마나 적극적으로 참여할 수 있는 가를 우회적으로 묻는 것이다. 술자리를 싫어한다고 대답하게 되면 원만한 대인관계에 문제가 있을 수 있다고 평가될 수 있으므로 술을 잘 마시지 못하더라도 술자리의 분위기는 즐긴다고 답변하는 것이 좋으며 주량에 대해서는 정확하게 말하는 것이 좋다.

(6) 여성 지원자들을 겨냥한 질문

① 결혼은 언제 할 생각입니까?

지원자가 결혼예정자일 경우 기업은 채용을 꺼리게 되는 경향이 있다. 업무를 어느 정도 인식하고 수행할 정도가 되면 퇴사하는 일이 흔하기 때문이다. 가능하면 향후 몇 년간은 결혼 계획이 없다고 답변하는 것이 현실적인 대처 요령이며, 덧붙여 결혼 후에도 일하고자 하는 의지를 강하게 내보인다면 더욱 도움이 된다.

② 만약 결혼 후 남편이나 시댁에서 직장생활을 그만두라고 강요한다면 어떻게 하겠습니까?

결혼적령기의 여성 지원자들에게 빈번하게 묻는 질문으로 의견 대립이 생겼을 때 상대방을 설득하고 타협하는 능력을 알아보고자 하는 것이다. 따라서 남편이나 시댁과 충분한 대화를 통해 설득하고 계속 근무하겠다는 의지를 밝히는 것이 좋다.

③ 여성의 취업을 어떻게 생각합니까?

여성 지원자들의 일에 대한 열의와 포부를 알고자 하는 질문이다. 많은 기업들이 여성들의 섬세하고 꼼꼼한 업무능력과 감각을 높이 평가하고 있으며, 사회 전반적인 분위기 역시 맞벌이를 이해하고 있으므로 자신의 의지를 당당하고 자신감 있게 밝히는 것이 좋다.

④ 커피나 복사 같은 잔심부름이 주어진다면 어떻게 하겠습니까?

여성 지원자들에게 가장 난감하고 자존심상하는 질문일 수 있다. 이 질문은 여성 지원자에게 잔심부름을 시키겠다는 요구가 아니라 직장생활 중에서의 협동심이나 봉사정신, 직업관을 알아보고자 하는 것이다. 또한 이 과정에서 압박기법을 사용해 비꼬는 투로 말하는 수 있는데 이는 자존심이 상하거나 불쾌해질 때의 행동을 알아보려는 것이다. 이럴 경우 흥분하여 과격하게 답변하면 탈락하게 되며, 무조건 열심히 하겠다는 대답도 신뢰성이 없는 답변이다. 직장생활을 위해 필요한 일이면 할 수 있다는 정도의 긍정적인 답변을 하되, 한 사람의 사원으로서 당당함을 유지하는 것이 좋다.

(7) 지원자를 당황하게 하는 질문

① 성적이 좋지 않은데 이 정도의 성적으로 우리 회사에 입사할 수 있다고 생각합니까?

비록 자신의 성적이 좋지 않더라도 이미 서류심사에 통과하여 면접에 참여하였다면 기업에서는 지원자의 성적보다 성적 이외의 요소, 즉 성격·열정 등을 높이 평가했다는 것이라고 할 수 있다. 그러나 이런 질문을 받게 되면 지원자는 당황할 수 있으나 주눅 들지 말고 침착하게 대처하는 면모를 보인다면 더 좋은 인상을 남길 수 있다.

② 우리 회사 회장님 함자를 알고 있습니까?

회장이나 사장의 이름을 조사하는 것은 면접일을 통고받았을 때 이미 사전 조사되었어야 하는 사항이다. 단답형으로 이름만 말하기보다는 그 기업에 입사를 희망하는 지원자의 입장에서 답변하는 것이 좋다.

③ 당신은 이 회사에 적합하지 않은 것 같군요.

이 질문은 지원자의 입장에서 상당히 곤혹스러울 수밖에 없다. 질문을 듣는 순간 그렇다면 면접은 왜 참가시킨 것인가 하는 생각이 들 수도 있다. 하지만 당황하거나 흥분하지 말고 침착하게 자신의 어떤 면이 회사에 적당하지 않는지 겸손하게 물어보고 지적당한 부분에 대해서 고치겠다는 의지를 보인다면 오히려 자신의 능력을 어필할 수 있는 기회로 사용할 수도 있다.

④ 다시 공부할 계획이 있습니까?

이 질문은 지원자가 합격하여 직장을 다니다가 공부를 더 하기 위해 회사를 그만 두거나 학습에 더 관심을 두어 일에 대한 능률이 저하될 것을 우려하여 묻는 것이다. 이때에는 당연히 학습보다는 일을 강조해야 하며, 업무 수행에 필요한 학습이라면 업무에 지장이 없는 범위에서 야간학교를 다니거나 회사에서 제공하는 연수 프로그램 등을 활용하겠다고 답변하는 것이 적당하다.

⑤ 지원한 분야가 전공한 분야와 다른데 여기 일을 할 수 있겠습니까?

수험생의 입장에서 본다면 지원한 분야와 전공이 다르지만 서류전형과 필기전형에 합격하여 면접을 보게 된 경우라고 할 수 있다. 이는 결국 해당 회사의 채용 방침상 전공에 크게 영향을 받지 않는다는 것이므로 무엇보다 자신이 전공하지는 않았지만 어떤 업무도 적극적으로 임할 수 있다는 자신감과 능동적인 자세를 보여주도록 노력하는 것이 좋다.

02 면접기출

1 대구도시철도공사 면접기출

• 대구도시철도공사의 캐릭터에 대해 아는대로 말해보시오.

• 열차 냉방기의 문제 발생 시 가장 빠른 해결방법에 대해 말해보시오.

• 무임승차를 해결할 수 있는 방안에 대해 말해보시오.

• 지하철 관련 범죄를 줄이기 위한 대책에 대해 말해보시오.

• 열차 내 화재 발생 시 방송을 해야 한다면 어떻게 할 것인지 해 보시오.

• 대구도시철도공사가 미래에 나아가야 할 방향에 대해 말해보시오.

• 도시철도를 이용하면서 가장 인상 깊었던 서비스는 무엇이 있었나요?

• 우리 도시철도공사가 운영하는 것은 무엇이 있는지 아는 대로 말해보시오.

• 본인이 지원한 직무에서 고객은 누구라고 생각하며 고객만족을 위해서 어떤 서비스를 제공할 수 있는지 자신의 과거 경험을 바탕으로 설명해 보시오.

• 지금까지 봐왔었던 광고 중에서 가장 기발하다고 생각했던 광고는 무엇이었는지, 왜 그렇게 느꼈는지 설명해 보시오.

• 본인이 지원한 분야에 지원하게 된 동기에 대해 말해보시오.

• 대구도시철도공사의 비전이 무엇인지 말해보시오.

• 우리 공사에 입사하게 된다면 비전 달성을 위해 어떤 노력을 할 것인지 말해보시오.

• 대구도시철도공사의 인재상에 대해 말해보시오.

• 본인의 어떤 점이 우리 공사의 인재상과 부합하는지 설명해 보시오.

• 본인이 지금까지 살아오면서 가장 힘들었던 갈등상황과 이를 슬기롭게 극복했던 과정에 대해 자세하게 말해보시오.

- 본인은 봉사활동을 한 경험이 있습니까? 있다면 구체적인 사례를 들어 말해보시오.
- 봉사활동을 한 후 무엇을 느꼈는지 말해보시오.

2 공기업 면접기출

- 상사가 부정한 일로 자신의 이득을 취하고 있다. 이를 인지하게 되었을 때 자신이라면 어떻게 행동할 것인가?
- 본인이 했던 일 중 가장 창의적이었다고 생각하는 경험에 대해 말해보시오.
- 직장생활 중 적성에 맞지 않는다고 느낀다면 다른 일을 찾을 것인가? 아니면 참고 견뎌내겠는가?
- 자신만의 특별한 취미가 있는가? 그것을 업무에서 활용할 수 있다고 생각하는가?
- 면접을 보러 가는 길인데 신호등이 빨간불이다. 시간이 매우 촉박한 상황인데, 무단횡단을 할 것인가?
- 원하는 직무에 배치 받지 못할 경우 어떻게 행동할 것인가?
- 상사와 종교 · 정치에 대한 대화를 하던 중 본인의 생각과 크게 다른 경우 어떻게 하겠는가?
- 타인과 차별화 될 수 있는 자신만의 장점 및 역량은 무엇인가?
- 자격증을 한 번에 몰아서 취득했는데 힘들지 않았는가?
- 오늘 경제신문 첫 면의 기사에 대해 브리핑을 해 보시오.
- 무상급식 전국실시에 대한 본인의 의견을 말해보시오.
- 외국인 노동자와 비정규직에 대한 자신의 의견을 말해보시오.
- 장래에 자녀를 낳는다면 주말 계획은 자녀와 자신 중 어느 쪽에 맞춰서 할 것인가?
- 공사 진행과 관련하여 민원인과의 마찰이 생기면 어떻게 대응하겠는가?
- 직장 상사가 나보다 다섯 살 이상 어리다면 어떤 기분이 들것 같은가?
- 현재 심각한 취업난인 반면 중소기업은 인력이 부족하다는데 어떻게 생각하는가?
- 영어로 자기소개를 말해보시오.

- 영어로 지원동기를 말해보시오.

- 지방이나 오지 근무에 대해서는 어떻게 생각하는가?

- 상사에게 부당한 지시를 받으면 어떻게 행동하겠는가?

- 최근 주의 깊게 본 시사 이슈는 무엇이었는가?

- 자신만의 스트레스 해소법이 있다면 말해보시오.

- 방사능 유출을 막을 수 있는 획기적인 대책을 말해보시오.

당신의 꿈은 뭔가요?

MY BUCKET LIST !

꿈은 목표를 향해 가는 길에 필요한 휴식과 같아요.

여기에 당신의 소중한 위시리스트를 적어보세요. 하나하나 적다보면 어느새 기분도

좋아지고 다시 달리는 힘을 얻게 될 거예요.

☐ _____
☐ _____
☐ _____
☐ _____
☐ _____
☐ _____
☐ _____
☐ _____
☐ _____
☐ _____
☐ _____
☐ _____
☐ _____
☐ _____
☐ _____
☐ _____
☐ _____
☐ _____
☐ _____
☐ _____
☐ _____
☐ _____
☐ _____
☐ _____
☐ _____

☐ _____
☐ _____
☐ _____
☐ _____
☐ _____
☐ _____
☐ _____
☐ _____
☐ _____
☐ _____
☐ _____
☐ _____
☐ _____
☐ _____
☐ _____
☐ _____
☐ _____
☐ _____
☐ _____
☐ _____
☐ _____
☐ _____
☐ _____
☐ _____
☐ _____

창의적인 사람이 되기 위해서

정보가 넘치는 요즘, 모두들 창의적인 사람을 찾죠.
정보의 더미에서 평범한 것을 비범하게 만드는 마법의 손이 필요합니다.
어떻게 해야 마법의 손과 같은 '창의성'을 가질 수 있을까요. 여러분께만 알려 드릴게요!

01. 생각나는 모든 것을 적어 보세요.

아이디어는 단번에 솟아나는 것이 아니죠. 원하는 것이나, 새로 알게 된 레시피나, 뭐든 좋아요.
떠오르는 생각을 모두 적어 보세요.

02. '잘하고 싶어!'가 아니라 '잘하고 있다!'라고 생각하세요.

누구나 자신을 다그치곤 합니다. 잘해야 해. 잘하고 싶어.
그럴 때는 고개를 세 번 젓고 나서 외치세요. '나, 잘하고 있다!'

03. 새로운 것을 시도해 보세요.

신선한 아이디어는 새로운 곳에서 떠오르죠. 처음 가는 장소, 다양한 장르에 음악, 나와 다른 분야의 사람.
익숙하지 않은 신선한 것들을 찾아서 탐험해 보세요.

04. 남들에게 보여 주세요.

독특한 아이디어라도 혼자 가지고 있다면 키워 내기 어렵죠.
최대한 많은 사람들과 함께 정보를 나누며 아이디어를 발전시키세요.

05. 잠시만 쉬세요.

생각을 계속 하다보면 한쪽으로 치우치기 쉬워요. 25분 생각했다면 5분은 쉬어 주세요.
휴식도 창의성을 키워 주는 중요한 요소랍니다.